- 1 Aufmärsche der Volksgemeinschaft
- 2 Gaudiplom, NS- und Kriegsmusterbetriebe
- 5 Hitlerjugendheim – Ballhof
- 6 Parteimuseum – Villa Sternheim
- 7 Bau des Maschsee und das geplante Gauforum
- 10 Kraft-durch-Freude-Mellini-Theater
- 11 NS-Wohnungsbau
- 12 Technische Hochschule und Bücherverbrennung
- 15 Kasernen und Standortlazarett – Wehrkreiskommando XI
- 16 Luftschutz, Bunkerbau und Gaubefehlsstand
- 18 Zentrum der Entscheidung – Neues Rathaus
- 19 Terror und Mord – Lister Turm
- 20 Verfolgung der Gewerkschaften
- 21 Verfolgung der Juden
- 23 Verfolgung von Jugendlichen
- 24 Verfolgung der Homosexuellen
- 25 Gerichtsgefängnis und Polizeipräsidium
- 26 Terror gegen »Feinde« – Gestapo Hannover
- 30 Zwangsarbeiterlager in Schulen
- 33 Ehrenfriedhof Maschsee-Nordufer
- 34 Aegidienkirche

Janet von Stillfried

Reiseführer durch Hannover und Umgebung 1933-1945

Das Sachsenross unterm Hakenkreuz

MatrixMedia Verlag

Impressum:

Internet: www.matrixmedia.info

Umschlagabbildung:
Reiterstandbild vor dem Hauptbahnhof Hannover, 1933 (vorne)
Eröffnung des Großen Gartens von Herrenhausen, Juni 1937 (hinten)

Zwei Karten zum Ausklappen der Stadt Hannover (vorne u. hinten)

Gestaltung und Layout: Masood Ghorbani, Göttingen
Lektorat: Marion Fisch u. Uwe Friedrich
Druck: druckhaus köthen, Köthen
ISBN 978-3-932313-85-1

Die »Feinde« der »Volksgemeinschaft«

Rassismus, Strafverfolgung, Zwangsarbeit und Opfer

Einleitung

Im Gau Süd-Hannover-Braunschweig lebten im Jahr 1941 ungefähr 2.100.000 Menschen. In dieser Zeit war die Gauhauptstadt eine der größten Rüstungsstädte im Deutschen Reich und sollte in puncto Pflichterfüllung sowie Euphorie der Bevölkerung eine Vorbildfunktion für die NS-Diktatur einnehmen.

Gleich zu Beginn der nationalsozialistischen Machtübernahme, am 30. Januar 1933, versammelten sich begeisterte Mitbürger zu Fackelzügen, und bereits im April des Jahres wurde der neue Reichskanzler Adolf Hitler zum Ehrenbürger der Stadt ernannt. Bis zum Kriegsbeginn wurde das Image Hannovers als „Großstadt im Grünen“ mit dem Ankauf des Großen Gartens, dem Bau des Maschsees und des Hermann-Löns-Parks für die Bevölkerung aufpoliert. Neue Formen der Freizeitgestaltung und Erholung wurden von den Machthabern organisiert. Mit vielen NS-Vorhaben unmittelbar verbunden waren auch die Schaffung von Arbeitsplätzen und der dringend notwendige Wohnungsbau. Die meisten dieser im „Dritten Reich“ durchgeführten Projekte besaßen jedoch bereits eine Vorgeschichte, bevor sie im Sinne des NS-Regimes neu belebt und in die Tat umgesetzt wurden.

Die „Volksgemeinschaft“ bildete den zentralen Bestandteil der NS-Gesellschaft, die ihre rassenideologischen, wirtschaftlichen und gesellschaftlichen Interessen aggressiv durchsetzte. Zunächst wurden zur totalen Kontrolle und Überwachung alle Lebensbereiche gleichgeschaltet sowie Karteien zur Erfassung der Bevölkerungsgruppen angelegt. Gleichzeitig vollzog sich die Ausgrenzung der als Feinde betrachteten Personen, die einem brutalen Terrorsystem und staatlicher Verfolgung ausgesetzt wurden. Unerwünschte Teile der Einwohnerschaft wie Juden, Sinti, Oppositionelle sowie Homosexuelle, Subkulturen oder „Asoziale“ wurden ausgegrenzt und zum Teil gezielt vernichtet. Auch die zur Arbeit in das Deutsche Reich deportierten Zwangsarbeiter waren den Repressionen des NS-Systems unterworfen. In den Kriegsjahren machten sie bis zu einem Drittel der Einwohner der Gauhauptstadt aus und waren im Alltag sichtbar. Die hannoversche Wirtschaft profitierte im großen Umfang von diesen

Karte: Gau Süd-Hannover-Braunschweig

unfreiwilligen, billigen Arbeitskräften. Besonders osteuropäische Zwangsarbeiter waren betroffen von der rassischen Verfolgung, die insbesondere unter Polen, Ukrainern und Russen mehrere Tausend Todesopfer forderte.

Schon früh begann auch die Militarisierung der „Volksgemeinschaft" für den Zweiten Weltkrieg mit der dafür notwendigen Vorbereitung von Industrie und Wirtschaft. Mit dem Krieg veränderte sich tiefgreifend die Alltags- und Lebenssituation der Bevölkerung. Zwangsarbeiter, KZ-Häftlinge und Kriegsgefangene waren nun an vielen Orten zu sehen. Seit Kriegsbeginn wandelte sich zudem das Gesicht der Stadt, besonders durch den Bau von Bunkern und Luftschutzeinrichtungen. Die schlechte Versorgung, die vielen Toten, die zunehmenden Zerstörungen der Stadt und der Transportwege prägten den Alltag. An der „Heimatfront" war der Krieg spätestens seit den Luftangriffen mit allen Konsequenzen spür- und sichtbar.

Anhand der in diesem Reiseführer dargestellten Gebäude und Plätze soll ein Einblick in die Verstrickung der „Volksgemeinschaft" mit dem NS-System, den Tätern ebenso wie mit dem Leid der Opfer in Hannover gegeben werden. Über den inhaltlichen Einstieg zu den Orten vor dem Hintergrund ihrer NS-Geschichte(n), die Darstellungen von einzelnen Personen und die Schilderungen der Zeitzeugen erhalten die Leser eine erste Übersicht zum Thema. Die einzelnen Stationen folgen dabei im Wesentlichen der Chronologie der Ereignisse. Das Buch ist in zwei Teile gegliedert. Im ersten Teil wird die „Volksgemeinschaft" in den Blick genommen, anhand von Orten der Ideologisierung, der Maßnahmen zur Bekämpfung der Arbeitslosigkeit, zu NS-Bauprojekten, zu Schauplätzen der Militarisierung und des Zweiten Weltkriegs. Im zweiten Teil wird das Verhalten gegenüber den „Feinden", der Rassismus, die Strafverfolgung, die Zwangsarbeit und die unterschiedlichen Opfergruppen beleuchtet. Dieser Band enthält nur eine Auswahl von interessanten, für die NS-Geschichte Hannovers exemplarischen, Orten. Fehlende Forschung kann an dieser Stelle nicht aufgeholt, mangelndes Engagement nicht eingefordert werden. Es ist jedoch zu hoffen, dass dieser Reiseführer Anregungen für eine weitere Auseinandersetzung mit diesem Thema bietet.

Auf wissenschaftliche Anmerkungen und Nachweise wurde im Sinne der Lesbarkeit verzichtet, eine vorsichtige Anpassung der historischen Zitate erfolgte ebenfalls aus diesem Grund. Der Anhang gibt einen Überblick über die wichtigsten genutzten Publikationen und Kontakte zu Institutionen. Zeitgenössische Unterlagen, Dokumente und Fotos befinden sich im Stadtarchiv Hannover, Niedersächsischen Landesarchiv Hauptstaatsarchiv Hannover und im Historischen Museum, denen ich bei dieser Gelegenheit ebenso wie den vielen unterstützend im Hintergrund mitwirkenden Privatpersonen für die sehr gute Zusammenarbeit danken möchte. Die zahlreichen Mahn-

Adolf Hitler in Hannover, September 1933

male und Erinnerungsorte sowie Umbenennungen vorhandener Straßen oder Gebäude können in dieser Veröffentlichung nicht sinnvoll beschrieben werden. Interessenten werden daher gebeten, sich an die dafür verantwortlichen Stellen zu wenden, um aktuelle Informationen zu erhalten.

Abschließend möchte ich auf eine Frage eingehen, die immer wieder gestellt wird: Was hat die NS-Zeit noch mit uns zu tun? Das Schweigen und die Sprachlosigkeit der Nachkriegsgesellschaft haben bis heute nicht verhindert, ja sogar dazu geführt, dass die Vergangenheit in vielen Bereichen dieser Gesellschaft sehr gegenwärtig ist. Dieser Teil der Geschichte ist bislang in wenigen Teilaspekten erforscht oder tatsächlich in einer breiten Öffentlichkeit besprochen worden, sodass er über neu aufbrechende Formen von Rassismus und Gewalt immer wieder in der Gegenwart präsent ist. Im Sinne der Menschenrechte, die 1948 aufgrund der NS-Verbrechen für alle Zeiten festgeschrieben wurden, und im Andenken an die Opfer für eine Gemeinschaft im Frieden zu arbeiten, bedeutet aber, offen miteinander über die Vergangenheit für eine bessere Zukunft zu reden.

1 Aufmärsche der Volksgemeinschaft

Geschmückter Hauptbahnhof von Hannover, zeitgenössische Fotografie

Nur wenige Wochen nach der nationalsozialistischen Machtübernahme wurde im März 1933 das „Reichsministerium für Volksaufklärung und Propaganda“ (RMVP) unter Joseph Goebbels geschaffen, um der Volksgemeinschaft die NS-Ideologie einzuprägen. In kurzer Zeit gewann Goebbels´ Institution die vollständige Kontrolle über die Medien und das kulturelle Leben. Das Reichspropagandaministerium war zuständig für Presse, Literatur, bildende Kunst, Film, Theater und Musik. Die Medien wurden gleichgeschaltet und dienten als wichtiges Instrument zur Massenbeeinflussung der Bevölkerung und zur Vorbereitung auf den Krieg.

Der Personenkult um Adolf Hitler steigerte sich innerhalb kurzer Zeit enorm, was sich an seinen vielen Ehrenbürgerschaften von Städten oder Gemeinden, wie auch der in Hannover seit April 1933, widerspiegelte. Die Reichsführertagung „Stahlhelm“ in Hannover unter Teilnahme Hitlers in der Stadthalle und auf den Maschwiesen Ende September 1933 war die letzte Massenveranstaltung an der Bismarcksäule. Zum Aufmarsch des „Stahlhelm-Bundes der Frontsoldaten“ am 24. September 1933 kamen 30.000 Teilnehmer und 150.000 Gäste zur Parade.

Neubauten, Industrieanlagen und Autobahnen sollten der Bevölkerung eine tatkräftige nationalsozialistische Regierung demonstrieren. In der völkisch-rassischen NS-Gesellschaftsideologie wurde die „Volksgemeinschaft“ als Lösung aller vorhandenen politischen bis sozialen Konflikte dargestellt. Gleichzeitig glorifizierte die NS-Propaganda das Bild des arbeitenden „Volksgenossen“. Neben der Arbeiterschaft wurden Bauern und Soldaten als Grundlage der „Volksgemeinschaft“ verherrlicht, als deren Basis der sittlichen Ordnung die Familie stand. Begriffe wie „Arbeiter“ oder „Arbeitnehmer“ wurden in den Unternehmen durch „Betriebsgemeinschaft“ und „Betriebsgefolgschaft“ ersetzt. Eine wichtige Rolle zur Identifikation mit dem NS-System spielte in diesem Zusammenhang die Freizeitorganisation „Kraft durch Freude“ (KdF) der „Deutschen Arbeitsfront“ (DAF). Der Volksgemeinschaft fiel in dieser Ideologie eine zentrale Bedeutung zu. Das NS-Regime propagierte damit das Ideal einer neuen, klassenübergreifenden und rassischen Gesellschaft. Mit dieser Gesellschaftsform verbanden die Nationalsozialisten ihre soziale Gemeinschaft, politische Einheit und den nationalen Wiederaufstieg. Die Indoktrination fand in allen gesellschaftlichen Bereichen, für alle Altersgruppen und durch alle Schichten statt. Der Begriff „Volksgemeinschaft" wirkte zugleich stark ausgrenzend, denn wer nicht Bestandteil war oder sich ihr entgegenstellte, wurde radikal verfolgt.

Inszeniert wurde die Volksgemeinschaft bei öffentlichen Festen und Großveranstaltungen. Der „Tag der nationalen Arbeit" am 1. Mai, der Reichsparteitag im September oder das „Erntedankfest" auf dem Bückeberg im Oktober dienten zugleich der Selbstinszenierung und der Machtdemonstration. Ein beliebtes NS-Ritual zur Demonstration von Macht und Volksgemeinschaft waren auch in Hannover die vielen Aufmärsche, die es überall zu allen Anlässen gab. Zunächst ging es darum, die Siege und sich selbst zu feiern, aber schon bald handelte es sich um Trauer- oder Gedenkmärsche für die eigenen Toten oder Durchhalteparolen für den „Totalen Krieg". Zentrale Plätze waren in der Gauhauptstadt **Rathausplatz**, **Waterlooplatz**, **Welfenplatz**, **Opernplatz**, **Goetheplatz** und bis zum Bau des Maschsees die **Maschwiesen**.

Das Opernhaus wurde als Königliches Hoftheater in den Jahren 1845 bis 1852 im spätklassizistischen Stil am östlichen Rand der Altstadt auf einem ehemaligen Windmühlenberg errichtet. Der Opernplatz ist noch heute ein Prunkstück unter den Plätzen der Innenstadt und wurde von den Nationalsozialisten zu besonderen Anlässen propagandistisch in Szene gesetzt Als Kurt Schmalz den Erlös des Winterhilfswerks (WHW) von 14,7 Millionen Reichsmark Ende März 1939 auf dem Opernplatz verkündete, strömten Tausende dorthin. Das WHW sammelte im Rahmen des NS-Propagandaministeriums Geld für Bedürftige der Volksgemeinschaft und gehörte zum Erscheinungsbild der Straßen. Häufig wurden Abzeichen, die in Millionenauflagen angeboten wurden, verkauft.

Besonders prächtig waren die Vorbereitungen zu Hitlers 50. Geburtstag am 20. April 1939. Fackelzüge, Flaggenappelle, eine Ehrenparade der Wehrmacht sowie Luftwaffe und ein Festprogramm lockten Zehntausende auf die Straße. Schon früh waren die Vorbereitungen zu diesem Tag in der Stadtverwaltung, in den Schulen, im Einzelhandel und den Parteidienststellen angelaufen. Auch die Kirchen tru-

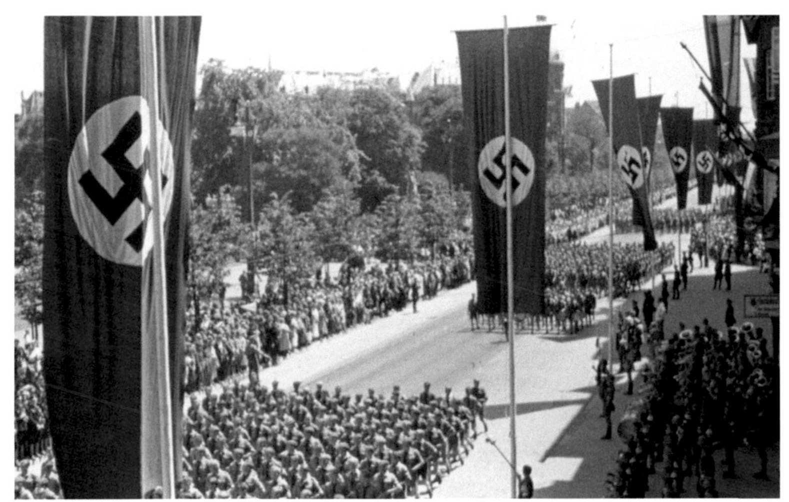

Parade zum Gautag am Opernplatz, 1935

Vorbeimarsch der SS am Opernplatz, 1935

gen ihren Teil zum Gelingen der Feierlichkeiten bei. Es gab keine Werkszeitung, die in diesen Tagen nicht ein Porträt des „Führers“ auf der Titelseite abbildete. In vielen Betrieben und der Stadtverwaltung wurden Appelle zu diesem Anlass angeordnet. Schüler bastelten für Hitler, verfassten Gedichte und klebten Bilder. Über alle deutschen Sender sprach Bernhard Rust, Reichsminister für Wissenschaft, Erziehung und Volksbildung zu den Schülern. In Hannover waren die Schaufenster der Geschäfte und der **Hauptbahnhof** prächtig geschmückt. Um 22 Uhr gab es ein Feuerwerk am Rathaus mit 21 Salutschüssen für das „Geburtstagskind“.

Anfang August 1939 beschwor die Volksgemeinschaft die „Geschlossenheit, Einsatzbereitschaft und Tapferkeit“ der Wehrmacht im Fackelschein vor dem Opernhaus. Vom Klagesmarkt rückten Truppenverbände der hannoverschen Garnisonen über die Nordmannstraße in die Innenstadt ein. Vor dem Opernhaus wurde dann

Biwak auf dem Waterlooplatz, um 1935

der Große Zapfenstreich begangen. Die Soldaten nahmen die Helme ab und beteten. Die Bevölkerung sollte sich unter dem Schutz der Wehrmacht sicher fühlen. Am Vormittag waren bereits Mannschaften und Zivilisten in der Fahnenhalle des Generalkommandos des Wehrkreises XI in Misburg zu einer Feier anlässlich der Mobilmachung angetreten. In den Zeitungen gab es entsprechende Berichte und spätestens jetzt hatten viele verstanden und begrüßten es, dass es schon bald Krieg geben würde. Der Krieg gegen Polen, der den Zweiten Weltkrieg auslöste, stand also kurz bevor.

Eine besondere Aktion des Winterhilfswerks gab es 1940 am Opernhaus mit einer Nachbildung des U-Boots von Kapitänleutnant Prien, der als siegreicher Held verehrt wurde. Das Modell mit einer Länge von sieben Metern war von der Germania-Werft in Kiel hergestellt worden. Jeder Passant konnte einen Nagel kaufen, den er dann in den Rumpf einschlug. Der Erlös ging an das Winterhilfswerk,

Parade zum Heldengedenktag auf dem Waterlooplatz

das für Bedürftige sammelte. Später wurde neben dem Opernhaus zur Freude der Hannoveraner ein abgeschossener britischer Bomber aufgestellt. Das Opernhaus wurde Ende Juli 1943 bei einem der alliierten Luftangriffe auf Hannover von Brandbomben getroffen und brannte von innen vollkommen aus, aber die Außenwände blieben überwiegend erhalten. In der Kriegszeit waren für die Städtischen Bühnen insgesamt 19 Zwangsarbeiter im „Arbeitseinsatz". Nach dem Wiederaufbau in der Nachkriegszeit wurde das Opernhaus am 30. November 1950 mit der Aufführung von Richard Strauss' „Der Rosenkavalier" wieder in Betrieb genommen.

Der ursprünglich militärisch genutzte Waterlooplatz und die dazugehörige Siegessäule entstanden im 19. Jahrhundert zur Erinnerung an die siegreiche Schlacht bei Waterloo. Dieser Platz mit seinen Kasernen war der erste größere Exerzier- und Militärparadeplatz in Hannover. Unmittelbar am Waterlooplatz standen an der Nord-West-Seite die Infanteriekasernen 2 und 3, gegenüber an der Südostseite lagen die Infanteriekaserne 1, die spätere Hindenburg-Kaserne, das Hauptzeughaus und das spätere Artilleriedepot. Im weiteren Umfeld des Platzes existierten etwa 25 Militäreinrichtungen, wie Lazarett, Arresthaus sowie Bekleidungskammer und repräsentative Dienstwohnungen. In der NS-Zeit wurde der Waterlooplatz umgebaut und der Leibniztempel von dort in den Georgengarten versetzt. Für die NS-Propaganda war der Waterlooplatz immer ein wichtiger Ort für Aufmärsche und Veranstaltungen. So fanden 1933 und 1935 große Biwaks auf diesem Platz mit über 5.000 Teilnehmern statt. Unter der Adresse Waterlooplatz 4 mit dem Lagernamen „Rosalinde" gab es im Zweiten Weltkrieg zudem einige Baracken für Zwangsarbeiterinnen aus der Ukraine, die beim „Heereszeugamt" arbeiten mussten.

Bei den Bombenangriffen während des Zweiten Weltkriegs auf Hannover wurden die Militäranlagen rund um den Waterlooplatz stark in Mitleidenschaft gezogen. Viele der beschädigten oder zerstörten Gebäude wurden nach dem Krieg abgerissen. Heute ist nur noch die „Wasser- und Schifffahrtsdirektion Mitte" als einer dieser ursprünglichen Bauten erhalten geblieben. Auf den freigewordenen Flächen der zerstörten Kasernen am Waterlooplatz entstanden nach dem Krieg Verwaltungs- und Regierungsbauten, für die hier genügend Fläche vorhanden war. Stadtbaurat Hillebrecht zerschnitt den Platz weiter durch den Bau neuer Straßen. Die Fläche ist öffentlich zugänglich und wird heute noch gelegentlich für größere Veranstaltungen genutzt.

2 Gaudiplom, NS- und Kriegsmusterbetriebe

DER FÜHRER

ICH VERLEIHE AUF VORSCHLAG DES REICHSORGANISATIONSLEITERS DER NSDAP UND LEITERS DER DEUTSCHEN ARBEITSFRONT SOWIE DES REICHSMINISTERS FÜR BEWAFFNUNG UND MUNITION

DER BETRIEBSGEMEINSCHAFT

Hanomag - Hannoversche Maschinenbau A.-G.
vorm. Georg Egestorff, Hannover-Linden

DIE AUSZEICHNUNG

KRIEGS-MUSTERBETRIEB

DIE AUSZEICHNUNG ERFOLGT IN WÜRDIGUNG DES HERVORRAGENDEN EINSATZES UND DER VORBILDLICHEN LEISTUNG DER BETRIEBSGEMEINSCHAFT IM RAHMEN DER DEUTSCHEN KRIEGSERZEUGUNG. MIT DER ÜBERREICHUNG DIESER URKUNDE ERHÄLT DIE BETRIEBSGEMEINSCHAFT DAS RECHT, AN IHRER FLAGGE DAS KRIEGSVERDIENSTKREUZ ZU FÜHREN

BERLIN, DEN [illegible]

043753/18

Urkunde der Hanomag zur Auszeichnung als Kriegsmusterbetrieb

Mit dem Ausbau Hannovers zu einer der bedeutendsten Garnisonsstädte im Deutschen Reich ging auch die Vorbereitung der hannoverschen Wirtschaft auf den Krieg einher. Dutzende von Firmen produzierten schon frühzeitig für die Bedürfnisse der Wehrmacht und Luftwaffe. Später folgten Aufträge der Kriegsmarine. Im Rahmen des Aufrüstungsprogramms war ab 1935 die Wehrwirtschaftsinspektion XI, die nach Kriegsbeginn in die Rüstungsinspektion XI umgewandelt wurde, für die Mobilmachung der Rüstungsbetriebe zuständig. Die hannoverschen Betriebe sollten sich rechtzeitig von ihrer Friedensproduktion auf die Kriegsproduktion einstellen können. Dazu erhielten die Unternehmen einen Mobilmachungskalender mit Produktionsraten und Mitarbeitern, die „unabkömmlich" („uk") gestellt waren. Der Bedarf an Arbeitskräften, Produktionsmaterial und Energie wurde errechnet und die Transportmöglichkeiten festgelegt. Die kriegswichtigen Firmen wurden als „Rüstungsfirmen" ausgewiesen und entsprechend bevorzugt behandelt. Nicht nur die Beschaffung von Materialien, sondern auch der Erhalt der Transportwege waren immer wieder ein Problem, denn von Beginn an fehlten in großem Umfang Arbeitskräfte.

Zu Wettbewerb und Steigerung der Produktivität der Unternehmen und Institutionen gehörte der „Leistungskampf". Alljährlich wurde daher ab 1936 am 1. Mai eine Auszeichnung mit dem Titel „Nationalsozialistischer Musterbetrieb" vergeben. Bereits ein Jahr später folgte zusätzlich das „Gaudiplom für hervorragende Leistungen". Ab 1942 wurde eine weitere Auszeichnung mit dem Titel „Kriegsmusterbetrieb" für hohe Produktivität, erfolgreiche Rationalisierung, Arbeitskräfteeinsparung sowie geringe Unfall- und Krankenzahlen verliehen. Die Anzahl der teilnehmenden Betriebe wuchs reichsweit von 80.500 (1937/38) auf 272.700 (1938/39), darunter insbesondere Rüstungsfirmen, Bergbau, Metall-, Chemie- und Baubranche sowie staatliche Stellen. Im Mai 1940 wurden 297 NS-Musterbetriebe ausgezeichnet, 2.900 erhielten Leistungsabzeichen, 5400 Betriebe „Gaudiplome". Zu den bisher bekannten NS-Musterbetrieben in Hannover gehörten die Continental Gummi-Werke, die Accumulatoren-Fabrik (AFA), die Dynamit AG Fabrik Empelde, die Maschinenfabrik Niedersachsen Hannover (MNH), die Brinker Eisenwerke und die Deurag Nerag. Ein typisches Beispiel für einen Kriegsmusterbetrieb war die Hannoversche Maschinenbau AG (Hanomag).

Die Hannoversche Maschinenbau AG (Hanomag), in der damaligen Hamelner Straße 1 ansässig, wurde 1871 von einem Bankenkonsortium gegründet und stellte ursprünglich Lokomotiven, LKWs, Ackerschlepper, Personenwagen und Baumaschinen her. Vorläufer des Unternehmens war die 1835 in Linden von Georg Egestorff gegründete „Eisen-Giesserei und Maschinenfabrik Georg Egestorff". Die Erben veräußerten ihre Anteile an Bethel Strousberg, der die Firma wieder verkaufen musste, was zur Gründung der Hanomag führte. 1917 wurde am Deisterplatz für die Hanomag ein neues Werksgebäude nach den Plänen von Alfred Sasse gebaut. Bereits Anfang der 1930er Jahre lag die Produktion jedoch fast brach. In diesem Zustand wurde der Betrieb Anfang 1934 von dem „Bochumer Verein für Gussstahlfabrikation", der zu den „Vereinigten Stahlwerken" gehörte, mit einer Aktienmehrheit aufgekauft. Unter neuer Führung produzierte die Hanomag nun sehr erfolgreich Rüstungsgüter, wie Panzer, Schützenpanzerwagen, Feldhaubitzen und Großkalibermunition. Der Umsatz der Hanomag stieg von 10,9 Millionen Reichsmark 1932 auf 120,3 Millionen im Jahr 1936. Bereits 1935 bestand die Gesamtproduktion der Firma zu 40 Prozent aus Rüstungsgütern und 1936 waren es bereits 60 Prozent. Auch mit dem Bau von Militärfahrzeugen, Mannschaftstransportern mit Halbketten und Schleppern wurde begonnen. Die bereits in den 1930er Jahren in finanziellen Schwierigkeiten befindliche Firma konnte sich später weiter durch den kostengünstigen Einsatz von Zwangsarbeitern und KZ-Häftlingen finanziell sanieren. Die Gesamtzahl der Beschäftigten stieg bei der Hanomag von 2.500 im Jahr 1933 auf 10.000 1936 an. Nach eigenen Angaben waren es 1942 12.000 Arbeiter. Anfang 1945 befanden sich unter den 14.400 Beschäftigten 5.200 Zwangsarbeiter.

Der Gebäudekomplex 8, gelegen an der Göttinger Straße, wurde 1939/40 gebaut. Außer dem breiten Werkstor 1 entstanden eine Großkantine, das Gebäude der Werksfeuerwehr und der Werksschule sowie ein Bürotrakt. Der Architekt Emil Mewes entwarf eine Gruppe kubischer Baukörper. Sie unterschieden sich in ihrer Höhe und Zahl

Geschmückte Fassade der Hanomag zum 1. Mai 1939

der Geschosse. Spezifische Fensterformen gliederten die Bauten, entweder sorgten die Fenster für eine Breitenstreckung oder unterstrichen die Höhenentwicklung, ergänzt durch wenige Vertikalelemente. Die Pläne von Emil Mewes, der ebenfalls am Bau des Volkswagenwerkes beteiligt war, wurden 1938 für den Gebäudekomplex am Hanomageingang in der Göttinger Straße umgesetzt. Mewes hatte sich als Architekt für Industriebauten einen Namen gemacht und in dieser Zeit das VW-Werk in Wolfsburg sowie das Fabrik- und Lagergebäude für Thyssen-Krupp konstruiert. Über seine persönlichen Kontakte und Verbindungen zur Industrie im Ruhrgebiet erhielt er vor allem ab 1933 viele Aufträge.

Ein Teil der Gebäude und das „Arbeiterstandbild“ des Hammermanns von 1941 wurden vom Lindener Bildhauer Georg Herting in der NS-Zeit errichtet, als der Betrieb die ersten Vorbereitungen zur Rüstungsproduktion bereits abgeschlossen hatte. Die Statue ist ein typisches Monument einer heroisierenden NS-Arbeiterdarstellung. Ebenfalls von Herting geschaffen wurden die sogenannten „Brezelmänner“ am Bahlsenverwaltungsgebäude, die 1910 entstanden, der Duvebrunnen am Leibnizufer von 1914 oder das Denkmal für Johann Egestorff von 1935 in Linden.

Noch 1942 wurde die Hanomag als Kriegsmusterbetrieb aufgrund „hervorragender Leistungen“ ausgezeichnet. Ende Mai 1944 hatte das Hanomagwerk schließlich hohen Besuch vom Reichsminister für Rüstung und Kriegsproduktion, Albert Speer. Im Rahmen einer Betriebskundgebung verlieh Speer dem Werksdirektor und Leiter des Hauptausschusses Waffen des Deutschen Reiches, Arthur Tix, für seine Verdienste das „Ritterkreuz des Kriegsverdienstkreuzes

„Hammermann“ vor dem ehemaligen Eingang zur Hanomag, 2015

mit Schwertern", wie in der Werkszeitung berichtet wurde: „Machtvoll brauste der Heilgruß für den Führer durch die Werkshalle, und bald dröhnten wieder die Hämmer, um dieses Gelöbnis in unermüdlichem Schaffen in die Tat umzusetzen. Vom letzten Mann an der Werkbank bis zum Führer des Betriebes, vom jüngsten Lehrling bis zum Werksveteranen weiß jeder, daß es auf ihn ankommt, wenn heute durch Kampf und Arbeit über die Geschicke Deutschlands auf Generationen hinaus entschieden wird."

Mit Kriegsbeginn wurden trotz aller Probleme Erweiterungen der Produktionshallen vorgenommen. So entstand 1941 die Halle 7 für die Fertigung von Geschützen und Geschützteilen. Die U-Boot-Halle wurde sogar noch 1943, also sehr spät im Krieg, errichtet. Das Gebäude war gedacht, um dort Flugabwehrkanonen herzustellen. Der Rohbau der Halle wurde in Wilhelmshaven errichtet. Nachdem die U-Boot-Produktion in Bunker verlegt worden war, kam die entbehrliche Stahlkonstruktion zur Hanomag, wo Emil Mewes das Gerüst mit Ziegelwänden verkleidete. Gegliedert war das Gebäude durch hohe, schmale Fensteröffnungen. Da durch diese Schlitze viel zu wenig Tageslicht in die Halle gelangte, gab es auf dem Dach Oberlichtkästen. In der ehemaligen U-Boot-Fertigungshalle, die erst Ende 1944 fertiggestellt wurde, mussten schließlich ab Anfang 1945 KZ-Häftlinge arbeiten. Diese sehr erschöpften und schwachen Häftlinge, darunter viele Juden, kamen aus dem Konzentrationslager

Fassade der Hanomag, 2015

Laurahütte. Zum Kriegsende waren ungefähr 40 Prozent der Arbeitskräfte Zwangsarbeiter bei der Hanomag. Dazu gezählt werden müssen ab Januar 1945 die Häftlinge des KZ Mühlenberg und eine unbekannte Anzahl von Kriegsgefangenen. Den größten Anteil der Zwangsarbeiter bildeten Frauen und Männer aus der Ukraine und Russland. Sie lebten im Stadtgebiet und der Region auf mehrere Lager verteilt, die in eigener Verantwortung der Firma betrieben wurden oder zu den sogenannten „Gemeinschaftslagern" der DAF oder der Lagergemeinschaft Hannover e.V. gehörten, wie Bornumer Holz (Auf der Kuhbühre), Mühlenberg (Hamelner Chaussee) oder Schlorumpfskoppelweg (heute Mercedesstraße).

Besonders gering waren die Überlebenschancen im Konzentrationslager Mühlenberg, das im Februar 1945 errichtet wurde. Das Lager Mühlenberg bestand zu diesem Zeitpunkt bereits einige Jahre. Es war in mehrere Bereiche unterteilt und eines der größten Zwangsarbeiter- sowie Kriegsgefangenenlager in Hannover. In einem abgetrennten Bereich wurde Platz für die 500 Häftlinge aus dem Außenlager Laurahütte des KZ Auschwitz-Monowitz geschaffen. Sie mussten nun für einen Betrieb der Rheinmetall-Borsig in der Produktion der Flakgeschütze arbeiten. Für die Häftlinge gab es sehr wenig Verpflegung und selbst die Trinkwasserversorgung war aufgrund der starken Zerstörung der Stadt kaum gewährleistet. Die Todesrate in diesem KZ war sehr hoch, denn Lungenentzündungen, Hungerödeme, Entkräftung, die schweren alltäglichen Misshandlungen und Folter führten dazu, dass die Häftlinge nur noch zum Sterben liegen gelassen wurden. Einige Häftlinge wurden auf besonders grausame Weise durch den Sadismus der Kapos und SS-Männer ermordet, wie ein Überlebender als Augenzeuge eines konkreten Falls bei den Nachkriegsprozessen berichtete: „Ein Häftling mußte zur Toilette. Er schaffte es aber nicht mehr und deshalb machte er neben die Baracke. Der Kapo Jakobi sah das und drückte diesen Häftling mit dem Gesicht in den Kot. Dann warf er den Häftling zu Boden, legte ihm einen Stock über den Hals und stellte sich mit den Füßen auf den Stock. Auf diese Weise erwürgte er den Häftling." Die Waschbaracke im Anbau der Lagerküche war das Zentrum des Terrors. Dort wurden nach Aussagen von Überlebenden fast täglich

Morde an Häftlingen verübt, die nicht mehr arbeitsfähig waren. Der Kapo Jakobi pflegte die Wasserfolter mit den Worten „Komm, du hast dich nicht genug gewaschen! Ich werde dich jetzt waschen“ einzuleiten. Am 6. April 1945 gingen die Häftlinge des KZ auf den sogenannten Todesmarsch zum KZ Bergen-Belsen, wo bis zur Befreiung am 15. April 1945 und noch in der unmittelbaren Nachkriegszeit viele von ihnen verstarben.

Bei der Belegschaft der traditionsreichen Firma war die Organisation der Arbeiterbewegung schon immer sehr stark. Der Betrieb galt als eine Hochburg der Sozialdemokraten und hier gab es Widerstandsaktivitäten. Bis ungefähr Mitte 1936 hatte die Geheime Staatspolizei (Gestapo) jedoch nahezu den gesamten Arbeiterwiderstand zerschlagen. Dennoch war er in kleinerem persönlichem Rahmen weiter möglich und aktiv. Im Herbst 1944 wurden noch 19 Hanomagarbeiter, die Spitzel verraten hatten, wegen „Vorbereitung eines hochverräterischen Unternehmens, Feindbegünstigung und Wehrkraftzersetzung“ verhaftet. Auch Zwangsarbeiter und Kriegsgefangene wurden immer wieder wegen angeblicher „Sabotageaktionen“ verhaftet. Eine der letzten Widerstandsgruppen geriet noch Ende März in die Fänge der Gestapo. Nach Aussagen eines Gestapomitarbeiters wurde einer der zu dieser Gruppe gehörenden Franzosen am 6. April 1945 auf dem Seelhorster Friedhof erschossen.

Das Hanomag-Gelände war früher ein sehr großer Komplex aus Fabrikationsanlagen und Gleisen, von denen nach dem Konkurs und der endgültigen Schließung 1984 nur noch wenige denkmalgeschützte Bereiche erhalten blieben. In der ehemaligen U-Boot-Halle fanden ab den 1980er Jahren Konzerte, Feiern und Partys statt. Im Dezember 1998 wurde den Veranstaltern vor den letzten beiden geplanten Partys endgültig die Konzession von der Stadt Hannover entzogen. Mittlerweile nutzt der Einzelhandel seit Jahren die ehemalige Halle.

Porträt: Karl Nasemann

Karl Nasemann, 1908 in Hannover geboren, wuchs in der Nordstadt auf. Nach der Grundschule begann er mit 14 Jahren eine Dreherlehre bei den Vereinigten Schmirgel- und Maschinen-Fabriken (VSM) in Hainholz. Schon zum Beginn der Lehre war er Mitglied in die Arbeiterjugend der Sozialdemokratischen Partei Deutschlands (SPD). 1935 bekam er über das Arbeitsamt eine Anstellung als Dreher bei der Hanomag. Hier arbeitete er in den Jahren 1940 bis 1945 an der Seite von Zwangsarbeitern und KZ-Häftlingen. Aus seinem Mitgefühl heraus versuchte er den Häftlingen heimlich zu helfen und ihr Leid zu lindern, mit dem Wissen um das persönliche Risiko von Entdeckung und Verhaftung. Als sogenannter „stiller Held" ist er bis heute ein positives Beispiel für den persönlichen Widerstand: „Durch das Eintreten meines Meisters erhielt ich eine Freistellung vom Kriegsdienst. Es war üblich, dass gerade die politisch unbequemen Arbeiter an die Front geschickt wurden. Das Personalbüro hatte auch mich ausgewählt. [...] Im NS-Staat mussten auch Kinder als Zwangsarbeiter arbeiten. In unserer Abteilung hatten wir zwei russische Frauen, die morgens um sechs Uhr immer ihre beiden zwölfjährigen Kinder mit in die Fabrik bringen mussten. Wir sorgten dafür, dass die Kinder sich in einer von uns gebauten Bude aufhalten konnten und nicht zu arbeiten brauchten. Es war selbstverständlich, dass unser Meister dabei mitspielte. Leider herrschte auch gerade bei den älteren Arbeitern eine ‚deutsche Überheblichkeit' und manchmal sogar eine Herrenmenschenmentalität vor. [...] Wenn die Nazis – einer von ihnen hieß bezeichnenderweise Nervensäge – in unsere Abteilung kamen, schallte immer der Ruf in französischer Sprache durch die Reihen ‚scie nerf, scie nerf!' Die eingeweihten Kollegen wussten dann, die ‚Nervensäge' oder einer seiner Leute war im Anmarsch. [...]

Am 12. Februar 1945 kamen sie dann, bekleidet mit den gestreiften Konzentrationslageranzügen und groben Holzschuhen. Ausgemergelte Gestalten, verfallene, graue Gesichter. Diese armen Menschen, die mehr tot als lebendig waren, mussten auch noch im Gleichschritt durch die Werkhallen marschieren und obendrein vor jedem Deutschen, an dem sie vorbeikamen, zum Gruß die Mütze vom Kopf reißen. Wer so etwas nicht erlebt hat, kann sich unser Entsetzen bei ihrem Erscheinen nicht annähernd vorstellen. [...] Die etwa dreißig SS-Bewacher, fast nur junge Leute, ließen kaum eine Gelegenheit aus, ihrem Sadismus freien Lauf zu lassen. [...] Wenn ich nach Hause kam, konnte ich oft nichts essen. Der Hals war mir wie zugeschnürt, weil ich der Brutalität und Unmenschlichkeit der SS gegen die KZ-Häftlinge oft genug hilflos zusehen musste. [...] Wir taten alles, was uns nur möglich war, um den Häftlingen zu helfen.“ Karl Nasemann und einige Kollegen versorgten die KZ-Häftlinge heimlich mit Trinkwasser und etwas Essen, um ihr Leid zu mildern. Einige Häftlinge fassten Vertrauen und nahmen heimlich zur Rettung ihrer Mithäftlinge Kontakt auf: „In einer Nachtschicht sprach mich einer der Häftlinge an und fragte mich, ob ich einem Verletzten helfen könnte, dem ein SS-Mann mit einer Rasierklinge den Nacken zerschnitten hatte. Ich hatte eine Sanitätsausbildung und verfügte auch noch über Verbandsmaterial. Da uns deutschen Zivilarbeitern jede Hilfeleistung verboten war, musste ich sehr vorsichtig sein. [...] Es lässt sich nicht schildern, welcher bestialischen Art diese Verletzungen waren. [...] Die ersten Jahre nach Kriegsende konnte man noch über das Erlebte sprechen. Aber mit wachsendem deutschem Selbstbewusstsein wurden die unangenehmen Seiten unserer Geschichte verdrängt.“ Ein Wegname erinnert heute in Ricklingen an Nasemann.

HANOMAG
Dienststelle Av 26
Werkzeugkarte Nr.
Werkstück nach Zeichn.-Nr.
Werkzeug n. Zeichn.-Nr.
Benennung
Bauart
Lieferfirma
Auftrags-Nr.
Anschaffungspreis RM
Werkzeug ist aufbewahrt im
Lager
Regal
Fach
Abgenommen am
in Betrieb genommen am
Fertiggewicht kg
Lose Teile
Raum für Skizze

DREILINGER — MATZNER
SILBERBERG — SALZMAN
GRISCHOF — BROW
DRESLER — THALER
ROLNIZKI
RITZKE — WASUGER

Hannover, den 194 Dienststelle FINKEL
Tag
Name
2F-Vdr. 21–5000 HD

Original Werkzeugkarte der Hanomag mit Anmerkungen zum Einsatz der KZ-Häftlinge von Karl Nasemann, 1945

Die „Continental-Caoutchouc- und Gutta-Percha-Companie" wurde im November 1871 in das Handelsregister eingetragen und besaß als **Continental Gummi-Werke** im Krieg Werke in der Stöckener Straße 312 (heute Jädekamp 30), Wunstorfer Straße 130 und Vahrenwalder Straße 100 (heute Vahrenwalder Straße 9). Durch ihre Produktionspalette war die Fertigung schon im Ersten Weltkrieg auf die Rüstung ausgerichtet. Die marktbeherrschende Position konnte durch den Aufkauf von Firmen wie der „Excelsior" in Limmer ausgebaut werden. Die arbeits- und steuerpolitischen Maßnahmen in der NS-Zeit wie die Minderung der Kfz-Steuer, das Reichsautobahnprogramm und das KdF-Wagenprojekt steigerten die Gewinne enorm. Zwischen 1933 und 1938 erzielte das Unternehmen eine Umsatzsteigerung von 400 Prozent. Das Werk in Vahrenwald wurde 1938 mit seinen Erweiterungen fertiggestellt und noch im April desselben Jahres erfolgte der erste Spatenstich für das neue Reifenwerk in Stöcken, das in dem „Industriegebiet Nordhafen" günstige Verkehrs- und Produktionsmöglichkeiten vorfand. Durch Baustoff- und Arbeitskräftemangel lagen die Arbeiten aber bis 1941 fast völlig brach. Erst als das Vahrenwalder Werk durch die zunehmenden Bombenangriffe schwer beschädigt wurde, gab es die Notwendigkeit, in Stöcken weiter zu arbeiten. Die ersten Reifen verließen das Werk Ende August 1942.

Architektonisch sollten Industriebauten in dieser Zeit für helle, freundliche und funktionelle Arbeitsplätze sorgen. Sie sollten Zustimmung und Integration der Arbeiter in die Volksgemeinschaft bewirken. Als Ergebnis entstanden zeitgenössisch-sachliche und moderne Bauten. Zwangsarbeiter und KZ-Häftlinge konnten davon aber nicht profitieren. Sie wurden unter unmenschlichen Bedingungen zum Arbeiten angehalten. Die Continental Gummi-Werke hatten bereits Erfahrungen im profitablen Einsatz von Zwangsarbeitern, als sie ihre Konzentrationslager in Hannover ab Mitte 1944 an den Standorten Limmer und Stöcken/Ahlem betrieben.

Im Oktober 1944 sollen für die Firma mehr als 4.000 Zwangsarbeiter aus mehr als 20 Nationen gearbeitet haben, darunter Belgier, Bulgaren, Esten, Franzosen, Griechen, Niederländer, Italiener, Letten, Litauer, Slowaken, Spanier, Polen, Ukrainer und Russen. Die

Gesamtzahl aller Zwangsarbeiter, die für die Firma arbeiten mussten, lag wesentlich höher und lässt sich nur vermuten. Einige größere Lager, die von den Continental Gummi-Werken betrieben wurden, oder an denen das Unternehmen beteiligt war, existierten in der Büttnerstraße 60, Stader Chaussee 6 und 41 (heute Vahrenwalder Straße), Stöckener Straße 312 und Wunstorfer Straße 130.

Eine gute Informationslage gibt es durch die Nachkriegsprozesse zum Frauenkonzentrationslager der Firma in Limmer sowie den Konzentrationslagern in Stöcken und Ahlem. Anfang September 1944 waren Angestellte der Continental Gummi-Werke bei der Selektion von 1.000 Häftlingen für ihre Firma und den Standort in Stöcken in Auschwitz-Birkenau anwesend. Es handelte sich überwiegend um polnische und deutsche Juden. Die Häftlinge kamen um den 10. September 1944 in Stöcken an. Lagerführer war Otto Fritz „Tull" Harder, 1892 in Braunschweig geboren. Er war ein berühmter Profifußballspieler der 1920er Jahre beim HSV und ein großes Idol der damaligen Zeit. Allein durch seine Größe und Erscheinung fiel er auf und besaß einen hohen Wiedererkennungswert. Im August 1939 wurde Harder zur Waffen-SS einberufen und auf eigenen Wunsch in

„Deutschland will nichts als den Frieden", Continental Gummi-Werke Vahrenwald, November 1933

das KZ Neuengamme versetzt. Bis April 1944 arbeitete Harder hier unter anderem in der Verwaltung. Später kam er für einige Monate zum KZ Stöcken der Accumulatoren-Fabrik, bis er im September 1944 die Leitung des neuen KZ Stöcken der Continental Gummi-Werke und in der Folge das KZ Ahlem übernahm. Ab März 1945 wurde er im KZ-Außenlager Uelzen eingesetzt und erhielt später Aufgaben zur Räumung des KZ-Stammlagers Neuengamme. Er wurde nach dem Krieg zu 15 Jahren Haft verurteilt. Kurz vor Weihnachten 1951 war er wieder frei. Harder arbeitete danach als Versicherungsmakler.

Schon bei der Ankunft in Stöcken befanden sich die meisten Häftlinge in einem sehr geschwächten Zustand. Dennoch mussten sie, schwer krank und ausgezehrt, bei den Continental Gummi-Werken die körperlich anstrengendsten, gefährlichsten Arbeiten in der Produktion verrichten. Sie wurden von SS-Männern und Kapos (Funktionshäftlingen der SS) bewacht, die sie schlugen und folterten. Mit einem Eisenrohr, das den Namen „Conti“ erhielt, wurden sie für jedes kleine „Vergehen“ bei der Arbeit oder im Lager schwer verwundet oder getötet. Am 30. November 1944 erfolgte die Verlegung des KZ Stöcken mit ungefähr 850 Gefangenen nach Ahlem, wo inzwischen ein KZ für die Häftlinge aus Stöcken errichtet worden war. In Ahlem gab es ungenutzte Stollen der ehemaligen „Limmer Asphaltgruben“, die zur bombensicheren Untertageverlagerung der Produktion genutzt werden sollten. Dieses Rüstungsprojekt erhielt die Tarnbezeichung „Döbel“ und war auf drei Stollen verteilt, wobei die Maschinenfabrik Niedersachsen Hannover (MNH) ebenfalls Bereiche für sich beanspruchte. Der größte Teil der Häftlinge arbeitete am Ausbau des ehemaligen Asphaltstollens für die Continental Gummi-Werke. Zunächst mussten die Häftlinge das Gestein aus dem Fels schlagen oder es wurde gesprengt, was immer wieder zu Todesfällen führte. Bei allen Arbeiten im und am Stollen war die Unfallgefahr ohnehin sehr groß und für die geschwächten Häftlinge lebensbedrohend. Wasser lief die Wände hinab, in den unterirdischen Gängen sammelte es sich und stand zum Teil zentimeterhoch.

Obwohl es Winter war, durften die kleinen Öfen in den Baracken fast nie geheizt werden. Selten gab es die Möglichkeit sich zu waschen,

Postkarte Continental-Gummiwerke Stöcken, um 1950

zudem waren hier die Wasserleitungen durch die Angriffe oft außer Betrieb. Trinkwasser musste aus der Stadt geliefert und das Waschwasser aus einem alten Steinschacht gepumpt werden. Als Toiletten dienten Gräben, über denen die Häftlinge ihre Notdurft verrichteten. Die Kleidung war von Ungeziefer übersät, das die Gefangenen bis in den Schlaf quälte. Der gestreifte Häftlingsanzug bot keinen Schutz vor Kälte oder Nässe, was besonders verheerend während der stundenlangen täglichen Appelle war. Die Holzschuhe, wenn überhaupt vorhanden, wurden meistens ohne Strümpfe und nur mit Fußlappen getragen. Versuche der abgemagerten KZ-Häftlinge sich zu schützen konnten drakonische Strafen nach sich ziehen.

Grausamkeit und Sadismus insbesondere der Kapos setzten den Häftlingen zu. Der KZ-Alltag war von Gewalt, Folter, Mord und den sterbenden Häftlingen geprägt. Wie im KZ Mühlenberg waren hier ebenfalls die Waschbaracken gefürchtet, in der die Häftlinge unter anderem mit einem harten Wasserstrahl gefoltert und grausam ermordet wurden. Der Zeuge Fritz Vogt erinnerte sich bei den Ermittlungen in der Nachkriegszeit an die Waschbaracke: „Im Lager kamen häufig Exekutionen vor, die von Wexler und Henning durchgeführt wurden. Grund zu diesen Erhängungen war schlechte Arbeit oder schlechter Gesundheitszustand. Die Leute wurden dazu in den Waschraum gezerrt – ich habe dies selbst gesehen – und aufgehängt. Die in meinem Kommando arbeitenden Häftlinge Adler, Fischer und Silberberg erzählten mir, wie sie Zeugen eines Appells waren, bei dem Wexler eine Ansprache hielt, in der er erwähnte, daß bereits 83 Mann von ihm erhängt worden seien, heute müßten es 90 werden. Er forderte 7 Freiwillige auf, denen er 300gr. Brot versprach. Als sich niemand meldete, wurden 7 Häftlinge herausgesucht und im Waschraum erhängt.“

Immer wieder trafen neue Häftlingstransporte als Ersatz für die fehlenden Arbeitskräfte ein, sodass zum Kriegsende die Häftlingsbelegschaft eine vollkommen andere Zusammensetzung hatte als noch in Stöcken. Nachweisen lassen sich folgende Nationalitäten im KZ Ahlem: Belgier, Dänen, Deutsche, Franzosen, Letten, Niederländer, Polen, Tschechen, Ungarn und „Russen“.

Am 6. April 1945 trieben SS-Männer und Kapos die ungefähr 600 verbliebenen halbwegs gehfähigen Häftlinge in Richtung des KZ Bergen-Belsen auf den sogenannten Todesmarsch, bei dem viele Häftlinge starben oder ermordet wurden. Selbst nach ihrer Befreiung am 15. April 1945 fanden etliche Überlebende durch Krankheiten, Schwäche und falsche Ernährung den Tod. In Ahlem waren etwa 250 marschunfähige Gefangene zurückgelassen und eingeschlossen worden. Noch vor Eintreffen der Alliierten gelang es der Bevölkerung, den unter Strom stehenden Elektrozaun des Lagers zu entsichern und das Tor zu öffnen. So konnten erste Lebensmittel und Wasser zur Verfügung gestellt werden. Am 10. April 1945 erreichte schließlich die U.S. Army vom Westen das KZ Ahlem. Unter ihnen befand sich der Funker Vernon W. Tott, der nach Ankunft im Lager fassungslos von dem, was er dort sah, erste Fotos aufnahm, sowie der spätere Außenminister der USA, Henry Kissinger.

Ein weiteres KZ in Verantwortung der Continental Gummi-Werke existierte in Limmer, wo inhaftierte Frauen eingesetzt wurden. Dieses Konzentrationslager bestand seit Juni 1944, als die erste Gruppe der Gefangenen, überwiegend bestehend aus Französinnen aus dem KZ Ravensbrück, eintraf. Das KZ befand sich in unmittelbarer Nähe der Continental Gummi-Werke Limmer, nahe der Wunstorfer Straße. Hier gab es zunächst nur eine Baracke für den ersten Transport der weiblichen Häftlinge, eine Küche und einen Toilettentrakt. Vermutlich im Oktober 1944 trafen weitere 250 weibliche Häftlinge aus Salzgitter ein, sodass das Lager ausgebaut werden musste. Das für 500 inhaftierte Frauen ausgerichtete Konzentrationslager wurde ab dem 6. Januar 1945 von ungefähr 1.000 Gefangenen, also mit der doppelten Anzahl belegt, da ein anderes Frauenkonzentrationslager in Langenhagen kurz zuvor zerstört worden war. Die überlebenden Frauen aus dem KZ Langenhagen der Brinker Eisenwerke, wurden dann ebenfalls in Limmer untergebracht. Diese inhaftierten Frauen wurden sowohl bei den Continental Gummi-Werken als auch weiterhin bei den Brinker Eisenwerken eingesetzt. Wie andere Häftlinge der hannoverschen Konzentrationslager mussten einige dieser Frauen das KZ Limmer enttrümmern. Eine polnische Überlebende erinnerte sich später: „Wir gingen irgendeine Hauptstraße entlang [vermutlich die Limmer- und Blumenauerstraße]. Es war bestimmt eine Hauptstraße. Es gingen sehr viele Menschen an uns vorbei. Das war für uns nicht besonders angenehm, weil nicht nur Erwachsene, sondern auch Kinder uns ‚Banditen' nannten. Es gab noch die Jungen aus der Hitlerjugend, die uns beschimpften oder bespuckten. Oft bekam eine Frau einen Stein ab oder Sand in die Augen. Wir baten sogar die Stubenfrau, dem Deutschen, der uns zur Arbeit führte, zu dolmetschen, mit uns einen anderen Weg zu gehen. Das war sehr erniedrigend für uns. Ich wäre lieber mit der Peitsche geschlagen worden als von Leuten auf der Straße angegriffen zu werden. Oft zogen sie uns an unseren Kleidern. Der Wachmann versuchte sogar die Leute zu beruhigen, aber die Leute stritten dann auch mit ihm." Die Produktionsstandorte Vahrenwald und Stöcken bestehen noch heute in Hannover und gehören zu dem Unternehmen Continental AG.

3 Reichsautobahn bei Hannover

Zeitgenössische Reichsautobahnkarte und Einweihung des Autobahnabschnitts Braunschweig-Lehrte

Planung und Bau der **Reichsautobahnen** (**RAB**) wurden in der NS-Zeit fortgeführt und beschleunigt, hatten aber bereits Jahre zuvor in der Weimarer Republik begonnen. Der Reichsautobahnbau wurde als eine Maßnahme gegen die hohe Arbeitslosigkeit als Arbeitsbeschaffungsmaßnahme (ABM) und für die neue Mobilität propagiert. Die Gesetze zur Reduzierung der Arbeitslosigkeit wurden nach dem zuständigen Staatssekretär Reinhardt „Reinhardt-Programme“ genannt. Insbesondere die Arbeiten im Baugewerbe für die Erneuerung von Fabriken, Häusern und im Straßen- sowie Autobahnbau zählten dazu. Die schnelle Halbierung der Arbeitslosenzahlen nach 1933 beruhte im Wesentlichen auf einem trickreichen Umgang mit der Statistik, da es eine Unterscheidung zwischen Arbeitslosen und Arbeitsuchenden gab. Unregelmäßig Beschäftigte und Langzeitarbeitslose wurden von der Statistik nicht erfasst.

Die Reichsautobahnen bildeten den Grundstein für die heutigen Autobahnen. Im Juni 1933 erließ die Reichsregierung auf Weisung Hitlers ein „Gesetz über die Errichtung eines Unternehmens ‚Reichsautobahnen‘“. Fritz Todt (Organisation Todt) wurde zum Generalinspektor für das deutsche Straßenwesen ernannt, sodass ihm die Detailplanungen unterstanden. Der erste Spatenstich erfolgte am 23. September 1933 durch Adolf Hitler in Frankfurt. Das Teilstück „Lehrte-Peine-Braunschweig“ der heutigen A2 wurde im April 1936 eröffnet. Die lokalen Zeitungen berichteten im März 1934 von diesem umfangreichen Projekt mit Begeisterung.: „1000 Peiner Volksgenossen erhalten heute Arbeit“, denn „die Arbeiter aus Peine sind frühmorgens mit dem Zuge in Hämelerwald angekommen. Im gemeinsamen Zuge marschierten sie dann zur Baustelle. [...] Die Schulkinder der Schulen aus Vöhrum und Eixe marschierten heran, Vöhrumer und Eixer Einwohner waren in großer Anzahl erschienen.“ Erschienen waren ebenfalls die regionalen Parteigrößen wie der Gaupropagandaleiter Huxhagen, der stellvertretende Kreisleiter Schneider aus Peine, Vertreter der SA sowie weitere Repräsentanten aus Politik und Verwaltung der Stadt und des Kreises Peine, darunter Bürgermeister Dr. Wietfeldt und Landrat Dr. Freise. Von den Interessen der von der Trassenführung betroffenen Grundstücksbesitzer wurde wenig Aufhebens gemacht. Ein entsprechendes Gesetz ermächtigte die Bauleitung „die für die Inangriffnahme erforderlichen Grundstücke sofort in Besitz zu nehmen." Bis zur tatsächlichen Eröffnung vergingen noch einige Monate. Am Sonntag, dem 5. April 1936, war es schließlich so weit. Die Reichsautobahn Braunschweig-Lehrte wurde eröffnet. Zur Einweihung der Teilstrecke gab es einen Festakt mit einer Eröffnungsfahrt. Der Termin des traditionellen Eilenriede-Rennens in Hannover, einem internationalen Motorradrennen, fiel 1936 mit der Einweihung zusammen. Dieses bedeutsame und sehr beliebte seit 1924 veranstaltete Rennen mit seinen großen Idolen und seinem Volksfestcharakter wurde für die NS-Propaganda intensiv genutzt. So kamen als Prominente 1936 der Stabschef Lutze und Dr. Todt, wie einem Bericht in der Zeitung „Motor und Sport" zu entnehmen war: „[...] Dr. Todt ist da, denn am Nachmittag wird ja die Reichsautobahn Braunschweig-Lehrte der Oeffentlichkeit übergeben, und die Sieger des Eilenriede-Rennens werden dort einmalig entlang brausen." Die Eröffnung des Streckenabschnittes Hannover-Helmstedt folgte am 17. August 1936, die endgültige Fertigstellung der geplanten Strecke bis Berlin im Dezember 1937. Im Dezember 1938 wurde die Autobahnteilstrecke Hannover-Bad Nenndorf der Öffentlichkeit übergeben, sodass jetzt die Autobahn Berlin-Köln durchgängig befahrbar war. Die Schließung des Autobahnringes um Hannover mit den Anschlussstellen Hannover-Ost, Flughafen und Herrenhausen hatte Auswirkungen auf den innerstädtischen Verkehr, denn nun konnte der Lastwagenverkehr nach Westen über diese Strecke geführt werden. Zu diesem Anlass hatte sich der Gauleiterstellvertreter Kurt Schmalz eine festliche Zeremonie mit Fackelträgern, die Spalier standen, ausgedacht.

Im Krieg wurden die Bauarbeiten an der Reichsautobahn durch Zwangsarbeiter und KZ-Häftlinge bis 1942 fortgeführt. Bis dahin waren von den 20.000 geplanten Kilometern genau 3.819 Kilometer vollendet. Auch das Bild der Autobahnen wandelte sich. Ab Herbst 1943 durften Autobahnen wegen des geringen Fahrzeugverkehrs sogar von Radfahrern genutzt werden. Auf dem Mittelstreifen wurden, wie in der Nähe von Bothfeld, zunächst jede Menge Schrottfahrzeuge abgestellt, damit im Ernstfall keine feindlichen Maschinen

Spatenstich von Adolf Hitler zum Baubeginn der ersten Reichsautobahn

landen konnten, und manchmal wurden Reichsautobahnen sogar als Behelfsflugplätze für die Luftwaffe genutzt.

Der Straßenbau spielte in der NS-Zeit auch in Hannover eine große Rolle. Ende der 1930er Jahre wurde u.a. der Ernst-August-Platz umgestaltet. Die Haltenhoffstraße war endlich als Verbindung zwischen der Nordstadt und Hainholz nach Herrenhausen entstanden und der neue Niedersachsenring trug zur Verkehrsentlastung bei. Auch die Wunstorfer Straße, die Beneckeallee, die Mecklenheidestraße und der Altenbekener Damm gehörten zu diesen Straßenbauprojekten.

4 Herrenhäuser Gärten

Der Große Garten in Herrenhausen, 2015

Hannoversche Kurfürsten und Könige ließen die **Herrenhäuser Gärten** zwischen dem 17. und 19. Jahrhundert anlegen. Die unterschiedlichen Gartenbereiche vereinigen verschiedene Stilrichtungen der Gartenkunst. Es gibt bis heute den barocken Garten direkt am Schloss, den englischen Landschaftsgarten mit seinen Stimmungsbildern und den botanischen Garten mit den vielen seltenen exotischen und heimischen Pflanzen. Das Gartenangebot war schon immer eine touristische Attraktion der Stadt Hannover als „Großstadt im Grünen". Daran wollte die Stadt mit ihrer NS-Propaganda anknüpfen, als sie die Gärten kaufte, restaurierte und die Anlage umbaute. Jedoch gab es in diesem Fall andere Ideengeber, denn der Heimatbund Niedersachsen setzte sich bereits seit 1923 für eine Rettung der Herrenhäuser Gärten ein. Der Barockgarten war in seiner Grundstruktur zwar erhalten, aber das große Parterre verwahrloste aus finanziellen Gründen und hatte kaum Blumenschmuck. Auf einigen Flächen wurde sogar Gemüseanbau betrieben und die Obstbäume waren nicht gepflegt. Das Schloss selbst war seit Jahrzehnten unbewohnt.

Es war schließlich Oberbürgermeister Arthur Menge, der 1936 dem Welfenhaus den vom Verfall bedrohten **Großen Garten**, den Berggarten und die Herrenhäuser Allee nach schwierigen Verhandlungen abkaufte. Menge erklärte den Umbau vor den anstehenden Wahlen zur Chefsache und ließ ihn in nur zehn Monaten durchführen. Am 13. Juni 1937 wurde der Garten somit wieder der Öffentlichkeit übergeben. Die Herrenhäuser Gärten gehörten jetzt zum Plan als Ort der Freizeit im Rahmen einer Neuordnung der Stadt und zum KdF-Programm. Mit Plakaten und anderen Werbemitteln wurde für den Garten und für „Kraft durch Freude" geworben. „Es gibt kein schöneres Symbol für das neue Deutschland", hieß es 1937 bei den Festreden in den Herrenhäuser Gärten, als der umgestaltete Große Garten mit viel Prominenz wiedereröffnet wurde. Als Gäste waren hochrangige Vertreter der NSDAP, SS, SA, Wehrmacht, städtischen Behörden und Regierungspräsident Rudolf Diels sowie der Herzog und die Herzogin von Braunschweig-Lüneburg gekommen. Gegen 11 Uhr traf Reichsminister und Gauleiter Rust ein, der neben dem Oberbürgermeister Menge als Hauptredner auftrat.

Wiedereröffnung des Großen Gartens von Herrenhausen, Juni 1937, v.l.n.r.: Bernhard Rust, Herzog Ernst August, Przn. Friederike, Herzogin Victoria Luise und Rudolf Diels

Das damalige Umbaukonzept ist bis heute nicht unumstritten, denn unter Missachtung historischer Vorlagen wurden im Großen Garten eine Aussichtsterrasse und acht Sondergärten eingefügt. Dabei ging es um eine Weiterentwicklung zum Zier- sowie Schaugarten mit Blumenschmuck, reicher Ornamentik und Beleuchtung als Attraktion für die Besucher. Der Charakter des Gartens wurde dadurch in den 1930er Jahren stark verändert, sodass diese Umgestaltung bis heute einen wichtigen Teil seiner Geschichte ausmacht. Die Gärten wurden von der Bevölkerung sofort begeistert angenommen. Jedoch währte die Freude durch den Beginn des Zweiten Weltkrieges nicht lange. Als sich am Abend des 25. August 1939 viele festlich gekleidete Hannoveraner nach Herrenhausen in das Theater des Großen Gartens begaben, um eine Ballettaufführung zu besuchen, war bereits drei Stunden zuvor der Mobilmachungsbefehl beim Stab der 19. Infanteriedivision am Waterlooplatz eingegangen. Dieser Befehl wurde noch am Abend aus politischen Gründen zurückgenommen, aber die Mobilmachungen der Reservisten für das

Der Große Garten in Herrenhausen vor dem Umbau, um 1932

Der Große Garten in Herrenhausen nach dem Umbau von 1937

Zerstörte Voluptas im Großen Garten, 1943 (oben)
Bombentrichter im Georgengarten in der Nähe des Leibniz Tempels (unten)

Ersatzheer liefen weiter. Der Krieg gegen Polen stand also kurz bevor.

Zum 1. Mai 1940 wurden im Großen Garten zur Freude der Hannoveraner noch einmal 150.000 Stiefmütterchen angepflanzt. Durch den Krieg war die Gartenpflege dann im Laufe der Zeit nur noch eingeschränkt möglich und die Öffentlichkeit hatte keinen Zutritt mehr. Die Bepflanzung bestand ab 1943 aus Gemüse, aber nicht nur in den abgelegenen Bereichen, sondern ebenso in den Rabatten des Parterres. Damit der Große Garten keine Orientierungshilfe für Luftangriffe bot, ließ man ihn verwildern und einige Wege wurden mit grüner Farbe bespritzt. Das Schloss wurde bei einem Luftangriff 1943 völlig zerstört und die große Allee erhielt starke Beschädigungen.

Für die Arbeiten in den Herrenhäuser Gärten wurden ebenfalls Zwangsarbeiter eingesetzt und bei dem letzten Luftangriff auf Hannover, am 28. März 1945, kamen zwei Ungarn im Georgengarten ums Leben. Der Garten war zum Kriegsende von Bombenkratern durchsetzt, und es entstanden große Schäden am Gehölzbestand. Die Kaffeewirtschaft im Großen Garten mit ihrer langen Tradition wurde komplett zerstört, genauso wie die Wagenremise, das Parkwärterhaus und der östliche Flügel des Georgenpalais. In der Zeit von 1943 bis 1950 verlagerte sich das städtische Kulturangebot in das Galeriegebäude nach Herrenhausen, denn die Zerstörungen im Stadtgebiet waren inzwischen enorm.

Ab Ende August 1945 waren dann wieder Besucher zugelassen. In den 1950er Jahren wurde der Große Garten als Veranstaltungsort etabliert. Im Sommer 1952 fanden die ersten Festwochen „Musik in Herrenhausen“ statt, die ab 1956 den Zusatz „und Theater“ erhielten und ein umfangreiches Programm boten. Die Vorbereitungen zum dreihundertjährigen Jubiläum des Großen Gartens 1959 hatten das Ziel, den Garten in der Form von 1937 wiederherzustellen. Dazu kamen Restaurierungen und weitere Neugestaltungen. Im Januar 1962 gingen schließlich das Trümmergrundstück des Schlosses sowie die Galerie, die Orangerie und angrenzende Gartenbereiche durch Ankauf in das Eigentum der Stadt Hannover über. Das Schloss wurde im Jahr 2013 wieder aufgebaut.

Die Geschichte des **Wilhelm-Busch-Museums** nahm schon in den 1920er Jahren ihren Anfang, als dem baufälligen Geburtshaus Wilhelm Buschs in Wiedensahl der Abriss drohte. Bald unterzeichneten Schriftsteller wie Thomas Mann und Ricarda Huch einen Aufruf, der den Erhalt des Hauses zur „Ehrenpflicht des deutschen Volkes" erklärte. 1930 wurde schließlich die Wilhelm-Busch-Gesellschaft gegründet. Nur zwei Jahre darauf, zum 100. Geburtstag Buschs, gab es eine überaus erfolgreiche Ausstellung, die zur populärsten Kunstschau in der Stadt seit Jahrzehnten wurde. Die Forderung nach einem Museum wurde immer lauter. Am 13. Juni 1937 nahm dann in Hannover eine Einrichtung den Betrieb auf, die bis heute zu den wichtigen Kulturinstitutionen der Stadt zählt. Am Rustplatz 15, dem heutigen Georgsplatz 1, öffnete das Wilhelm-Busch-Museum seine Pforten. Gut ein Jahr später gab sich die Gesellschaft eine neue Satzung: „Juden können nicht Mitglied der Gesellschaft sein", hieß es darin. Der 1908 verstorbene Wilhelm Busch wurde zum „völkischen" Dichter erklärt, dessen Werk und Person „vorausahnend in dem wurzeln, das in den Kräften des deutschen Nationalsozialismus seinen ureigenen Grund hat", wie der Mitbegründer und stellvertretende Vorsitzende Walther Lampe 1939 schrieb.

Wilhelm Busch war populär und galt als heimatverbundener Künstler. In Wien eröffnete Gauleiter Baldur von Schirach 1941 eine Busch-Ausstellung mit Exponaten aus Hannover. Es folgten Ausstellungen in Straßburg, Brünn, Zagreb, Reichenberg, Posen und Danzig. Im Krieg trugen tausende Soldaten die Reclam-Feldpostausgabe mit Buschs Werken bei sich, und Max-und-Moritz-Figuren waren bei der Sammlung des Winterhilfswerks ein Renner. Sie verkauften sich 35 Millionen Mal. Zu Weihnachten 1939 schickte das Winterhilfswerk seine Sammler in Max-, Moritz- und Witwe-Bolte-Kostümen auf die Straße. Selbst das Wappentier des Geschwaders des Fliegerhorstes Wunstorf war und ist eine Figur von Wilhelm Busch, der Unglücksrabe „Hans Huckebein".

„Die gegenwärtige Zeit ist für Ankäufe außerordentlich günstig", schrieb Museumsdirektor Emil Conrad 1935 in einem Brief. Er erwarb Gemälde und Zeichnungen aus der Sammlung des hannoverschen jüdischen Bankiers Richard Dammann, der sich zur Emigration gezwungen sah. Zu dessen Besitz zählten Kapitel aus der Bildergeschichte „Maler Klecksel“. Ab ca. 1939 kamen mehrere Ölbilder, welche die Gestapo beim jüdischen Sammler Rudolf Neugass beschlagnahmt hatte, in den Besitz des Museums. Rudolf Neugass starb 1942 im Konzentrationslager Theresienstadt. Die führenden Köpfe der Wilhelm-Busch-Gesellschaft blieben nach 1945 im Amt. Im Jahr 1950 wurde das Wilhelm-Busch-Museum an den heutigen Standort ins Wallmodenpalais im Georgengarten verlegt.

Das Wilhelm-Busch-Museum am „Rustplatz“, heute Georgsplatz

Im Georgengarten wurde der **Leibniztempel** neu aufgestellt, der Mitte der 1930er Jahre anlässlich der Umgestaltung des Waterlooplatzes an den heutigen Standort kam. Der Leibniztempel ist ein Pavillonbau, der Ende des 18. Jahrhunderts zu Ehren des in Hannover wirkenden Universalgelehrten Gottfried Wilhelm Leibniz errichtet wurde. Er gilt als das erste öffentliche Denkmal in Deutschland für einen Nichtadeligen. In der Mitte des Tempels befindet sich auf einem

Sockel eine Kopie der Leibniz-Büste, die der irische Bildhauer Christopher Hewetson in Italien schuf. Seit dem Jahr 2013 steht das Original der Büste nun im Schlossmuseum Herrenhausen.

Porträt: Rudolf Diels

Rudolf Diels war der erste Chef der Gestapo. Als Jurist arbeitete er ab 1930 im preußischen Innenministerium, trat erst 1937 in die NSDAP ein und arbeitete schon vor dem Regierungsantritt Hitlers mit Hermann Göring zusammen. Nach Zerwürfnissen mit der NS-Führung wurde Diels bereits im Herbst 1933 als Gestapo-Chef abgesetzt, später wieder eingesetzt und 1934 erneut abgesetzt. Danach erfolgten ab 1936 Ernennungen zum Regierungspräsidenten in Köln und anschließend in gleicher Position in Hannover, wo es jedoch erneut zu Auseinandersetzungen kam. Diese führten 1942 zu seinem Wechsel in die „Reichswerke Hermann Göring“, wo er bis 1944 in der Binnenschifffahrtsverwaltung eingesetzt wurde. Als er zu Beginn der NS-Diktatur die Leitung der Geheimen Staatspolizei in Berlin übernahm, befand er sich bereits im Visier von Heinrich Himmler, Reinhard Heydrich und Rudolf Heß. Um sich gegen seine Feinde abzusichern, demonstrierte Diels gegenüber Hermann Göring, Adolf Hitler und Joseph Goebbels Loyalität. Nicht unbedeutend waren seine verwandtschaftlichen Verbindungen durch seine erste Ehefrau, Hildegard Mannesmann, von der er aber 1936 wieder geschieden wurde. Sie war eine Tochter des Großindustriellen Alfred Mannesmann, durch die Diels Kontakte zur Wirtschaft unterhielt. Seine zweite Ehe schloss er im Januar 1943 mit der Witwe eines Bruders von Hermann Göring, Ilse Göring. Diese sollte ihm vermutlich einen gewissen Schutz vor seinen mächtigen Gegner verschaffen. Eineinhalb Jahre später wurde die Ehe auf Befehl Görings jedoch wieder geschieden. Als Diels im Herbst 1943 ein drittes Mal verhaftet sowie durch den Gestapo-Chef Müller verhört und eingesperrt wurde, holte ihn Göring aus der Haft. Danach fasste ihn die Gestapo im Frühjahr 1944 und Göring holte ihn erneut aus dem Gefängnis. Im November 1944, nach dem gescheiterten Attentat auf Hitler am 20. Juli, organisierte Diels eine politische Besprechung auf seinem Hof in Twenge bei Hannover. Am nächsten Tag wurden die Teilnehmer von der

Gestapo verhaftet. Göring wollte oder konnte nun nicht mehr helfen. Nur vor dem Galgen versprach er Diels zu bewahren, wenn die Ehe geschieden werde. „Ich will keinen Gehenkten in meiner Sippe haben", soll Göring angeblich gesagt haben.

Rudolf Diels war kein Widerstandskämpfer. Während seiner Amtszeit als Gestapo-Chef in Berlin arbeitete Diels auch an gesetzlichen Regelungen über Schutzhaft und Judenverfolgung. Im Wesentlichen soll er ein Opportunist gewesen sein, der sich den jeweiligen Gegebenheiten anpasste, wenn es der Karriere förderlich war. Während in Berlin das Gestapo-Hauptquartier in der Prinz-Albrecht-Straße durch Fliegerbomben im Februar 1945 zerstört wurde, saß Diels in einer Zelle des Gefängnisflügels. Bis März 1945 blieb er in Haft. Diels kehrte aber zum Kriegsende zurück nach Twenge.

Nach dem Krieg stand Diels bereits ab 1948/49 in Diensten der alliierten Besatzungsverwaltung. Während der Besatzungszeit war er ein gefragter Zeuge in den Nürnberger Prozessen und zwar als Be- und Entlastungszeuge. Er wurde als „Beamter zur Wiederverwendung" bis zu seinem Tode vom Land Niedersachsen besoldet. Diels verkaufte 1955 seinen Twenger Hof an den Landwirt Erich Münkel. Bei einem Jagdausflug 1957 starb er, als sich beim „Herausnehmen seiner Jagdwaffe aus dem Auto" ein Schuss löste.

5 Hitlerjugendheim – Ballhof

Der neue Ballhofplatz mit BDM-Heim in Blickrichtung Burgstraße, 1938 (oben)
Spruchband am Gebäude aus der NS-Zeit (unten)

Der **Ballhof** liegt im ältesten Teil der Altstadt, dem ehemaligen Sankt Gallenhof, innerhalb der 1189 angelegten Stadtwälle und Gräben. Er wurde Mitte des 17. Jahrhunderts auf Veranlassung durch Herzog Georg Wilhelm errichtet und sollte sportlichen Veranstaltungen, insbesondere dem damals sehr beliebten Federballspiel, dienen. Während des Ersten Weltkrieges war hier ein Lazarett, 1919 ein Kino und dann ein Magazin untergebracht. In den 1920er Jahren entwickelte sich der Ballhof zu einem Treffpunkt für Homosexuelle. Hier betrieb Hans Roggenkai das „National-Theater-Restaurant" für Homosexuelle. Der Gesellschaftsklub „Aada" (Anders als die Anderen) lud jeden Sonnabend zu Kuchen, Bohnenkaffee und Eisgetränken ein. Noch 1930 sollte hier eine Großgarage entstehen, die die komplette Zerstörung des Gebäudes zur Folge gehabt hätte und nur durch die schlechten Verkehrsverhältnisse vor Ort verhindert werden konnte. Durch die vielen verschiedenen Umbauten ging die ursprüngliche Gestalt des Hauses im Laufe der Zeit verloren. Kurfürst Ernst August hielt weitblickend fest, dass der Ballhof erhalten werden muss, wodurch die dauerhafte Existenz des Ballhofes unumstößlich war. Die romantisch anmutende Altstadt benötigte dennoch dringend zur Zeit des Deutschen Reiches eine bauliche Sanierung. In dem alten Stadtviertel sollte eine gesellschaftliche Neuordnung vollzogen werden und die Prostituierten mit ihren Zuhältern mussten angeblich der „Disziplin und Sauberkeit" weichen.

Die Stadtverwaltung stellte bereits zu Beginn der 1930er Jahre einen Generalplan zur Altstadtsanierung auf. Aber erst in der NS-Zeit kamen die Pläne voran. Stadtbaurat Elkart beschrieb das Problem der Bausubstanz in der Altstadt bei einem Vortrag 1936 folgendermaßen: „Hinzu kommt aber grundsätzlich, daß diese Häuser, die im Wesentlichen vor etwa drei bis fünf Jahrhunderten entstanden sind, als Einfamilienhäuser gebaut wurden, in denen die Familien mit ihrem Gesinde und den nächsten Anverwandten wohnten und ihr Geschäft und Handel darin betrieben." Die Häuser waren also ausgesprochene Einfamilienhäuser. Im Laufe der Jahrhunderte änderte sich die Belegung dieser Grundstücke insofern, als mehr Wohnungen auf dem Grundstück untergebracht wurden. Durch die Programmatik des

Städtebaus und der Wohnungspolitik sowie entsprechende finanzielle Förderungsmitteln des Reichsarbeitsministeriums sowie Zuschüsse und Darlehen zu den Sanierungskosten wurde das Vorhaben umgesetzt. Altstadtsanierung stand grundsätzlich jedoch erst nach dem Bau von Kleinsiedlungen und Volkswohnungen an zweiter Stelle. Dennoch bot eine Altstadtsanierung dem NS-Regime die Möglichkeit, sich als heimatverbunden und denkmalpflegerisch darzustellen.

Die Sanierung sollte zusätzlich einen gewissen Erholungscharakter bieten: „Es werden Grünflächen angelegt und notwendige Luftfilter im dicht bewohnten Stadtteil angebracht. Man wird später einen Grüngürtel haben, der sich durch die gesamte Stadt zieht: Von den Herrenhäuser Gärten durch die Allee bis zum Horst-Wessel-Platz

Aufmarsch der HJ auf dem Ballhofplatz, 1939

[heute Königsworther Platz], durch die Altstadt an der Leine entlang bis zum Friederikenplatz und weiter durch den Maschpark, am Maschsee entlang bis an die Eilenriede." Stadtbaurat Elkart sprach von einer „Gesundung" des gesamten Viertels und feierte den Neubau von 166 und die Sanierung von 73 Wohnungen als „große soziale und kulturelle Tat". Der Hannoversche Kurier meldete hingegen im Januar 1941 zu diesem Thema „83 gute Wohnungen für 310 schlechte". Die Mieterzusammensetzung hatte sich inzwischen komplett verändert. Vor der Sanierung lebten überwiegend Arbeiter, Handwerker, Rentner und Witwen in diesem Viertel, jetzt waren es städtische Bedienstete mit Familien, die den neuen Komfort genossen. Am 2. Juli 1939 wurde der Ballhof nach einer aufwendigen

Sanierung und Umarbeitung seiner neuen Bestimmung als „schönstes“ Hitler-Jugendheim-(HJ) übergeben. Es war eine Feier mit Appell und Paradeaufmarsch. Der Bereich des HJ-Heimes, lag im rechten Winkel an dem Fachwerkbau östlich angrenzend und war ein Neubau. Sechs der Räume waren so angelegt, dass sie durch einen weiteren Raum voneinander getrennt waren, damit ungestört gearbeitet werden konnte. „Fast in jedem Scharraum [für die HJ] ist ein Lautsprecher, dessen Radioapparat von einem Führerzimmer aus bedient wird. Von hier aus können auch Vorträge oder Ansprachen in alle Scharräume übermittelt werden.“ Dazu gab es im Dachgeschoss noch Bereiche für Bastelarbeiten, Verkehrserziehung, Geländeunterricht und Musikinstrumente. Im Untergeschoss waren ein Luftschutzraum und Dusch- und Waschräume untergebracht. Diese waren besonders wichtig, da es zu dieser Zeit in den privaten Haushalten wenig entsprechende Einrichtungen gab. Die Ausgestaltung des Bereiches für den „Bund Deutscher Mädel“ (BDM) war „zierlicher und leichter gehalten“ als im HJ-Heim. Vor dem Gebäudekomplex war ein Appellplatz für Kundgebungen der HJ aller Standorte. „Der Ballhofsaal hat eine Verdunkelungsanlage, die zunächst für Filmvorführungen geplant war, heute aber auch den Luftschutzbestimmungen gerecht wird.“ Der Ballsaal war mit 352 Sitzplätzen im Saal und 180 Plätzen auf der Empore ausgestattet. Der Spruch an der Fassade „Wir Jungen haben die Aufgabe neue Wege zu suchen und zu bahnen und den Mut sie zu gehen“ stammt aus dieser Zeit.

Durch die Zerstörung anderer Dienststellengebäude der HJ im Oktober 1943 gewann dieser Standort am Ballhof an Bedeutung, da jetzt weite Teile der „Jugenderziehung“ hier stattfanden. Die Mitgliedschaft in der HJ war für alle Jugendlichen ab dem 10. Lebensjahr verpflichtend und konnte mit Zwangsmaßnahmen durchgesetzt werden. Diese Art der vormilitärischen Erziehung fand aber durchaus Gefallen in gemeinsamen Unternehmungen sowie Urlaubsreisen in Zeltlagern bei Liedern und Lagerfeuerromantik. Im Krieg wurde der Ballhof zunehmend für Veranstaltungen zur Erfassung von jungen Männern für Wehrmacht und SS genutzt. Hochdekorierte „Frontkämpfer“ beschworen den Glanz des siegreichen deutschen Heeres in den frühen Jahren. Später sollten Jugendliche als „letztes Aufgebot“

mobilisiert werden. Eine dieser Veranstaltungen fand 1941 im HJ-Heim statt, als ein hoher SS-Führer eine Propagandarede für die Waffen-SS hielt. Alle Anwesenden mussten sich daraufhin nach ihrer Musterung „freiwillig" zum Kriegsdienst melden und wurden zur SS-Division „Hitlerjugend" eingezogen, die später wegen ihrer hohen Todesrate berühmt-berüchtigt wurde.

Ab 1943 musste der Ballhof Räumlichkeiten für das Schauspielhaus zur Verfügung stellen, weil dessen Räume bei einem Luftangriff zerstört worden waren. Das Schauspielhaus Hannover nutzt bis heute einen Teil der Räume des Ballhofs.

6 Parteimuseum – Villa Sternheim

Die Villa Sternheim 2015 und das zur Einweihung geschmückte Gebäude des NSDAP-Parteimuseums, um 1939

Viele Vereine und Organisationen wurden im NS-System „gleichgeschaltet". Das Wort beschreibt den Prozess der Vereinheitlichung des gesamten gesellschaftlichen und politischen Lebens in der NS-Zeit. Vereine und Organisationen wurden den Entscheidungsstrukturen des NS-Staates untergeordnet sowie entsprechend kontrolliert. Als Datum der erstmaligen offiziellen Verwendung des Begriffes kann der 31. März 1933 betrachtet werden. An diesem Tag trat das „Erste Gleichschaltungsgesetz" in Kraft. Mit diesem Gesetz wurde der Begriff zu einem Synonym für die Maßnahmen der nationalsozialistischen Führung gegen jede Form der Opposition im politischen und gesellschaftlichen Leben der Volksgemeinschaft und für den damit verbundenen Terror. Die Gleichschaltung im Sinne des NS-Staates betraf alle Bereiche des öffentlichen Lebens und der Freizeit. Nach 1933 gab es im Museums- und Ausstellungswesen eine Gleichschaltung, die mit einer Umgestaltung und Neuentstehung einherging. In diesem Zusammenhang entstand auch das **Parteimuseum der NSDAP in der Villa Sternheim**, das vermutlich das erste und einzige seiner Art war.

In Hannover gab es zunächst ein Gauarchiv, das alles archivierte, was mit dem „Kampf der Bewegung" in Verbindung stand. Dazu gehörten Materialien über die NSDAP und ihre Gegner, wie beschlagnahmtes Archivgut anderer Parteien vor 1933. Das Gauarchiv bestand seit ungefähr 1934 und hatte zunächst seinen Sitz in der Herrenstraße 9, in dem zuvor die Freimauer ein Logenhaus unterhielten. Durch diese umfangreiche NS-Sammlung des Gauarchivs entwickelte sich schon früh die Idee zu einem Museum, die aber erst im April 1938 konkrete Formen annahm. Kurt Schmalz, der fünf Jahre stellvertretender Gauleiter war, erhielt die Zusage des Oberbürgermeisters, das Projekt für ein Parteimuseum zu unterstützen. Die Freimaurerloge war zuvor aufgelöst und das Vermögen beschlagnahmt worden. Das ehemalige Logenhaus in der Herrenstraße 9 wurde nun zu einem Logenmuseum, um das Freimaurertum und ihre Logen ganz im Sinne des Nationalsozialismus abwertend und schädlich für die Volksgemeinschaft darstellen zu können. Im Logenmuseum wurden Sonderausstellungen gezeigt wie „Ein Volk kehrt heim!" (1938), „Die Taten der Väter verpflichten" (1939) oder

„Kriegshetzer England“ (1940). Vermutlich existierte das Logenmuseum bis zur Zerstörung des Gebäudes im Oktober 1943.

Schließlich wurde die Villa Sternheim in der Waldstraße 47 für das neue Parteimuseum der NDSDAP zur Verfügung gestellt. Ludwig Alexander Sternheim war ein angesehener, stadtbekannter, jüdischer Arzt. Er gehörte mit seiner Familie zur gehobenen Gesellschaft, schrieb bereits damals Bücher über eine gesunde Lebensweise und behandelte seine wohlhabenden Patienten schon 1920 mit alternativer Medizin. Die Sternheims bezogen die Villa zwar 1912, aber bereits 1933, im Jahr der nationalsozialistischen Machtergreifung übersiedelte die jüdische Familie zu Verwandten nach Holland und ließ die Villa leer zurück. Die Finanzierung des Projekts wurde durch den Verein „Parteimuseum Niedersachsen“ sichergestellt. Viele große und kleine hannoversche Firmen, Institutionen und Privatpersonen traten dem Verein bei. Trotz der vielen Exponate des Gauarchivs fehlten zur Eröffnung noch Objekte zur Darstellung der NS-Geschichte, die im Wesentlichen aus dem Magazin der im Oktober 1936 im Leineschloss eröffneten Heeresgedenkstätte kommen sollten. Aber auch andere Organisationen und private Haushalte wurden dazu aufgerufen, die Ausstellung mit Ausstellungstücken zu unterstützen. Der Hannoversche Kurier kündigte die neueste NS-Errungenschaft in der Gauhauptstadt vom 22. April 1939 folgendermaßen an: „Unser Gau Süd-Hannover-Braunschweig hat sich in der Gauhauptstadt auf Veranlassung von Gauleiterstellvertreter Schmalz eine einzigartige Stätte geschaffen, in der all das lückenlos zusammengetragen ist, was vom siegreichen Vormarsch des Nationalsozialismus durch ein Zeitalter des grauen Zerfalls und vom unaufhaltsamen Durchbruch einer neuen Weltanschauung durch die Anschauung artfremder Ideologien des Klassenkampfes und der Völkerverhetzung kündet: Das Parteimuseum Niedersachsen.“ Der Eröffnungstermin wurde anlässlich des 50. Geburtstags Adolf Hitlers gewählt. Alle Größen der Partei, Regierung und Institutionen kamen. In den Räumen der Villa wurden „der Kampf der Partei“ und die „Heimat“ dargestellt. Dazu gehörten ebenso ideologische Abbildungen zum Rassengedanken, der „Blut-und-Boden-Idee“, und mehr als 150 Biografien wie die von Wilhelm Busch, Carl Peters, Gerhard Scharnhorst und Georg Ludwig Friedrich Laves. Das Parteimuseum war für ganz Niedersachsen als NS-Aufklärungsstätte geplant worden. Damit möglichst viele Besucher davon angezogen wurden, leistete man eine intensive Pressearbeit. Insbesondere Schüler haben die NS-Schau gesehen, wie ein Besuch von 593 hannoverschen Schulklassen zur ersten Ausstellung belegt.

Gauleiterstellvertreter Schmalz während seiner Rede zur Einweihung des Museums, April 1939

Das Museum sollte der Bevölkerung den siegreichen Vormarsch und „unaufhaltsamen Durchbruch“ zum „Studium“ für andere freigeben, wie der stellvertretende Gauleiter Schmalz in seiner Eröffnungsrede festhielt. Fast vier Jahre lang hatte das Museum geöffnet. In einem Zeitungsartikel vom April 1943 hieß es dann: „[...] daß das ‚Parteimuseum Niedersachsen‘ bereits am 3.2.1943 aufgelöst wurde und die umfangreiche Sammlung und Archive im Wege der Stiftung vom Oberpräsidenten Gauleiter Lauterbacher auf die im Rahmen des germanischen Auftrages des Gaues errichtete ‚Germanisch-Zeitgeschichtliche-Sammlung‘ übertragen wurden. Das Haus Waldstraße 47 steht weiterhin im Dienste dieser Arbeit, lediglich die Erdgeschoßräume werden auf Veranlassung des Gauleiters im Rahmen der totalen Kriegsmaßnahmen geräumt [...]“ Am 3. Februar 1943 fand gleichzeitig die Auflösung des Vereins statt. Die Sammlung der Stiftung wurde aufgrund der zunehmenden Zerstörung der Stadt und zur Sicherung der Unterlagen im Februar 1944 nach Lauenstein verlegt.

Promenade am Maschsee-Nordufer, 2015 (oben)
und in der NS-Zeit (unten)

Der Name „**Maschsee**" leitet sich von der Bezeichnung des Flurstücks als „Leinemasch" oder „Masch" als tiefergelegtes Überschwemmungsgebiet der Leine ab. Den Gedanken, in dem Flusstal der Leine einen See anzulegen, gab es bereits im 19. Jahrhundert. Dabei wollte man das Leinetal nutzen, um die Hochwassergefahr besser zu kontrollieren. Im September 1925 beauftragte der neu gewählte Oberbürgermeister Arthur Menge den Wasserbauingenieur und Professor der Technischen Hochschule Hannover, Otto Franzius, gemeinsam mit dem Stadtbauamt ein Projekt für den Bau auszuarbeiten.

Gegen die geplante Anlage des Sees an dieser Stelle sprach zunächst die 1904 fertiggestellte ca. 20 Meter hohe Bismarcksäule, die für den Bau des Maschsees hätte abgetragen werden müssen. Es fehlten aber noch die finanziellen Mittel. Für die Propaganda der NSDAP kam dieses Projekt sehr gelegen. Ende November 1933 stand der Maschseebau auf der Tagesordnung der Stadtratssitzung und am 21. März 1934 erfolgte in der Leinemasch der erste Spatenstich durch den damaligen Oberbürgermeister Arthur Menge. Wie bei vielen Bauprojekten dieser Zeit spielte in diesem Fall das NS-Propagandaversprechen zur Beseitigung der großen Arbeitslosigkeit durch öffentliche Arbeitsbeschaffungsprogramme eine große Rolle. Damit aber das Bauvorhaben möglichst preiswert blieb, wurden hauptsächlich ungelernte, unverheiratete Arbeitslose eingesetzt. Dadurch konnten die Löhne der Arbeiter gering gehalten werden. Von Armut und Not getrieben nahmen sie die schlechten Arbeitsbedingungen und geringen Löhne in Kauf. Die Arbeiter mussten außerdem noch ihr eigenes Werkzeug zum Maschseebau mitbringen.

Zunächst waren 100 und schliesslich 1.650 Arbeiter an dem Maschsee-Bauprojekt beteiligt. Sie hoben rund 780.000m^3 Erde für das Seebecken aus. Am 26. November 1935 begann die Flutung des Sees, in dem gereinigtes Wasser der Leine über eine Filteranlage in das höher gelegene Seebecken gepumpt wurde. Zum Ensemble entlang des Maschsees gehörten eine Gaststätte, die Hindenburg-Jugendherberge (heute Waldorfschule), das Strandbad, die Maschseequelle und einige Bootshäuser. Die Bootshäuser wurden von Carl Bauer sowie Hans Nitzschke konzipiert. Der gesamte Maschseekomplex beruhte auf einer bewährten Zusammenarbeit von Stadtbaurat Karl Elkart und den Entwurfsarchitekten Hans Bettex, Karl Cravatzo und Robert Borlinghaus, der mit dem Architekten Nitzschke befreundet war. Die Einweihung fand am 21. Mai 1936 statt. Hunderttausende Hannoveraner und Gäste verfolgten rund um den See ein buntes Programm. Die Veranstaltung begann mit einem zeittypischen NS-Massenaufmarsch der NSDAP. Ferner waren 6.000 Sportler sowie Abordnungen von Behörden und Wehrmacht an einem Sternmarsch beteiligt.

Noch heute stehen Kunstwerke aus der NS-Zeit am Maschsee, wie die 18 Meter hohe Säule mit dem 4,5 Meter großen Fackelträger, der 1937 dort aufgestellt wurde. Er hält das olympische Feuer in der linken Hand und steht auf einer Weltkugel. An der Steinsäule steht ein NS-Propagandaspruch mit dem Reichsadler. Der Fackelträger wurde von Fritz Beindorff, dem langjährigen Senator der Stadt und früheren Alleininhaber der Firma Pelikan, gestiftet. Beindorff geriet dadurch nach dem Krieg in die Kritik. Die Figur wurde ebenso wie der „Putto auf dem Fisch" 1936 von Hermann Scheuernstuhl, einem hannoverschen Künstler, entworfen. Er stand wie Georg Kolbe, der ebenfalls eine Statue für das Maschseeufer entwarf, auf der sogenannten Gottbegnadeten-Liste der für das NS-System unentbehrlichen Künstler, die von Goebbels und Hitler 1944 erstellt wurde. Das nackte Menschenpaar des Künstlers Georg Kolbe von 1936/37 entsprach den Vorstellungen der NS Propaganda. Der Künstler wollte damit Symbolfiguren für das Werk des Philosophen Friedrich Nietzsche schaffen. Er soll darin das Paar als „Freunde" und „Vorbild menschlicher Würde" gesehen haben. Kolbe erhielt zahlreiche Auszeichnungen in dieser Zeit. Der heute umstrittene Künstler Arno Breker ist Urheber der Löwenbastion mit der Darstellung eines Löwenpaares von 1938. Er gehörte zu den prominenten NS-Künstlern. Im Zweiten Weltkrieg wurde der See abgedeckt, um den alliierten Piloten bei Luftangriffen auf Hannover die Orientierung zu erschweren.

Unmittelbar nach dem Krieg errichteten die Alliierten am 2./3. Mai 1945 einen Ehrenfriedhof am Maschsee-Nordufer. Hier befinden sich 386 Gräber von Häftlingen, die von Gestapo und SS ermordet wurden. Im Herzen der Stadt haben die Alliierten ein Zeichen gesetzt, damit diese Verbrechen nicht in Vergessenheit geraten und gleichzeitig der Opfer gedacht werden soll. Nach dem Krieg gab es

Essensausgabe für die Arbeiter beim Bau des Maschsees

Die Maschwiesen als Aufmarschplatz, September 1933
Hier entstand wenig später der heutige Maschsee

Gäste zur Einweihung des Maschsees mit OB Menge (3.v.r.), und Gauleiterstellvertreter Kurt Schmalz (5.v.r.), Mai 1936

1949 zur Freude der Hannoveraner das erste und einzige „Maschseerennen". Es war eine Motorsportveranstaltung für Autos und Motorräder. Das Autorennen wurde von dem Hannoveraner und legendären Rennfahrer Petermax Müller gewonnen. Der Rundkurs am Maschsee diente als Ersatz für die noch zerstörte Strecke des traditionellen Eilenriede-Rennens, das von 1924 bis 1955 als Deutscher Meisterschaftslauf für Motorräder ausgetragen wurde.

Der Maschsee war in der NS-Zeit Teil eines gigantischen Bauprojekts, dem **Gauforum**. Die „Gauforen" sollten in ausgewählten Städten die Macht des Dritten Reiches demonstrieren. Mit der Amtseinführung des Oberbürgermeisters Henricus Haltenhoff im November 1937 verkündete Reichsinnenminister Frick, dass Hannover in die Reihe der „neu zu gestaltenden Städte", auf der Grundlage des kurz zuvor erlassenen Gesetzes zur „Baugesinnung des Dritten Reiches", aufgenommen werden solle. Für Hannover plante man ein Gauforum mit einer „Halle der Volksgemeinschaft", das 50.000 Menschen fassen sollte. Die weitere Planung beinhaltete „Bauten der

Präsentation des Gauforummodells im Rathaus mit Stadtbaurat Elkart, Rudolf Heß, Hartmann Lauterbacher, Viktor Lutze und Henricus Haltenhoff, 1941

Partei“ mit einer Reichsstatthalterei, einem Stadion sowie einem „Aufmarsch- und Ausstellungsgelände“. Am Südende des Waterlooplatzes sollte ein Forum für Staat und Partei, am Neuen Rathaus ein städtisches Forum und am Rudolf-von-Bennigsen-Ufer ein Forum für die Regierung entstehen. Kernstück des Gauforums sollte eine 350 Meter lange, mit Wasserbecken und Großplastik ausgeschmückte Uferpromenade sein. Im Osten trennte nur die Leine die Promenade vom Maschsee. An der Westseite plante man Baublöcke der Gauleitung, Reichsstatthalterei und Partei, die insgesamt eine geschlossene Front bilden sollten. Die neobarocke Kolossalanordnung der Parteibauten mit dem baulich-politischen Höhepunkt, der 30 Meter hohen „Halle der Volksgemeinschaft“, sollten zur NS-Machtdemonstration beitragen. Um den NS-Gigantismus zu steigern, sollte der Komplex sich im Wasser des Maschsees spiegeln. Zusätzlich sollte am Ufer ein 105 Meter hoher Glockenturm, der dem Augsbur-

Skizze des Gauforums im Bereich des Westufers, 1939

ger Perlachturm nachempfunden war, entstehen. Er markierte den Zugang zum Vorplatz der Feierhalle. Die Bereiche für die Massenveranstaltungen mit Tribünen und Aufmarschplatz waren dem Reichsparteitagsgelände in Nürnberg nachempfunden.

Im Frühjahr 1938 entstand ein Modell mit dem von Albert Speer korrigierten Entwurf. Hitler wurden die Pläne am 1. Mai 1939 vorgelegt. Er setzte aber das Parteiforum an den Maschsee und änderte die Pläne entsprechend. Ein halbes Jahr später lag die Neufassung vor. Hitlers Stellvertreter, Rudolf Heß, sah sich das Modell des Komplexes an und ließ sich von Baurat Elkart sowie vom Gauleiter Hartmann Lauterbacher informieren. Im März 1940 genehmigte Hitler das Bauvorhaben persönlich. Die „Planungs-GmbH für die Gauhauptstadt Hannover“ konnte mit ihrer Arbeit beginnen. Aber durch den Zweiten Weltkrieg waren Arbeitskräfte und Baumaterialien nicht im notwendigen Maße vorhanden. Anfang April 1942 wurde durch Anordnung der Reichskanzlei in Berlin die Einstellung dieser Baumaßnahmen für Hannover verfügt.

Modell der Bauten des Gauforums am Westufer, 1939

Porträt: Arthur Menge

Der promovierte Jurist Arthur Menge wurde 1884 in Hannover geboren. Er war von 1925 bis 1937 Oberbürgermeister von Hannover. Menge begann seine Karriere bei der Stadtverwaltung 1911 als juristische Hilfskraft. Von 1914 bis 1918 war er Senator für Industrie, Wirtschaft und Ernährung sowie anschließend Direktor der hannoverschen Straßenbahn. Schließlich wurde er 1925 Oberbürgermeister von Hannover. Während seiner Amtsperiode in der NS-Zeit ermöglichte er den Bau des Maschsees, des Hermann-Löns-Parks und den Erwerb des Großen Gartens von Herrenhausen, den er dann umbauen ließ.

Zwischen Menge und dem Gauleiterstellvertreter Kurt Schmalz gab es immer wieder Spannungen. Schmalz war gelernter Koch und Konditor. Er hat sich zwischen 1925 und 1927 in der HJ und SA, dann über leitende Funktionen auf Kreis- und Bezirksebene hochgearbeitet, bis er im Februar 1933 zum stellvertretenden Gauleiter ernannt wurde. Diese Position hatte er in Hannover bis zum Dezember 1940 inne, als Gauleiter Rust von Hartmann Lauterbacher als Gauleiter abgelöst wurde. Regierungspräsident Diels und Gauleitervertreter Schmalz waren entschlossen, sich von dem kritischen und unbequemen Menge zu trennen, dem nachgesagt wurde, dass ihm jede nationalsozialistische Haltung fehlen würde. Sein Nachfolger wurde schließlich Henricus Haltenhoff, der ehemalige Oberbürgermeister von Cottbus, der schon vor 1933 Mitglied der NSDAP gewesen war. Haltenhoff konnte sich jedoch nur bis zum Mai 1942 im

Gauleiter Rust (Mitte), sein Stellvertreter Kurt Schmalz (l) und OB Arthur Menge (r), Mai 1936

Amt halten, sodass danach Ludwig Hoffmeister kommissarisch regierte und zum Kriegsende von Egon Bönner abgelöst wurde.

Ab August 1937 war Menge als juristischer Direktor der Kapital-Versicherungs-Anstalt Hannover tätig. Im Februar 1943 schloss er sich auf Ratschlag Carl Friedrich Goerdelers dem Widerstand gegen Hitler an. Nach dem gescheiterten Attentat am 20. Juli 1944 wurde Menge verhaftet und einen Tag später in Bad Kissingen zu drei Jahren Zuchthaus verurteilt. Nach dem Ende des Zweiten Weltkriegs wurde er zum Vorsitzenden der neu gegründeten Niedersächsischen Landespartei gewählt, musste dieses Amt jedoch bereits im Dezember 1945 aus gesundheitlichen Gründen niederlegen. Menge starb am 16. Mai 1965 während einer Zugreise nach Hannover. Sein Grab befindet sich auf dem Engesohder Friedhof. In der Nähe seiner Ruhestätte erinnert eine Brunnenskulptur des Bildhauers Ludwig Vierthaler an ihn. Nach Menge wurde in Hannover die Uferstraße am Maschsee benannt. Ein Teil dieser Straße wurde im Januar 2011 in Robert-Enke-Straße umbenannt.

8 Bau des Hermann-Löns-Parks

Die Bockwindmühle und das niederdeutsche Hallenhaus im Hermann-Löns-Park auf einer alten Postkartenansicht

Der Park im Stadtteil Kleefeld wurde in der NS-Zeit zwischen 1936 und 1939 als grüne Verbindung zwischen dem Stadtwald Eilenriede und dem Tiergarten erbaut. Im Zusammenhang mit dem städtebaulichen Wachstum Ende des 20. Jahrhunderts entstand in Deutschland die „Volksparkidee". In ihrer Freizeit sollten die Städter die Möglichkeit haben, sich zu erholen. In den 1920er Jahren entschied sich die hannoversche Gartendirektion dazu, zur Verfügung stehende Gelände für dieses Konzept zu nutzen. Das 86 Hektar große Areal des heutigen **Hermann-Löns-Parks** war in früheren Jahrhunderten ein feuchtes Niedermoorgebiet mit geringem landwirtschaftlichem Nutzen und schien für dieses Projekt ideal zu sein. Schließlich schrieb die Stadtverwaltung 1935 einen Ideenwettbewerb zur Gestaltung des Geländes aus. Grundlage für den Wettbewerb waren folgende Aspekte: Gestaltung eines Wiesenlandschaftsteils mit lockerer Bepflanzung, Schaffung von Spiel- und Liegewiesen, Bau einer Sportanlage und eines Freibades, Einrichtung einer Kleingartenkolonie und Vergrößerung des Annateiches. Den ersten Preis erhielt der hannoversche Architekt Hans Klüppelberg, den zweiten die Gartenarchitekten Wilhelm Hübotter und Kurt Vogler. Aus den Anregungen des Wettbewerbs entwickelte die Stadt den Hermann-Löns-Park und ließ ihn von städtischen Behörden wie dem Bauamt und der Gartendirektion, teilweise mit „Arbeitsbeschaffungsmaßnahmen", umsetzen.

Die Oberaufsicht lag bei Karl Elkart, Sonderplanungen führte Wilhelm Hübotter durch. Die Bepflanzung setzte Reinhold Tüxen um. Das gesamte Gebiet stellte durch heimische Pflanzen, Geländeform und Gebäude eine idealisierte niedersächsische Landschaft dar. Die Anpflanzung von Nadelgehölzen, die in der nordwestdeutschen Natur nicht heimisch sind, wurde grundsätzlich vermieden. Bei den Arbeiten waren große Erdbewegungen notwendig, um Wasserläufe anzulegen sowie den Annateich umzugestalten und zu vergrößern. Der Bau begann 1936 mit Arbeiten für die Auenlandschaft und die entsprechenden Wasserläufe. Der Annateich wurde um drei Hektar erweitert. Das Kleefelder Bad (Annabad), der Sportplatz und die 213 Kleingärten wurden 1937 in Betrieb genommen. Für den Park wurden alte, für Niedersachsen typische Gebäude umgesetzt, wie das

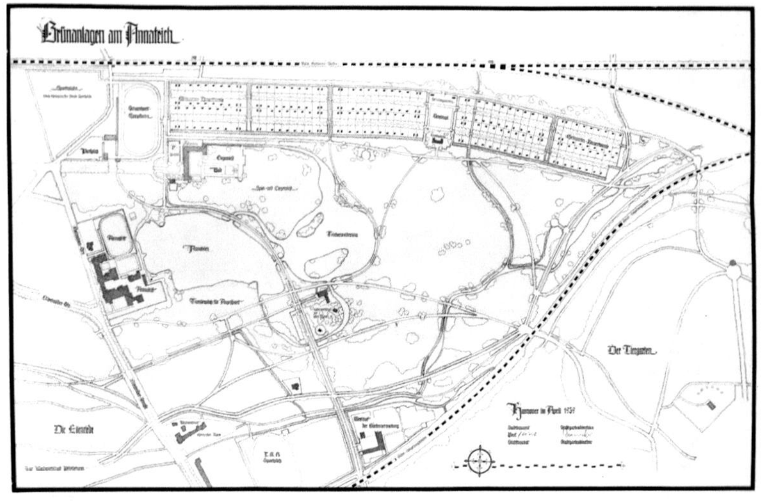

Übersichtskarte vom Hermann-Löns-Park, April 1939

Niederdeutsche Hallenhaus, eine ehemalige Meierei aus dem Jahre 1720 aus Wettmar, oder die bekannte Bockwindmühle von 1701, die ursprünglich beim Aegidientor aufgebaut war, sowie der Kornspeicher von 1637 aus Eystrup. Als letztes wurde der Speicher auf dem Gelände fertiggestellt, sodass die Parkeinweihung am 18. August 1939, also kurz vor Ausbruch des Zweiten Weltkrieges, erfolgen konnte. Im Zuge der Einweihung erhielt das „Gelände am Annateich“ den Namen „Hermann-Löns-Park“, den er bis heute behalten hat.

Bei Luftangriffen fielen ungefähr 350 Bomben in den Park, die vermutlich der Güterumgehungsbahn galten. Noch heute sind auf den Wiesen und Rasenflächen Bombentrichter als kreisrunde Vertiefungen erkennbar, in denen sich Oberflächenwasser sammelt. Das Gelände ist in seiner ursprünglichen Form weitestgehend erhalten geblieben. Vor allem die Bockwindmühle hat sich zu einem Wahrzeichen entwickelt. Nach aufwendigen Restaurierungsarbeiten

Bau des Hermann-Löns-Parks, um 1939

steht sie seit Oktober 2012 wieder an ihrem alten Platz. Der Namensgeber Hermann Löns hingegen ist heute nicht mehr unumstritten, da er durch seine stark rassisch-völkischen Überlegenheitsansprüche und kriegsverherrlichenden Darstellungen in seiner Literatur gerade in der NS-Zeit viel Anerkennung erfahren hat. Die heutigen Betrachtungsweisen und Idealisierungen zu seiner Person richten sich überwiegend auf seine unproblematischen Naturerzählungen.

ADAC MOTORWELT

OFFIZIELLES ORGAN DES ALLGEMEINEN DEUTSCHEN AUTOMOBILCLUBS E.V. GEGR. 1903
(REICHSVERBAND DER KRAFTFAHRZEUGBESITZER DEUTSCHLANDS · SITZ MÜNCHEN-BERLIN)

Drahtanschrift: ADAClub • ADAC-Zentrale: München 2 NO · Königinstraße 11 a • Fernsprech-Nummer 9293

Nummer 10/11 | München, 10. März 1933 | 30. Jahrgang

Internationales Eilenriede-Rennen
um die Deutsche Kraftrad-
Meisterschaft

10

MOTORSPORT CLUB NIEDERSACHSEN

AM 25. ⟨15 30 UHR⟩ u. 26. MÄRZ 1933 ⟨8 UHR⟩

Ankündigung des ADAC, kurz darauf DDAC, zum Eilenriede-Rennen 1933

Die Hannoveraner waren während der NS-Zeit für ihre Sportbegeisterung bekannt. Vor allem der Sieg 1938 zur Deutschen Fußballmeisterschaft von Hannover 96 gegen Schalke 04 blieb vielen im Gedächtnis. Der Breitensport der „Volksertüchtigung" sowie „Wehrhaftigkeit" und der Spitzensport hatten sich aber immer dem Prestigebedürfnis des NS-Staates unterzuordnen. Dabei übte der Motorsport auf die Massen eine besondere Faszination aus. Das **Eilenriederennen**, ein Deutscher Meisterschaftswettkampf, gab es von 1924 bis 1955. Er war für die Stadt Hannover eine große Erfolgsgeschichte, sowohl für die Wirtschaft und für das internationale Image. Außerdem passten die Rennen in die NS-Ideologie, denn sie sprachen alle Schichten und Altersgruppen an und waren Vorbild für kämpferische Elemente wie Heldentum, Kampfgeist und Kameradschaft.

In einem Umfeld, in dem ab Frühjahr 1933 nahezu alle Lebensbereiche einer erzwungenen Gleichschaltung unterworfen waren, blieb es nicht aus, dass Motorsport und Clubwesen vereinheitlicht wurden. So der Beschluss des NSKK (Nationalsozialistisches Kraftfahr-Korps) durch seinen Korpsführer Adolf Hühnlein, einem alten Weggefährten Hitlers.

ADAC, AvD (Automobilclub von Deutschland), NDA (Nationaler Deutscher Automobil-Club) und DTC (Deutscher Touring-Club) wurden aufgelöst. Das gleiche geschah mit dem DMV (Deutscher Motorradfahrer-Verein), einer Abspaltung vom ADAC, der besonders die Förderung des Motorradbreitensports zur Aufgabe hatte. Diese gesamten Funktionen besaß nun der DDAC (Der Deutsche Automobil-Club), der auf den ADAC-Strukturen aufbaute. Die Grenzen zwischen DDAC und NSKK waren durch die personelle Besetzung nicht immer zu erkennen, zumal ohnehin die Bildung einer „Einheitsfront" von DDAC und NSKK erstrebt war. Der DDAC sollte kein Club im früheren Sinne sein, sondern „die neue Großorganisation im nationalsozialistischen Geiste" verkörpern. Somit begann auch in dieser Organisation die Ausgrenzung von Juden im Sinne der „nationalsozialistischen Rassenreinheit" bereits im April 1933. Ebenso wie die Clubs wurden auch die Motorsportorganisationen vereinheitlicht. Die Oberste Nationale Sportkommission und die

Adolf Hühnlein erklärt den Rennfahrer Mansfeld offiziell zum Eilenriedemeister 1935

Oberste Motorradsportbehörde wurden zur Obersten Nationalen Sportbehörde (ONS) mit dem Präsidenten Adolf Hühnlein. Zwar hatte er in Vorbereitung auf den Krieg ein größeres Interesse an Geländesportveranstaltungen als an Straßenrennen, doch war das Eilenriederennen für die Propaganda so wichtig, dass Hühnlein sich häufig vor Ort präsentierte und Hitler direkt über das Gelingen des Rennens informierte.

Der Motorsport wurde zur Identifikationsebene der gesamten Nation und das Eilenriederennen erhielt dadurch eine neue Intention. Die Strecke wurde speziell ausgebaut und die Großveranstaltung zur Verbreitung der NS-Parolen genutzt. Von der Bedeutung des berühmten Eilenriederennens profitierte ebenfalls der hannoversche Straßenbau, da die 1935 bis 1936 vorgenommenen Ausbauten zur Rennstrecke für den öffentlichen Straßenverkehr mit bedacht wurden, denn letztendlich fand das Rennen auf öffentlichen Straßen und

Die Eilenriede leitet die Rennen 1936 ein: Neuer Eilenriede-Rekord durch Mansfeld-DKW. Die Kämpfe waren in allen Klassen außerordentlich spannend; das Hauptereignis des Tages bildete der Kampf der Halbliterklasse: Ley fährt die schnellste Runde des Tages in 2:12,3 = 130,4 Std./km auf einer 500 ccm Kompressor-BMW.; Mansfeld siegt mit einem Stundenmittel von 125,4 Std./km und wird damit Eilenriedemeister 1936. Im Bild: Aus dem Seitenwagenrennen.

Beiwagen vor der Einfahrt in die Zielkurve am Steuerndieb in der Eilenriede

Waldwegen der Eilenriede statt. Mit dem Umbau der Strecke wurden einige Kurven begradigt und der Reitweg in den Wald verlegt. Die Waldstraße wurde auf eine Breite von 8,5 auf 9 Meter erweitert und die Einmündung am Lister Turm entschärft. In einem zeitgenössischen Zeitungsartikel stand folgendes dazu: „Im Vertrauen hierauf hat die Stadt die erforderlichen Arbeiten inzwischen in Angriff genommen und zum grössten Teil vollendet. [...] Die Arbeiten erfordern einen Kostenaufwand von nicht weniger als 300.000,- RM; es wird doch z.B. die Strecke Lister Turm – Zoologischer Garten in einer Länge von 1,2km in der Fahrbahn 8.50m breit neuzeitlich mit Kleinpflaster befestigt; es wird dafür gesorgt, dass auf der ganzen Strecke mindestens eine Breite von 10m durchgeführt wird. Ca. 1000 wertvolle Bäume (alte Eichen, Buchen usw.) sind diesen Arbeiten zum Opfer gefallen! Die Stadtverwaltung hat gerade mit der Abholzung den Unwillen vieler hannoverscher Bürger erregt – ist doch der Stadt-

Oberpräsident der Provinz Hannover, Lutze (l) und Schmalz im Gespräch beim Eilenriederennen, 1935

forst Eilenriede einer der Haupterholungsorte der Bevölkerung –, doch glaubte die Stadtverwaltung selbst dieses Odium auf sich nehmen zu können, um das Eilenriederennen als grösste sportliche Veranstaltung des Jahres der Stadt zu erhalten." Nach Beendigung der Arbeiten entsprach der Kurs einer modernen Rennstrecke mit einer Länge von 4,92 Kilometern.

Die 1944 veröffentlichten Erlebnisse von Walfried Winkler, einem sehr erfolgreichen DKW-Fahrer, verdeutlichen die Atmosphäre und den Eindruck, den die volksfestartige Veranstaltung in der NS-Zeit hinterließ: „150.000 Menschen rings um die Eilenriede, 300.000 beim Eifelrennen, 180.000 auf der Solitude, 100.000 im Hamburger Stadtpark, 300.000 auf dem Sachsenring, 100.000 auf dem Schottenring, 100.000 in Hockenheim, 120.000 in Schleiz, Millionen dazu am Rundfunk, Millionen über die Berichte der Fachpresse gebeugt [...] die Zahl derer, die vor dem großen Kriege die deutschen motorsportlichen

Entscheidungen erlebten, bleibt ein einziger Triumph der vom Führer am 11. Februar 1933 angekündigten Motorisierung des deutschen Volkes, der von ihm erstrebten Wiedererkämpfung der Weltgeltung des deutschen Kraftfahrsportes. Fast all diese Menschen, die sich damals alljährlich und beharrlich um die Großereignisse des deutschen Kraftfahrsports scharten, waren selbst motorisiert. Auf zahllosen kleinen 100-ccm-Maschinen kamen sie, auf mittelschweren und schwersten Krafträdern und Sportmaschinen, auf Autos aller Marken und PS-Zahlen, auf ganzen Karawanen von Omnibussen und Lastwagen – es waren die Männer, die wenig später als ein gewaltiger motorisierter Heerbann in Feldzügen von beispielloser Wucht die Fundamente des Endsieges schufen. Heute ist der Startschuß des letzten großen Rennens längst verhallt. Wer aber um die Bunkergespräche unserer Männer draußen in den Kampfpausen an den Fronten weiß, wer die zahllosen Feldpostanfragen und „Wetten" kennt, die den Firmen und der Fachpresse zur Entscheidung auch heute noch übergeben werden, dem ist klar, daß das alles von der Notwendigkeit des Krieges zwar ausgelöscht, aber nicht vergessen wurde."

Die bei der Bevölkerung sehr beliebten Rennen wurden bis kurz vor Ausbruch des Zweiten Weltkrieges fortgeführt. Der Kurs wurde im Krieg beschädigt und durch ein Darlehen der Continental Gummi-Werke bis 1950 wieder in Stand gesetzt. Das letzte Rennen fand im September 1955 statt, aber der Kurs ist bis heute noch sichtbar und der besondere Rennbelag ist unter der Asphaltdecke erhalten geblieben.

10 Kraft-durch-Freude-Mellini-Theater

Gelände des ehemaligen Mellini-Theaters in der Kurt-Schumacher-Straße, 2015 (oben)
Das Mellini-Theater vor seinem Umbau in der NS-Zeit (unten)

Die NS-Gemeinschaft „Kraft durch Freude“ (KdF) war eine Organisation, die im November 1933 ins Leben gerufen wurde. Die Mitglieder der Deutschen Arbeitsfront (DAF) waren zugleich Mitglieder der „Kraft durch Freude“. Sie bezahlten einen monatlichen Mitgliedsbeitrag von mindestens 0,50 Reichsmark. Die große Mehrheit der KdF-Mitarbeiter arbeitete ehrenamtlich. Die Freizeit der Volksgemeinschaft sollte gestaltet, überwacht und gleichgeschaltet werden, wobei nach Ausbruch des Zweiten Weltkrieges die meisten Aktivitäten eingestellt wurden. Das Ziel war die Stärkung der NS-Volksgemeinschaft. Arbeitsleistung und Produktivität sollten gesteigert werden. In der NS-Ideologie war Freizeit nicht individuell ausgerichtet, sondern musste im Dienst des Staates und der Volksgemeinschaft stehen. Offizielles Ziel der KdF war die Schaffung eines „deutschen Menschen“ mit einer entsprechenden Gesellschaftsordnung. Ein gesundes und motiviertes Volk galt als besonders kriegstüchtig. „Kraft-durch-Freude-Aktivitäten“ waren u.a. Theaterbesuche, Urlaube und Rundfahrten. Zu den kulturellen Zielen zählte die Stärkung des Nationalstolzes, des Heimat- und Gemeinschaftsgefühls. Der größte Geschäftsbereich der „Kraft durch Freude“ war die Organisation von Ausflügen und Reisen.

Bekannte Einrichtungen und Projekte waren der KdF-Wagen von Ferdinand Porsche (später als Volkswagen bekannt), das Seebad Prora auf Rügen, die Kreuzfahrtschiffe Dresden (ab 1934), Der Deutsche (ab 1935), Wilhelm Gustloff (ab 1938) und Robert Ley (ab März 1939). Es gab auch Theater, die der KdF angehörten oder von ihr kontrolliert wurden, wie das damals sehr bekannte und beliebte **Mellini-Theater** in Hannover.

Das Mellini-Theater des Zauberkünstlers und Artisten Hermann Mehl in Hannover galt als eines der führenden Varietétheater Deutschlands. Im Jahr 1889 ließ er ein „Spezialitäten-Theater“ mit 1.667 Plätzen erbauen. Das Bauwerk wurde nach Plänen von Theodor Hecht und Heinrich Siepmann errichtet und am 7. September 1889 eröffnet. Der Giebel war ursprünglich mit symbolischen Darstellungen des Tanzes, des Gesangs und der Akrobatik von Carl Dopmeyer geschmückt. Das Deckengemälde des Theaters schuf der Maler Ernst Pasqual Jordan. Die Bühne war 17 Meter hoch, 14 Meter breit und 12

Skizze des Mellini-Theaters nach seinem Umbau in der NS-Zeit, Juli 1939

Meter tief. Das Haus ging 1930 in den Besitz von Anton Lölgen über. Er wandelte das Haus in ein reines Operettentheater um. Die Sanierung des Hauses begann 1939 und im Oktober des Jahres wurde die Wiedereröffnung mit dem fünfzigjährigen Jubiläum gefeiert. Die Umbauarbeiten wurden durch den Göttinger Architekten Diez Brandi durchgeführt. Er ließ die Fassade im Stil der Architektur des NS-Regimes umgestalten. Die Stadt wollte höchstens 135.000 Reichsmark des Umbaus mittragen und im ersten Jahr einen Betriebszuschuss von 50.000 Reichsmark veranlassen.

Ab 1939 wurde das Mellini-Theater dem „Kraft-durch-Freude"-Programm unterstellt und somit in die NS-Kulturpolitik eingegliedert. In den Jahren 1939 bis 1941 feierten die damals noch sehr junge Volksschauspielerin Brigitte Mira, der Regisseur und Theaterschauspieler Franz Köchel sowie der österreichische Heldentenor, Kammer- und Operettensänger Hans Beirer im Mellini-Theater erste

Brigitte Mira und der Intendant Cornelius proben einen Partienteil im Mellini-Theater, Mai 1940

Bühnenerfolge. Das Haus wurde 1943 infolge der Luftangriffe auf Hannover schwer beschädigt. Nach dem Krieg schaufelten 1946 junge Schauspieler die Kellerräumlichkeiten frei und eröffneten unter der Leitung von Jürgen von Alten die „Junge Bühne“. Das bei den Hannoveranern sehr beliebte Theatergebäude wurde 1954 abgerissen.

11 NS-Wohnungsbau

Postkarte der Heidesiedlung (oben)
Adolf Hitler auf dem „Karl-Peters-Platz", heute Berta-von-Suttner-Platz (unten)

Zwischen 1933 und 1942 sind jährlich im Durchschnitt 2.300 Wohnungen gebaut worden, weniger als in den Jahren zuvor. Mehr als 60 Prozent des Wohnungsbaus in der NS-Zeit entstanden in den Jahren 1936 bis 1939. Typische Siedlungen existieren in Kleefeld, Groß-/Kleinbuchholz, Bothfeld, List, Stöcken, Badenstedt, Ricklingen, Döhren und der Südstadt mit Blockraster, Innenhof und Klinkerbauweise. Beispiele hierfür sind **die Schmalzsiedlung** in Ricklingen, das Kleefelder **Heideviertel**, das **Harzerviertel** im Stadtteil Burg und der „**K(C)arl-Peters-Platz**", heute Bertha-von-Suttner-Platz, in der Südstadt. Als Gauleiter Reichsminister Bernhard Rust die ersten hundert Ehrenbücher an kinderreiche Familien kurz vor Kriegsbeginn überreichte und den Kinderreichtum als „praktischen Nationalsozialismus lobte", warteten noch viele auf zeitgemäße moderne Wohnungen.

Alle hannoverschen Baugenossenschaften, wie der Bau- und Sparverein Hannover-Buchholz, wurden 1933 gleichgeschaltet. Zur Durchführung gezielter Programme gab es u.a. die Neue Heimat als Wohn- und Siedlungsgesellschaft der Deutschen Arbeitsfront (DAF). Zuvor gehörte dieses Wohnungsunternehmen zur Gewerkschaft. Die Einflussnahme der NSDAP auf den Städtebau und die Architektur erfolgte überwiegend in einem schleichenden Prozess. In Hannover existieren bis heute typisch monumentale Bauten wie das Generalkommando, die Verwaltungsbauten der Vereinigten Leichtmetall-Werke, der Hanomag und der Firma Lerch (heute das Gebäude der Niedersächsischen Staatskanzlei). Die Wohnungsbauten sind meist schlicht und funktionell erbaut und lassen diese heute nicht unbedingt als typische NS-Architektur erkennen. Sie entsprechen heute eher einem modernen Baustil. Die NS-Propaganda bevorzugte aufgrund der Publikumswirksamkeit in den Städten große imposante Baustile. In Kleinstädten und Dörfern wurde aber der heimatverbundene Charakter bevorzugt. Die Städte sollten „entballt" werden, da in der NS-Ideologie die engen Mietskasernen mit den kleinen Hinterhöfen als Ursache für Geburtenrückgang, Gesundheitsgefährdung und kommunistischer Zersetzung galten. Für diesen Zweck sollten Grund und Boden als Eigentum für eine Selbstversorgung der Arbeiterklasse zur Verfügung gestellt werden. In der frühen Phase des Wohnungsbaus wurden vorstädtische Kleinsiedlungen für „Erwerbslose“ errichtet. Mit dem Rüstungsprogramm der Wirtschaft wurde der Bau von Wohnungen für Stammarbeiter der (neuen) Betriebe notwendig. Die Kleinsiedlungen für die Arbeiterschaft traten nun in den Hintergrund. Die Arbeiter sollten nun in „Volkswohnungen“ leben, die schnell und günstig erbaut werden konnten. So wurde statt des Klinkermaterials immer mehr die preiswerte Putzbauvariante bevorzugt, sodass die Wohnblocks des Bau- und Sparvereins, wie in der Timm-Kröger-Straße, den zeitgleich erbauten Kasernen in Bothfeld glichen. Ungefähr ab 1935 war die Wohnungsbaupolitik daher von einer Mischung aus Kleinsiedlungs-, Eigenheim- und Volkswohnungen geprägt. Dazu gehörten in Hannover u.a. die sogenannte „Schmalzsiedlung“ und die Wohungsbauprojekte für die Hanomagarbeiter. Das Unternehmen errichtete für seine Werktätigen Ausweichquartiere in „Am Wullanger“. Das Richtfest für die 22 Kleinsiedlerstellen und drei Eigenheime mit 800qm Gartenland wurde am 15. November 1938 begangen. Weitere Wohnungen entstanden an der Bornumer Straße, Weetzener Straße und dem Ricklinger Stadtweg. Dazu gehörten Grünflächen, Kinderspielplätze und die Nähe zu Linden mit seinen Gärten sowie zur Hanomag, wie in einem zeitgenössischen Bericht hervorgehoben wurde: „Inmitten der Anlage steht das Denkmal unseres Georgs Egestorff mit seinen wuchtigen Arbeitergestalten, und über die Bäume grüßt der große Schornstein der Hanomag“. Bei Kriegsbeginn standen dann die baulichen Maßnahmen für Rüstungsbetriebe sowie die Errichtung von Bunkern und Baracken im Vordergrund.

Die **Großsiedlung Hannover-Ricklingen** entstand Ende 1938. Diese vorstädtischen Siedlungen waren im Allgemeinen „für die arbeitende Bevölkerung“ konzipiert. Die freistehenden, eingeschossigen Einfamilien- oder Doppelhäuser mit Stall und Garten waren aber noch ohne Kanalisation geplant worden. Ein NS-Modellprojekt dieser Art ist die **Schmalzsiedlung**. Hier sollten ursprünglich 2.400 Arbeiterfamilien in der Nähe ihrer Arbeitsstätten „eine schöne und gesunde neuzeitliche Wohnstätte“ erhalten und zwar mit 600 Siedlungshäusern, 300 Kleineigenheimen, 600 Mietwohnungen in zweigeschossigen und 900 Mietwohnungen in dreigeschossigen Häusern.

Grundsteinlegung in der „Großsiedlung in Ricklingen“ durch Kurt Schmalz, um 1938

Die Finanzierung erfolgte durch Stadt, Industrie- und Handelskammer und Firmen wie der Hanomag. Am 23. April 1938 verkündete der stellvertretende Gauleiter Kurt Schmalz den Baubeginn mit Grundsteinlegung und großem nationalsozialistischem Pomp: „Im Jahre 1938 baute der Führer Großdeutschland. Im gleichen Jahr bauen wir diese Siedlung. Daß beides nur ein Anfang sei für größeres Beginnen, ist mein Wunsch.“ Daraufhin wurde das Gelände zwischen Göttinger- und Hamelner Chaussee Schmalzsiedlung genannt, obwohl die Siedlung offiziell „Großsiedlung Hannover-Ricklingen“ hieß. Wenige Tage nach der Grundsteinlegung wurde das Fundament des Grundsteins zerstört und die dort eingemauerten Dokumente, vermutlich aus Protest, gestohlen. Die Täter wurden nie gefasst. Bauträger war die Niedersächsische Baugesellschaft, die von 1938 bis

Bunker in der „Schmalzsiedlung", Munzeler Straße, 2015

1940 678 Wohnungen, 68 Siedlerstellen, 232 Einfamilienhäuser und 378 Mietwohnungen errichtete. Der heutige Nenndorfer Platz sollte damals als Siedlungsmittelpunkt vermutlich als Aufmarsch- und Versammlungsplatz dienen. Hier sollten das Gemeinschaftshaus, ein „HJ-Heim", eine Schule und Einkaufsmöglichkeiten für den täglichen Bedarf entstehen. Die Gärten sollten eine Selbstversorgung sicherstellen. Der Innenausbau musste von den Besitzern selbst getätigt werden. Laut Planung sollte eine Mischbebauung die Ansiedlung von Bewohnern mit unterschiedlicher sozialer Herkunft fördern. Dadurch sollte die Verschmelzung verschiedener Bevölkerungsgruppen zu einer Volksgemeinschaft erreicht werden.

Die einzelnen Grundstücke umfassten ungefähr 700qm. Die Häuser hatten ca. 50qm Grundfläche und einen Anbau von 27qm. Ein Vertrag zwischen Siedlern und Bauträgern besagte, dass sich die Siedler zur Selbst- und Nachbarschaftshilfe verpflichten müssten. Die ersten Häuser wurden im Sommer 1939 bezogen. In den Jahren

Bunker in der „Schmalzsiedlung" in den 1950er Jahren

1939/1940 war die Bebauung der heutigen Springer- und Pyrmonter Straße mit Einfamilienreihenhäusern weitestgehend abgeschlossen. Dreigeschossige Mehrfamilienhäuser, die sogenannten „Volkswohnungen", wurden im Bereich Pyrmonter Straße und Göttinger Chaussee gebaut. Die Kleinsiedlerstellen sollten zwischen der heutigen Barsinghäuser-/Gehrdener Straße und Ronnenberger-/Springerstraße entstehen. Wer sich für eine Siedlerstelle interessierte, sollte „erbgesund" und ein „national zuverlässiger Volksgenosse" sein. Viele Bewerber arbeiteten bei der Hanomag, der Vereinigte Leichtmetalle-Werke oder der Üstra und erhielten durch diese Betriebe finanzielle Unterstützung zum Bauen. Im Auftrag der Niedersächsischen Bauträgergesellschaft wuchsen von 1938 an nacheinander die Rohbauten empor. Eine Wohnküche, zwei Räume und oben zwei Kammern unter dem Dach entsprachen dem Standard. Zu jedem dieser Gebäude gehörten ein großer Garten, eine Waschküche, ein Plumpsklo und ein Stall für Tierhaltung. Ein weiterer Ausbau der Siedlung kam allerdings mit Kriegsbeginn 1939 ins Stocken. Fördermittel für den Wohnungsbau wurden für die Schmalzsiedlung gestrichen, sodass nur noch der westliche und südliche Teil der Siedlung fertiggestellt werden konnten.

Die meisten Siedler kannten sich beim Einzug in die Häuser nicht, sodass sie sich als nachbarschaftliche Gemeinschaft erst mit der Gründung des Siedlerbundes 1943 formten. Durch einen Bombenabwurf wurden 1941 mehrere Siedlungshäuser total zerstört. Die Not des Krieges und vor allen Dingen die Versorgungsengpässe waren es, die diese Gemeinschaft stärkten. Die Gründung des Siedlerbundes wirkte sich positiv aus, denn nun war es möglich, sich gemeinschaftlich Kartoffeln, Hühnerfutter, Saatgut und Ähnliches zu besorgen. Die Straßen in diesem Viertel hießen zeitgenössisch nach „verdienten" Nationalsozialisten. Nach Kriegsende 1945 wurden ihre Namen durch Ortschaften aus dem Calenberger Land ersetzt, aber der Name „Schmalzsiedlung" blieb im Sprachgebrauch bis heute erhalten.

Der **C(K)arl-Peters-Platz** (heute Bertha-von-Suttner-Platz) entstand 1935 in Erinnerung an den Namensgeber, der um seine „Verdienste" als ehemaliger Kolonialpolitiker in der NS-Zeit gefeiert wurde. In der kolonialen Erinnerungskultur mischten sich private und wirtschaftliche Interessen mit denen des NS-Staates. Mit dieser zeitgenössischen Darstellung auf den Kolonialismus sollte die Überlegenheit der deutschen sowie der westlichen Kultur und der Anspruch auf ehemalige Kolonien propagiert werden. Im Jahr 1933 wurde dazu der Reichskolonialbund gegründet, in dem drei Jahre später die Deutsche Kolonialgesellschaft und andere Kolonialverbände gleichgeschaltet wurden. Dessen Zielsetzung fand sich auf jedem Mitgliedsaufnahmeantrag: „Die Herausgabe der Kolonien ist eine Lebensfrage für die deutsche Nation. Der Reichskolonialbund hat vom Führer die Aufgabe erhalten, das Verständnis für den kolonialen Gedanken zum Gemeingut des ganzen deutschen Volkes zu machen."

Im März 1934 gab es eine „Koloniale Feierstunde" in Hannover. Mit der Feier verbunden war eine erste Kolonialschau, die im März 1934 im Walter-Schumann-Heim in der Nikolaistraße 10 abgehalten wurde. Eine zweite Ausstellung erfolgte im April 1938. Beide Ausstellungen fanden aber in der Öffentlichkeit keinen großen Anklang. Auch die Kolonialausstellung des Landesmuseums im Leineschloss Ende Oktober 1935, die anlässlich der Feierlichkeiten zur Einweihung des C(K)arl-Peters-Denkmals stattfand, wurde kein Erfolg. Während sich die C(K)arl-Peters-Feierlichkeiten eines großen Zulaufs erfreuten, mangelte es der Kolonialausstellung an Besuchern, sodass sie in den Wintermonaten 1937/38 geschlossen wurde.

Erfolgreicher dagegen war das im April 1939 eingeweihte „Dr. H.E. Göring-Kolonialhaus" in der Jägerstraße 4. Diese erste Einrichtung ihrer Art im Deutschen Reich wurde nach dem Vater von Hermann Göring benannt, der 1885 bis 1889 Reichskommissar in Deutsch-Südwestafrika gewesen war. Die „Koloniale Lehrschau" wurde bis 1945 als Dauerausstellung präsentiert. Hauptsächlich diente sie als Ausbildungsstätte für zukünftige Kolonialbeamte und Siedler. Um erfolgreich „[...] draußen auf Vorposten zu stehen und den neuen deutschen Aufbau in den Kolonien zu übernehmen", ver-

Der „Karl-Peters-Platz" in der NS-Zeit

Adolf Hitler spricht bei einer Gedenkfeier am „Karl-Peters-Platz“

fügte das Kolonialhaus über ein Kolonialarchiv und einen „Lehrraum für Tropenmedizin und Hygiene“, einen Schulungssaal für 186 Hörer, in dem in Sprache, Kultur, „Moral und Rechtsbegriff der Eingeborenen“ ausgebildet wurde. Thiemann-Groeg, der selbst lange Jahre in Deutsch-Südwestafrika gelebt hatte, übernahm die Leitung des Kolonialhauses. Im Herbst 1942 richtete er seine Schulung auf die Ukraine-Krim-Kaukasus-Region aus und legte detaillierte Pläne für eine koloniale Besiedlung dieser Region vor. Das Haus bestand bis zum Kriegsende. Nach dem Krieg richtete Thiemann-Groeg hier eine private Auswandereragentur für Südafrika ein.

Vor diesem Hintergrund entstand der C(K)arl-Peters-Platz, dessen Namensgeber damals als Held und „hochverdienter Kolonialpolitiker“, in vielen Büchern mit zahlreichen Straßen- und Schiffsnamen, einer Briefmarke sowie einem Film mit dem damaligen Star Hans Albers in der Hauptrolle als Peters, gefeiert wurde. Peters wohnte zwar nur einige Monate in Hannover, pflegte aber eine langjährige Freundschaft zu Oberstadtdirektor Heinrich Tramm. Die Familie Peters, einige Freunde aus der Kolonialbewegung und schließlich Tramm selbst haben diese Ehrung mit der Namensgebung des Platzes ermöglicht.

Thiemann-Groeg an seinem Arbeitsplatz

Die symmetrische dreieckige Anlage ist mit drei Hektar einer der größten Plätze Hannovers. Er sollte vermutlich die räumliche Einengung durch die östlich und südlich verlaufenden Trassen der Altenbekener Bahn abmildern. Die beiden siebengeschossigen Wohnungsbauten und der Straßenraum der Stresemannallee bildeten eine Torsituation für die gesamte Anlage. Das Denkmal für C(K)arl Peters, das am 27. Oktober 1935 eingeweiht wurde, war eine Attraktion. Hitler selbst hielt an diesem Ort eine Rede. Der Hannoversche Anzeiger schrieb am Tag nach der Einweihung, dass es der Wunsch sei, dass der „[...] deutsche Adler seine Schwingen kraftvoll über unsere afrikanischen Besitzungen breiten und sie schützen solle." Über Peters hieß es weiter im Text: „Gott möge dem Führer einen zweiten

Das Harzer-Viertel vom Vinnhorster Weg aus aufgenommen, September 1938

Carl Peters schenken." Ein Jahr später gab es eine erneute große Ehrung für Peters anlässlich seines 80. Geburtstages. Nach dem Krieg diente der Platz dem Gemüseanbau zur Selbstversorgung der Bevölkerung. Inzwischen betrachten Historiker Peters als einen „erfolgsarmen, gerichtsnotorisch kriminellen Psychopathen". Daher wurde am 30. Juni 1988 durch Oberbürgermeister Schmalstieg die „Mahntafel gegen den Kolonialismus" auf dem C(K)arl-Peters-Denkmal eingeweiht.

Die Namensgebung der Straßen des **Harzerviertels** im Stadtteil Burg erfolgte nach Städten der Harzregion. Das ursprünglich landwirtschaftliche Gelände am Vinnhorster Weg sollte im Rahmen des staatlichen Wohnungsbauprogramms von 1936 als „Gartenvorstadt" mit Nutzgärten zur Selbstversorgung angelegt werden. Der Begriff „Gartenvorstadt" bezog sich auf die vergleichsweise großen Grundstücke, die wie bei der Schmalzsiedlung für Nutzgärten und zur Eigenversorgung gedacht waren. Die Planungen wurden von Otto

Meffert vom Stadterweiterungsamt durchgeführt und die Bauzeit dauerte von 1936 bis 1940. Es sollten Eigenheime für kleine bis mittlere Einkommen sowie eineinhalbgeschossige Einfamilien-, zweigeschossige Zweifamilien- und Mehrfamilienhäuser sein. Es waren 450 Wohneinheiten geplant, von denen 408 realisiert wurden.

Der Harzburger Platz wurde, genau wie die Außenbereiche der Anlage, durch zweigeschossige Wohnhäuser eingefasst, wodurch ein geschlossenes Bild entstand. Dort, wo 1968 eine Kirche errichtet wurde, sollte ursprünglich eine Schule entstehen. Die gebogenen Straßen, die durch den Bezug zur Bahnlinie nicht willkürlich wirkten, bestimmten den öffentlichen Raum. Der Bau wurde mit Reichsmitteln gefördert. Diese Einfamilienhäuser bestanden aus drei Zimmern mit 60 bis 70qm und einer Einliegerwohnung im Dachgeschoss, die meist vermietet wurde. Die architektonische Gestaltung der verschiedenen Gebäude war „nach dem ersten eingereichten und genehmigten Typ einheitlich auszuführen". Da der Bau aus Reichsmitteln gefördert wurde, war das Interesse an der Siedlung groß, dann es gab die Möglichkeit, relativ günstig an ein Eigenheim mit Garten zu gelangen. Bis heute ist die ursprüngliche Anlage trotz der starken Veränderungen im Laufe der Jahrzehnte erkennbar.

Vorlesungsverzeichnis der Technischen Hochschule, um 1942

Das Reichsministerium für Volksaufklärung und Propaganda startete im April 1933 die Kampagne „wider den undeutschen Geist". Träger dieser Kampagne waren große Teile der Studentenschaft, die einen „Zentralen Kampfausschuß der Deutschen Studentenschaft zur Bekämpfung von Schund- und Schmutzliteratur" gründeten. Im Rahmen dieser Kampagne wurden Plünderungs- und Sammelmaßnahmen für „Schund- und Schmutzliteratur" organisiert, die an der **Technischen** und **Tierärztlichen Hochschule**, der Leibnizschule, Humboldtschule, Kunstgewerbeschule, dem Goethe- und Realgymnasium abgegeben werden konnten. Buchhandlungen und öffentliche Bibliotheken blieben dabei nicht verschont. Zu den betroffenen Publikationen der „Schwarzen Listen" gehörten insbesondere politische, jüdische und homoerotische Bücher von Sigmund Freud, Oscar Wilde, Margaret Sanger, Marcel Proust, Emile Zola, Karl Marx, Heinrich Mann, Erich Kästner und vielen anderen. Am 10. Mai 1933 gegen 20 Uhr versammelten sich Studenten der Technischen sowie Tierärztlichen Hochschule und marschierten anschließend in einem Fackelzug über den Königsworther Platz, die Lange Laube, Georgstraße, Hildesheimer Straße und Geibelstraße zur Bismarcksäule, um „undeutsche" **Bücher zu verbrennen**. Tausende Hannoveraner säumten die Straßen, als ein Lastwagen seinen Weg zur Bismarcksäule, dem Ort der Verbrennung, nahm. Dort erfreute sich die jubelnde Menge an den Flammen der Bücher. Die Rektoren der beiden Hochschulen hielten enthusiastisch euphorische Reden. Philosophieprofessor Wilhelm Böhm prophezeite anlässlich der Gleichschaltung der hannoverschen Kulturvereine im Juli 1933 folgendes: „Die Kunst der Zukunft kann nur aus der gärenden Gegenwart der rassischen Selbstbesinnung kommen". Alljährlich folgten nun die sogenannten „Gaukulturwochen" und in der Stadtbibliothek kam es zur Gründung eines „Niedersächsischen Dichterarchivs".

Wissenschafts- und Forschungsinstitute arbeiteten der Rüstungsindustrie in vollem Umfang zu. Hannoversche Wissenschaftler beschäftigten sich mit Panzertechnik, Torpedokurven und der Aerodynamik von Kampfflugzeugen. In einem Vorlesungsverzeichnis von 1942 hieß es entsprechend der Berufsethik dieser Wissenschaftler: „Neben der Führerstellung in Partei, Staat und Wehrmacht bilden

Bücherverbrennung an der Bismarck-Säule, heute Maschsee, 1933

auch die geistig Schaffenden ein Führerkorps im Volke, das sich seiner hohen Verantwortung bewußt sein muß." Dozenten, die nicht in das neue nationalsozialistische Weltbild passten, wurden entfernt. Insgesamt wurden in der NS-Zeit noch sechs von 124 Dozenten aus dem Lehrkörper gedrängt. Professoren hatten bereits vor der Machtübernahme darauf geachtet, eine „rein deutsche Hochschule" zu führen, wie der neue Rektor Otto Franzius 1934 erklärte. In einem Aufsatz beschreibt Franzius Adolf Hitler sogar als einen großen Ethiker. In den folgenden Jahren achtete die Hochschule bei Stellenbesetzungen auf arische Abstammung und NS-Gesinnung. Im Sommer 1935 wurde „Rassenhygiene" als neuer Lehrauftrag eingeführt. Als „Koloniale Zusatzausbildung" konnten sich Studenten von 1941 an in „Tropenhygiene" weiterbilden und im Jahr darauf gab es Planungen, ein Institut für Kautschukforschung einzurichten, denn „die Schlagadern der modernen Kriegsführung sind Eisen, Öl und

Technische Hochschule Hannover, heute Hauptgebäude der Leibniz Universität, Juni 1940

Kautschuk". Noch Ende Januar 1945 schickte Werner Oskar Ewald Osenberg, der Leiter des Versuchsfeldes für Werkzeugmaschinen an der TH Hannover, ein persönliches Schreiben an Hitler. Er habe da einen Plan, um „die Luftkriegslage fast schlagartig zu verändern", behauptete er. In „einer längeren persönlichen Aussprache" habe ihm Heinrich Himmler schon jede Unterstützung beim Bau und Einsatz seiner „Flakrakete Planet" durch die Waffen-SS zugesagt. Die Rakete, bestehend aus einem „Muttergeschoss" sowie 24 „Tochtergeschossen", konnte angeblich große Kampfverbände vernichten. Die Wunderwaffe aus Hannover wurde nie gebaut, denn der Krieg war bald zu Ende.

An den Hochschulen waren auch Zwangsarbeiter im Arbeitseinsatz, wie an der Technischen Hochschule, am Reichsinstitut für Erdölforschung, am Lehrstuhl für Kraftfahrwesen oder der Tierärztlichen Hochschule. Sie kamen aus Belgien, Frankreich oder den

Niederlanden, aber die meisten waren als Polen und „Ostarbeiter" bei dem Versicherungsträger gemeldet. Genauere Informationen zu ihrem Einsatzgebiet gibt es nicht. Eine der wenigen vorhandenen Schilderungen ist der Brief von Frau Gordienko, die als junges Mädchen unter anderem für die Tierärztliche Hochschule arbeiten musste. Sie wurde im Dezember 1942 nach Hannover verschleppt: „Man behandelte uns so, als ob alle Russen Schweine seien. Bei Bestrafungen bekamen wir für mehrere Tage kein Essen. [...] Ich erinnere mich daran, dass meine gute Freundin Maria Duk von deutschen Kindern, die sich „amüsierten", indem sie Russen mit Steinen bewarfen, am Kopf getroffen wurde. Sie ist dadurch gestorben. [...] An der Hochschule arbeiteten verschiedene Professoren und Doktoren. Die Leute waren unterschiedlich. Ich konnte Deutsch, was mir sehr half. Mittags wurde das Essen in der Kantine angeliefert, wo wir essen durften. Als Arbeitskleidung gab man uns alle zwei Jahre einen Kittel, Leinenschuhe und Holzschuhe. An der Hochschule untersuchten wir Tiere, die für ein paar Tage aus dem Schlachthof kamen. Sie wurden infiziert und dann wieder geheilt."

Porträt: Albert Püllenberg

Ein wichtiges hannoversches Forschungsprojekt war die Flüssigrakete von Albert Püllenberg. Er war einer der frühen privaten Pioniere der Raketentechnik, der bis 1932 mit Johannes Winkler, Rudolf Nebel, Reinhold Tiling, Klaus Riedel und Wernher von Braun zusammen arbeitete. Seine Forschungen und Experimente bildeten die Grundlage für die heutigen Flüssigraketen. Er plante eine friedliche Nutzung der Raketentechnik, um diese als Postrakete für die Nordseeinseln einsetzen und später auch für die Raumfahrt nutzen zu können.

Schon als Vierzehnjähriger fesselte ihn die Idee eines Raketenfluges. In der Straße „Am Puttenser Felde" entstanden 1929 die ersten „Versuchsgeräte" aus alten Gardinenstangen, Bierflaschenverschlüssen und Autoteilen. Mit Freunden gründete er 1931 die „Gesellschaft für Raketenforschung" (GEFRA). Seit 1930 diente ihm der Flugplatz „Vahrenwalder Heide" als Versuchsgelände für seine Flüssigkeitstreibstoffrakete „F.-T.-Rak1". Die Standortkommandan-

Püllenberg mit seiner Testrakete im September 1934 auf dem Weg zum Raketenflugplatz Hannover

20 JAHRE
POSTRAKETE
SYSTEM PÜLLENBERG

ULBRIA '72
SONDERSCHAU
RAUMFAHRT
S. G. IKARUS BRD e. V.

Püllenberg mit seiner Postrakete

tur unterstützte seine Forschungen und stellte ihm einen Schuppen zur Verfügung. Hier wurde dann schließlich ein Raketenflugplatz eröffnet, der nach Berlin der zweite seiner Art war. In der Niedersächsischen Tageszeitung vom August 1933 heißt es dazu: „Draußen an der Podbielskistraße, wo das hannoversche SA-Heim errichtet wurde, gelangt man über einen zweiten Hof zu einer kleinen Werkstatt, an deren Tür zu lesen ist: ‚Gesellschaft für Raketenforschung'. Ein noch junger Mensch, Student im Maschinenbaufach, Püllenberg, empfängt uns und ist gern bereit, uns alles zu zeigen und zu erklären. Mitten im Raum steht die über drei Meter hohe dreiteilige Startbahn aus Stahlrohren und T-Eisen, daneben die fertige Diesel-Flüssigrakete."

Am 19. September 1934 gelang es nach einigen Fehlschlägen, eine halbzentnerschwere Rakete auf eine Höhe von ungefähr 60 Metern zu bringen. Der unversehrten Rakete wurden 30 Postkarten entnommen, die sofort per Motorrad zur Weiterbeförderung zur Hauptpost Hannover weitergeleitet wurden. Im Jahr 1935 verbot die Gestapo weitere Flugtests in Hannover. Während einige seiner Schüler nach Peenemünde gingen, arbeitete Püllenberg im Geheimen weiter und testete 1938 seine VR12 bei Bremen. Dann nahm er 1939 ebenfalls eine Position in Peenemünde an. Püllenberg wollte dort eine Flakrakete bauen, aber Wernher von Braun lehnte dies zunächst ab und Püllenberg arbeitete ab 1940 weiter an der Vorentwicklung von Triebwerken. Unter dem Druck der alliierten Bomber holte von Braun Püllenbergs Pläne im Herbst 1942 wieder hervor. Die Flakrakete C2 mit der Tarnbezeichnung „Wasserfall" wurde fast vollständig nach Püllenbergs Plänen in die Entwicklung genommen.

Die Heeresversuchsanstalt Peenemünde wurde 1936 errichtet. Auf den Raketenstartplätzen wurden die ersten funktionsfähigen Großraketen unter der Leitung von Walter Dornberg und Wernher von Braun entwickelt sowie getestet. Peenemünde gilt heute als Wiege der Raumfahrt, da von dort aus die erste Rakete am 3. Oktober 1942 in den Grenzbereich zum Weltraum eindrang. Mit diesem Projekt in Zusammenhang steht aber ebenfalls das Leid vieler Zwangsarbeiter und KZ-Häftlinge. Auf dem Gelände bestand ab Juni 1943 ein Konzentrationslager, das von Wernher von Braun als „Häftlingslager F1" bezeichnet wurde. Weitere Häftlinge waren im KZ Mittelbau-Dora im Einsatz und mehrere tausend Zwangsarbeiter sowie Kriegsgefangene mussten ebenfalls in verschiedenen „Arbeitskommandos“ für das Projekt arbeiten. Schätzungen gehen davon aus, dass 20.000 Häftlinge dabei ums Leben kamen und durch den militärischen Einsatz der V2 (Vernichtungswaffe 2) 8.000 Menschen starben.

Nach dem Krieg wollte Püllenberg nie wieder Raketen zur militärischen Nutzung konstruieren. Mit Karl Poggensee und Rudolf Nebel nahm er Anfang der 1950er Jahre an einer Tagung der „International Astronautical Federation“ teil und 1952 begannen sie wieder mit privaten Raketentests bei Cuxhaven. Sein privates Projekt „Postrakete“ rückte wieder in den Vordergrund und Püllenberg hielt neben seiner Arbeit Vorträge zur friedlichen Nutzung der Raketentechnologie.

13 Volks- und Rassenkunde – Villa Effertz

Die Villa Effertz wurde in der NS-Zeit als „Anstalt für Germanische Volks- und Rassenkunde" genutzt, 2015

Der Architekt A. Heinrichs ließ die **Villa Effertz** um 1909 für den bis dahin in Königsborn am Ostrand des Ruhrgebiets ansässigen Großindustriellen Reinhard Effertz in der damaligen Spinozastraße errichten. Das Gebäude ist eine aus Sandstein im Stil des Historismus erbaute Villa, mit einer ausgeprägten Fachwerkfassade, die ursprünglich dreigeschossig war. Nach Effertz‘ Tod ging die Villa in den 1930er Jahren in den Besitz der Stadt Hannover über. Im Zweiten Weltkrieg wurde sie zwischen Dezember 1942 und Oktober 1943 als „**Anstalt für Germanische Volks- und Rassenkunde in der Gauhauptstadt Hannover**“ genutzt. Einer, der diese Einrichtung maßgeblich vorantrieb, war Walter Kopp, der seit 1933 im „Rassenpolitischen Amt des Gaues Süd-Hannover-Braunschweig“ arbeitete. Im September 1938 war er im städtischen Dienst als Verwaltungsleiter der Abteilung „Erb- und Rassenpflege im Gesundheitsamt“ tätig. Sein Examen als Jurist hatte er auf dem Gebiet der „Erb- und Rassenpflege“ mit dem Thema „Gesetzliche Unfruchtbarmachung“ abgeschlossen. Diese in der NS-Zeit stark beachtete Doktorarbeit erschien in mehreren Sprachen und Kopp unternahm mit Förderung der Deutschen Forschungsgemeinschaft Auslandsreisen. Er zeichnete sich laut Stadtobermedizinalrat Seyffarth durch „außergewöhnliche Spezialkenntnisse in der rassenhygienischen Gesetzgebung und Literatur“ aus. Kopp hinterließ seine Spuren als aggressiver Antisemit durch seine Mitarbeit in der Stadtverwaltung. Genauso hart verhielt er sich als Rassist bei Fragen zu Zwangsarbeitern, bzw. Zwangsarbeiterinnen mit Babys, die laut Kopp besonders im Gau Süd-Hannover-Braunschweig vorzufinden seien. Die Säuglinge sollten seinem Willen nach ohne ihre Mütter schutzlos in die „Heimatländer“ abgeschoben werden. Schließlich stolperte der Jurist, der nie eine medizinische Ausbildung erhielt, über seine privaten „innerlichen“ erbbiologischen Untersuchungen an Frauen, wodurch seine Karriere bei der Stadt augenblicklich beendet wurde.

Am „Tag der Rassen- und Bevölkerungspolitik“ verkündete der Gauleiter des Gaus Süd-Hannover-Braunschweig, Hartmann Lauterbacher, die Einrichtung des Forschungsinstituts solle sich der „rassischen Reinheit der Bevölkerung des niedersächsischen Lebensraumes“ widmen und den „durch die fremdvölkischen Arbeitskräfte“ in

Kennkarte von Ferdinand Rossner, Oktober 1941

Niedersachsen „entstandenen Gefahren“ entgegenwirken. Als Leiter des Instituts wurde der Biologieprofessor Ferdinand Rossner eingesetzt. Während dieser Zeit sollen in der Villa Bevölkerungsstatistiken erhoben worden sein. Rössner forschte über die „germanische“ Frühgeschichte und betrieb eine fragwürdige „Sippenforschung“.

Nach dem Krieg wurde die Villa zum Durchgangsheim für ehemalige KZ-Häftlinge, und die neu gegründete jüdische Gemeinde hielt hier ihren ersten jüdischen Gottesdienst. Ebenfalls 1945 bekam

Geheime Staatspolizei
Staatspolizeileitstelle Hannover

Merkblatt

über

die Behandlung der im Reichsgebiet eingesetzten

fremdvölkischen Arbeitskräfte

auf Grund der bis zum 31. 12. 1942 ergangenen Erlasse des Reichsführers ꞨꞨ und Chefs der Deutschen Polizei

Einzelbestimmungen.

A. **Italiener.**
B. **Angehörige germanischer Völker** (Dänen, Flamen, Holländer, Norweger).
C. **Slowenen.**
D. **Angehörige nichtgermanischer Völker,** mit denen wir verbündet oder mit denen wir auf Grund ihrer kulturellen und gesamteuropäischen Bedeutung verbunden sind (Slowaken, Kroaten, Rumänen, Bulgaren, Ungarn, Spanier, Franzosen, Belgier).
E. **Angehörige slawischer oder verwandter Völker** (Tschechen, Serben, Arbeitskräfte nichtpolnischen Volkstums aus dem Generalgouvernement und den angegliederten Ostgebieten, sowie Estland, Lettland und Litauen).
F. **Polnische Zivilarbeiter.**
G. **Ostarbeiter.**
H. **Verhalten gegenüber Kriegsgefangenen.**
I. **Umgang mit Kriegsgefangenen.**
K. **Verhalten und Schutz des deutschen Volkstums gegenüber den ausländischen Arbeitskräften.**

Merkblatt der Gestapo mit Verhaltensanweisungen zu den „im Reichsgebiet eingesetzten fremdvölkischen Arbeitskräften", Dezember 1942

die Nietzschestraße ihren ursprünglichen Namen Spinozastraße zurück. Ab 1956 war die Villa lange Zeit ein Wohnheim für Schülerinnen der benachbarten Schule. 1989 verkaufte die Stadt das Gebäude. Seitdem wird die Villa als Wohnhaus genutzt. In den letzten Jahren diente sie als Drehort für Fernsehproduktionen. Im April 2011 wurden vor dem Haus Szenen des Films „Aus Liebe" mit Ralph Herforth, Peter Heinrich Brix und Anica Dobra gedreht. Im April 2012 entstanden hier Szenen der Krimiserie „Tatort" mit Maria Furtwängler.

Gebäude auf dem ehemaligen Flughafen Hannover-Vahrenwald (oben)
Adolf Hitler vor Ort in Hannover (unten)

Der **Flughafen in Langenhagen** wurde 1935/36 ursprünglich als Fliegerhorst Langenhagen-Evershorst erbaut. Vorher gab es einen **Flughafen in Hannover-Vahrenwald** mit dem Vorläufer Fliegerhorst Vahren. Damals lag der Flughafen noch vor den Toren der Stadt Hannover. Am 18. August 1903 gelang Karl Jatho hier (vermutlich) der erste Motorflug der Welt mit fast einem Meter Höhe und 18 Metern Weite. Seit 1910 war ein Bataillon der jungen Fliegertruppe auf der Vahrenwalder Heide stationiert, dem bald die Luftschiffer folgten. Bereits vorher hatten zivile Flieger diesen Flugplatz auf der Strecke Paris-Köln-Hannover rege benutzt. Hannover erhielt 1913 seine erste Fliegergarnison. Der private Flugverkehr wurde in dieser Zeit verboten. Auch nach dem Ende des Ersten Weltkriegs wurde der Flughafen als militärisches Objekt eingestuft und eine zivile Nutzung war nicht möglich.

Die Deutsche Aero-Lloyd und die Junkers Flugzeugwerke richteten hier 1923 einen Landeplatz ein. Allerdings bestand die hannoversche Reichswehrgarnison auf der weiteren Nutzung, sodass die zivile Nutzung zunächst ein Provisorium blieb. Trotzdem genehmigte der Reichsverkehrsminister den Flughafen Hannover-Vahrenwald offiziell erst ab Mai 1928. Im Rahmen von Arbeitsbeschaffungsmaßnahmen wurde er ab 1934 ausgebaut. Bereits Mitte der 1930er Jahre wurde er ebenfalls durch den Deutschen Luftsportverband (DLV) und ab 1937 für die Luftwaffenausbildung des Boelcke-Geschwaders sowie für Übungsstunden des NS-Fliegerkorps genutzt. Flugzeuge der Luftwaffe waren hier schon vorher stationiert.

In den Jahren 1934/35 erbaute der Architekt Wilhelm Mues das heute noch existierende Empfangsgebäude des Flughafens. Mit einem „Großflugtag in der Fliegerstadt Hannover“ und vielen Ehrengästen wurde das Gebäude am 25. August 1935, beim „Fliegertreffen in Niedersachsen“, in Betrieb genommen. In der Broschüre zum Flugtag auf dem Flughafen Vahrenwald wird 1935 stolz berichtet: „Doch nicht nur im rein Fliegerischen war Hannover rege, sondern auch in der nationalsozialistischen Bewegung war Hannover in der Fliegerei voran. Der SA-Oberführer Vielstich gründete hier den 1. Fliegersturm der SA.“ Es wird weiter ausgeführt, dass die Hannoveraner bei Stern-, Zuverlässigkeits- und Deutschlandflügen die ersten

Einweihung des Flughafengebäudes in Vahrenwald mit Arthur Menge am Rednerpult, 1936

Plätze der Gesamtwertung belegten. Immer wieder wurde auch die berühmte Fliegerin Elly Beinhorn, die in Hannover aufgewachsen war, für die NS-Propaganda bemüht: „Sie war es, die für ihr Vaterland außerordentliche Pionierarbeit in der langsam voranschreitenden Wiedereroberung des Weltansehens bei ihren mehrfachen Weltflügen geleistet hat und große Sympathien ihrem Vaterlande wieder zuführen konnte."

1938 existierten neben den Verkehrsfliegern eine Flugzeugführerschule, ein Flugzeugausbesserungswerk, die „Flugtechnische Fachgruppe der Technischen Hochschule Hannover" und das Nationalsozialistische Fliegerkorps (NSFK). Der Platz wurde vermutlich auch als Ausweichmöglichkeit für den Fliegerhorst Langenhagen, der 1935/36 entstand, genutzt. Bei Kriegsausbruch wurde der Flugplatz in Vahrenwald von der Luftwaffe übernommen und zur Ausbildung von Fallschirmjägern und Lastenseglern genutzt. Zum Mobilmachungsbefehl, am 26. August 1939, fuhren Luftwaffenoffiziere an der

Fliegerhorst Langenhagen, Staffelunterkunft, um 1936

Vahrenwalder Heide vor und erklärten der zivilen Verwaltung, dass sie den dortigen Flughafen komplett für militärische Zwecke beschlagnahmen würden. Fünf Tage später verließ das letzte Zivilflugzeug den Flugplatz. Das erst 1938 von Braunschweig nach Hannover verlegte Luftgaukommando XI musste jedoch bereits 1939 an Hamburg abgegeben werden. Selbst der Protest bei SA-Stabschef Viktor Lutze in Berlin, in dem auf den Prestigeverlust und die wirtschaftlichen Nachteile für die Stadt hingewiesen wurde, änderte nichts an dieser Entscheidung. Dabei hatte Hannover als Unterstützung für die Luftwaffe die Anlage des Fliegerhorstes Langenhagen-Evershorst und die Kasernengebäude mit 1,5 Millionen Reichsmark gefördert, von denen nur eine halbe Million zurückerstattet wurde. Im März 1940 wurde das Luftgaukommando dann endgültig nach Hamburg-Blankenese verlegt.

Nach dem Zweiten Weltkrieg fiel die Entscheidung, das Gelände des Fliegerhorstes Langenhagen-Evershorst zum international wett-

Eingangsbereich des Fliegerhorstes Wunstorf – zeitgenössisch

bewerbsfähigen Flughafen Hannover-Langenhagen auszubauen. Der Bereich des alten Flughafens wandelte sich über die Jahre zum Industriegelände und wurde zum Teil mit Wohnhäusern bebaut. Letzte Zeugen des ehemaligen Flughafens sind das jetzt von der Standortverwaltung Hannover genutzte ehemalige Empfangsgebäude sowie eine angrenzende ehemalige Flugzeughalle. Die Flugzeughallen in der Straße Kugelfangtrift sind inzwischen abgerissen worden. Bis heute findet sich die Geschichte des Geländes in den Straßennamen Alter Flughafen, Fliegerstraße, Lilienthalstraße, Eckenerstraße, Junkersstraße, Dornierstraße und Ikarusallee wieder.

Unter dem Deckmantel der zivilen Luftfahrt begannen die Bauarbeiten für den **Fliegerhorst Wunstorf** mit einem Baubüro im Frühjahr 1934. Deutschland war nach der Niederlage im Ersten Weltkrieg von den Siegermächten im Versailler Vertrag vom Juni 1919 lediglich ein Berufsheer von 100.000 Mann zugestanden worden. Eine Luftwaffe sollte es nicht geben. Die Anlage des Wunstorfer Fliegerhorstes war daher zunächst ein Teil der geheimen Rüstungsanstrengungen. Zuerst wurde offiziell eine „Deutsche Verkehrsflie-

Das Wappentier „Hans Huckebein“ des Fliegerhorstes Wunstorf in der NS-Zeit

gerschule" in Wunstorf eingerichtet, danach wurde der eigentliche Horst gebaut. Zur Anlage des Rollfeldes wurden die dünenähnlichen Sandhügel des letzten Heidegebietes im Raum Wunstorf abgetragen, Senken eingeebnet, Feuchtgebiete trockengelegt und befahrbar gemacht. Trotz der zivilen Tarnung als angeblicher Bau einer Schokoladenfabrik sprach sich in den umliegenden Gemeinden bald herum, dass ein Militärflughafen angelegt wurde. Im Mai 1934 hatte das Kulturamt Hannover mit Grundbesitzern über den Tausch von Ländereien für die „Siedlungssache Klein-Heidorn“ verhandelt. Die Gemeinde musste zunächst 160 Hektar Acker- und Wiesenfläche zur Verfügung stellen. Weitere Vergrößerungen des Areals erfolgten zwischen 1940 und 1943. In der Klein-Heidorner Chronik aus den 1970er Jahren ist dazu zu lesen: „Das Kernstück unseres landwirtschaftlichen Gebietes war nun in den Flugplatz einbezogen, eine bestehende Wegeverbindung zur Landstraße Wunstorf-Neustadt unterbrochen, das Moor als Kulturland kaum noch erreichbar und die wirtschaftlichen Verhältnisse der einzelnen Hofstellen sehr geschwächt."

Mit Wirkung vom 1. März 1935 wurde bestimmt, dass die Reichsluftwaffe als dritter Bereich neben die Reichsmarine und das Reichsheer treten sollte. Damit verfügte das Deutsche Reich wieder über eine militärische Luftstreitkraft. Mit dieser Ankündigung wurde bewusst abgewartet, bis die „zivilen" Luftfahrtverbände aufgebaut und für diese Zwecke nutzbar waren. Anfang Oktober 1935 traf das erste fliegende Personal in Wunstorf ein. Neben dem Dienst hatten junge Offiziere die Aufgabe, die neu geschaffene Luftwaffe in den umliegenden Dörfern bei Schützenfesten und anderen Feierlichkeiten zu repräsentieren. Dazu wurden Traditionsfeiern, Fahnenweihen, Eintopfessen, Platzkonzerte, Aufmärsche, Schauflüge und andere Attraktionen organisiert. Ab Mitte 1936 gab es die Musikkapelle, die bei keiner Veranstaltung mehr fehlen durfte, und im Oktober 1936 folgte die erste Flaggenparade auf dem Fliegerhorst, die nun regelmäßig stattfand, genauso wie „Der Tag der offenen Tür". Weihnachten 1935 gab es zum ersten Mal eine Feier für die Kinder aus der Umgebung. Unter dem Motto „Nikolaus per Luftpost" durften sie bei Kakao und Kuchen zwischen den Fliegern sitzen.

Die endgültige Fertigstellung des Fliegerhorstes erfolgte im März 1936. Mit dem Namen „Kampfgeschwader Boelcke" brachte die Luftwaffe ihre Verbundenheit mit den Soldaten des Ersten Weltkrieges und den traditionellen preußischen „Soldatentugenden" zum Ausdruck. Anfang April 1936 wurde Wunstorf offiziell zur Garnisonsstadt. „Mit klingendem Spiel und unter starker Anteilnahme der Bevölkerung", so die Leine-Zeitung, hielten die Flieger Einzug in Wunstorf. Anfang März 1937 wurde den Fliegern in einer weiteren Feierstunde die Hakenkreuzfahne überreicht. Nur wenige wussten, dass Flugzeugführer, Mechaniker, Bombenwarte und Funker des Fliegerhorstes Wunstorf einen Monat später in einer geheimen Operation aufseiten des Generals Franco in Spanien gegen die gewählte demokratische Regierung eingesetzt würden. Ohne diesen Einsatz wäre der Putsch gescheitert. Nach dem Umbau der Junkers-52-Transporter in schwere Kampfflugzeuge bombardierte das Kampfgeschwader Boelcke als Teil der „Legion Condor“ spanische Städte und Dörfer.

Am 1. September 1939 erfolgte schließlich vom Fliegerhorst Wunstorf aus der erste Einsatz gegen Polen. Gegen 13.25 Uhr wurde der Start für den 750 Kilometer langen Flug freigegeben. Gegen 17.30 Uhr griffen sie gemeinsam mit anderen Geschwadern die Hauptstadt Warschau an. Bereits ab 1941/42 beschränkten sich die Aktivitäten überwiegend auf die Flugausbildung.

Auf dem Fliegerhorst Wunstorf wurden auch Kriegsgefangene und Zwangsarbeiter eingesetzt. Es handelte sich dabei um Polen, Franzosen, Belgier und „Russen“, die handwerkliche und landwirtschaftliche Arbeiten für die Luftwaffe verrichten mussten. Die sowjetischen Kriegsgefangenen waren in einem Lager hinter den Flugzeughallen untergebracht. Mindestens drei von ihnen sind dort im Mai 1942 ums Leben gekommen. Sie sind vermutlich verhungert.

Am 7. April 1945 wurde der Fliegerhorst nach kurzen Kämpfen von den Alliierten besetzt und sofort von der Royal Air Force genutzt. Bis heute wird stolz darauf verwiesen, dass die Briten 1948/49 von Wunstorf aus einen Teil ihrer Hilfsflüge während der „Luftbrücke“ nach Westberlin absolvierten. Im März 1958 wurde der Fliegerhorst Wunstorf der bundesdeutschen Luftwaffe übergeben. Seit Anfang Juni 1958 ist Wunstorf wieder Garnisonsstadt.

Kurzinformation: Guernica und das Geschwader Boelcke

Die berühmt-berüchtigte Legion Condor, die durch Teile des Geschwaders Boelcke aus Wunstorf unterstützt wurde, agierte im Rahmen einer verdeckten Operation mit Einheiten der Deutschen Wehrmacht, die ohne entsprechende Uniformen oder Hoheitszeichen im Spanischen Bürgerkrieg intervenierte. Sie wurde 1936 unter strengster Geheimhaltung aufgestellt, griff in alle bedeutenden Schlachten ein und besaß entscheidenden Anteil am Sieg der Putschisten unter General Franco über Spaniens demokratisch gewählte Regierung. Die Legion Condor errichtete die erste Luftbrücke, führte den ersten massiven Luftkrieg der Geschichte gegen die Zivilbevölkerung eines europäischen Landes und verübte die ersten Verbrechen der Wehrmacht. Bekannt wurde sie insbesondere durch die völkerrechtswidrige Bombardierung und Zerstörung der Stadt Guernica am 26. April 1937, die so zu einem weltweiten Symbol für die Gräueltaten des Krieges wurde. Dieser Einsatz diente der Luftwaffe ebenfalls zur Erprobung neuer Waffensysteme und Einsatztaktiken für den späteren Zweiten Weltkrieg.

Ein entsetzter Zeuge schilderte die Bombardierung später folgendermaßen: „Es war ein wunderbarer [...] Tag, der Himmel war weich und klar. Wir kamen in den Vororten von Guernica gegen 5 Uhr an. In den Straßen war viel Betrieb, es war Markttag. Plötzlich hörten wir die Sirene und wir bekamen Angst. Die Leute liefen in alle Richtungen davon und ließen alles stehen und liegen, um Schutz zu suchen. Manche rannten auch in die Berge. [...] Kurz darauf sah ich sieben Flugzeuge, auf die sechs weitere folgten, dann kamen noch einmal fünf. Alle waren Junkers-Maschinen. Unterdessen war ganz Guernica von einer Panik ergriffen. Mehr als eine Stunde blieben die Maschinen in einer Höhe von wenigen hundert Metern über Guernica und sie warfen Bombe auf Bombe. [...] Gegen 7 Uhr flogen die Maschinen ab und nun kam eine neue Welle, die diesmal in sehr großer Höhe flog. Die zweite Welle warf Brandbomben auf unsere gemarterte Stadt. Das zweite Bombardement dauerte fünfunddreißig Minuten, aber es reichte hin, um den ganzen Ort in einen gewaltigen Feuerofen zu verwandeln. Der Angriff und die Zerstörung der Stadt hielten noch weitere zwei Stunden und fünfundvierzig Minuten an."

Am 6. Juni 1939 nahmen Adolf Hitler und Reichsluftfahrtminister Hermann Göring die Siegesparade der heimkehrenden Truppe ab, die durch das Brandenburger Tor defilierte. Im selben Jahr gab die Legion Condor einen umfassenden Erlebnisbericht heraus, der pünktlich zum Beginn des Zweiten Weltkrieges ein Bestseller wurde. Unzählige Publikationen und Lieder erzählten von nun an von den Heldentaten der Flieger, machten sie zu Idolen und glorifizierten sie für die NS-Propaganda.

Neben Schriftstellern nahmen sich die Maler Oskar Kokoschka und Pablo Picasso des Themas an. Der spanische Maler Pablo Picasso, der vor den Faschisten nach Frankreich geflohen war, erhielt

Zeitgenössische Postkarte der Junkers Ju 52/3m, die in Guernika eingesetzt wurde

den Auftrag, für den spanischen Pavillon der Pariser Weltausstellung 1937 ein Gemälde zu schaffen. Picasso hatte schon mit Vorarbeiten zu einem Gemälde begonnen, als der Luftangriff auf Guernica erfolgte. Unter dem Eindruck der aktuellen Ereignisse änderte er sein Konzept und schuf mit „Guernica“ sein weltbekanntes Antikriegsgemälde.

Generalkommando am Misburger Damm, heute Hans-Böckler-Allee, August 1943 (oben)
Die Feldzeichen der hannoverschen Truppenteile im Fahnensaal des Generalkommandos, November 1938 (unten)

Kurz nach der Machtübernahme wurde mit dem Bau von Kasernen und der Planung von militärischen Dienststellen begonnen. Der versprochene Wohnungsbau musste zurückstehen, weil die Interessen von Wirtschaft und Wehrmacht im Vordergrund standen. Mit der Einführung der allgemeinen Wehrpflicht im März 1935 wurde eine von 36 Divisionen in Hannover stationiert. Um einen Überblick zu erhalten, wer zusätzlich zum Militärdienst einberufen werden konnte, wurde eine „Volkskartei" angelegt. Dafür mussten sich alle Personen zwischen dem 14. und 70. Lebensjahr vom 13. bis 19. August 1939 melden. Zu diesem Zeitpunkt lebten noch ungefähr 2.300 Juden im Stadtgebiet, die für einen schnellen Zugriff gleich mit erfasst werden sollten.

Am „Tag der Wehrmacht" im März 1939 konnten Flakgeschütze und Scheinwerferbatterien von der Bevölkerung besichtigt werden. Tausende Hannoveraner waren auf den Beinen, um an diesem Tag an vielen Standorten das angebotene Programm wahrzunehmen. Großer Andrang herrschte beim Flugtag Langenhagen-Evershorst, wo das Geschwader Boelcke sein Können demonstrierte.

In Hannover existierten wie anderen Orts mehrere Bordelle, in denen Prostituierte mit Einwilligung und unter Aufsicht der Kriminalpolizei und des Gesundheitsamtes tätig waren. Bekannte Wehrmachtsbordelle befanden sich in der Bockstraße (heute Clemensstraße) und der Nordfelderreihe. Eine Notiz vom August 1944 beschreibt die Situation der betroffenen Mädchen und Frauen: „Fräulein Mitteldorf, Inhaberin des Bordells Nordfelderreihe, hat z.Zt. 5 jüngere Mädchen. [...] Fräulein Mittendorf erklärt, die Verhältnisse wären unhaltbar geworden. Vor und in ihrem Hause ständen die Männer oft Schlange. [...] Da gingen sie zu ihnen ins Schlafzimmer, wenn die Kinder auch direkt daneben lägen. Die Männer dieser Frauen ständen meist im Felde. Manche Frauen wären auch schon Witwen. Darüber würde immer wieder bei ihnen im Hause gesprochen, auch von Kameraden. Es kämen zu ihr ins Haus viel Soldaten, Offiziere und Mannschaften, denn das Haus wäre ja von der Wehrmacht frei gegeben worden. [...] Die Mädchen in ihrem Haus hätten durchschnittlich täglich 50 Gäste, sie wären körperlich oft völlig erledigt. [...] Fräulein Mittendorf und die Wirtin versehen auch den Ordnungsdienst. Bei

Alarm werden die Männer entlassen, sie geht mit den Mädchen in den Klagesmarkt-Bunker."

Das **Wehrkreiskommando XI** oder (stellvertretende) **Generalkommando Wehrkreis XI** Hannover wurde 1936 am Misburger Damm (heute Hans-Böckler-Allee) errichtet. Seine Befehlsgewalt erstreckte sich über große Bereiche Nordwestdeutschlands, aber auch bis Magdeburg und Schwerin. Hier liefen zentrale Befehle wie der zur Mobilmachung des Wehrkreises ein. Der „Fall Weiß", wie der Krieg in Polen genannt wurde, sollte laut Hitlers zynischer Erklärung nicht „mehr Menschen opfern als unbedingt notwendig". Letztendlich waren es 10.500 „Gefallene", 3.400 Vermisste, 30.300 Verwundete, die gleich zu Beginn des Zweiten Weltkrieges „geopfert" wurden, darunter viele Hannoveraner.

Nach dem Attentat auf Hitler am 20. Juli 1944 traf hier zwischen 18 und 19 Uhr ein Telegramm ein, das von Generalfeldmarschall von Witzleben unterzeichnet war und nach dem mutmaßlichen Tod Hitlers eine Verhängung des Ausnahmezustandes veranlassen sollte. Eine Stunde später folgte ein Fernschreiben aus Berlin, das dem General der Infanterie Bruno Bieler die vollziehende Gewalt übertrug und ihn aufforderte, den Gauleiter, den Polizeipräsidenten und den Leiter der Staatspolizeileitstelle zu verhaften. Bieler leitete tatsächlich daraufhin erste Maßnahmen ein und telefonierte unwissentlich mit den Verschwörern Oberst Stauffenberg und Generaloberst Beck. Erst beim Telefonat mit Keitel, dem Chef des Oberkommandos der Wehrmacht, wurde er über das fehlgeschlagene Attentat unterrichtet. Das Generalkommando organisierte daraufhin am 21. Juli 1944 eine kurzfristige Treuekundgebung auf dem Welfenplatz mit 30.000 Hannoveranern und einem emphatischen Bekenntnis zu Hitler.

Das Wehrkreiskommando war auch verantwortlich für Kriegsgefangene, die den Militärbehörden unterstanden und in sogenannten Stalags (Stammlagern) interniert waren. Für die Gauhauptstadt Hannover waren die Stalags Fallingbostel, Bergen-Belsen und Oerbke zuständig. Die Verteilung zu Arbeitseinsätzen nahmen das Wehrkreiskommando XI und das Landesarbeitsamt Hannover vor. Im Stadtgebiet wurden Kriegsgefangene aus Polen, der damaligen Sowjetunion, Dänemark, Belgien, Norwegen, Frankreich und den

Einmarsch in die Prinz-Albrecht-Kaserne, Mai 1940

Niederlanden eingesetzt. Im Februar 1944 waren 12.246 Kriegsgefangene (ohne Arbeitskommandos in der Landwirtschaft) in Hannover gemeldet. Sie sollten eigentlich nach den Genfer Konventionen behandelt werden, d.h. nach den Richtlinien des „Internationalen Abkommens über die Behandlung von Kriegsgefangenen" vom Juli 1929. Danach durften Gefangene nicht zu Arbeiten herangezogen werden, die in unmittelbarer Beziehung zu den Kriegshandlungen standen, gefährlich waren oder als disziplinarische Maßnahme vollzogen wurden. Von diesen Bestimmungen waren sowjetische Kriegsgefangene ausgeschlossen, da die Sowjetunion dieses Abkommen nicht unterschrieben hatte, sowie „Italienische Militärinternierte" (IMI), die per NS-Definition als Militärinternierte, nicht als Kriegsgefangene betrachtet wurden.

Grundsätzlich waren Kriegsgefangene der Gewalt und Willkür der Machthaber unterworfen. Sie mussten vom Arbeitgeber durch gesonderte Formulare beim Arbeitsamt angefordert werden und kamen direkt vom Stalag zum Einsatzort. Die Zusammenarbeit zwischen militärischen und zivilen Dienststellen beschleunigte den

Prinz-Albrecht-Kaserne – Vereidigung in Hannover Bothfeld, November 1939

schnellen, „billigen“ und unkomplizierten Einsatz von Kriegsgefangenen im Interesse der Unternehmer. In jedem Stalag wurde daher eine Vermittlungsstelle des Arbeitsamtes eingerichtet, die die Arbeitskräfte erfassen und auf ihre Fähigkeiten für die Wirtschaft prüfen sollte. Zwischen dem Betrieb und dem Kriegsgefangenen existierte kein arbeitsrechtliches Verhältnis, da die Rechtsbeziehung zwischen dem Stalag und dem Arbeitgeber bestand. Allein die Tatsache, dass Kriegsgefangene während der Angriffe auf Hannover keine Bunker aufsuchen durften, führte unter ihnen zu zahlreichen Opfern.

Sowjetische Kriegsgefangene waren der Willkür der Bewacher in besonderer Weise ausgesetzt. Wilhelm Bode, der bei der Maschinenfabrik Niedersachsen Hannover arbeitete, berichtete: „Die MNH stellte Panzer her. Hier waren kriegsgefangene Russen – deren Lager sich neben dem Werk befand –, Franzosen, Holländer und Zivilrussen als Ausländer beschäftigt. Ich sah mehrmals Misshandlungen von russischen Kriegsgefangenen von den Wachmännern der Wehrmacht

Prinz-Albrecht-Ring – Hannover Bothfeld, teilentmilitarisiert, 2009

mit Kolbenschlägen. Selbst einen Erschossenen sah ich vor der Tür liegen. Erschossen wegen Anfertigung eines kleinen Fingerringes."

Die ehemalige **Prinz-Albrecht-, die Artillerie-** und **die Scharnhorst-Kaserne** befinden sich im hannoverschen Stadtteil Bothfeld und wurden in der NS-Zeit errichtet. Die Prinz-Albrecht-Kaserne an der Ecke Kugelfangtrift wurde 1937 fertiggestellt. Am 23. November 1938 fand an diesem Ort die Vereidigung aller hannoverschen Rekruten statt. Zahlreiche Angehörige und Zuschauer hatten sich morgens zu diesem Anlass eingefunden. Inmitten von Geschützen, Maschinengewehren und Gewehrpyramiden nahmen sie Aufstellung. Um 10 Uhr schritt der Kommandeur der 19. Division, General Schwantes, die Front der Truppe ab. Dann gaben ein evangelischer und ein katholischer Geistlicher den Einheiten mit einem Gebet den Segen. Von Trommelwirbeln begleitet wurden die Fahnen der Standarten in die Mitte des Platzes getragen und die Soldaten legten dort ihren Eid auf den „Führer" und obersten Befehlshaber der Wehrmacht ab. Danach wurden die Ehrenzeichen unter Musikbegleitung durch die Eilenriede in die Fahnenhalle des neuen Generalkommandos am Misburger Damm gebracht. Bis zu diesem Zeitpunkt waren sie im Stabsgebäude der 19. Division am Waterlooplatz untergebracht.

Nach dem Krieg gehörte die Kaserne bis 1994 zur Bundeswehr. Nur drei Jahre später legte der damalige Bundesbauminister Klaus Töpfer den Grundstein für die ersten Wohngebäude. Das Areal war ein Vorzeigeprojekt für die zivile Umwandlung von Kasernen. Inzwischen sind Schulen, ein Pflegezentrum, Geschäfte, eine Altenwohnanlage und viele Wohnhäuser dort entstanden.

Die Artillerie-Kaserne in der General-Wever-Straße wurde 1939 fertiggestellt. Hier waren die Flakeinheiten untergebracht, weswegen die Kaserne umgangssprachlich den Namen „Fla-Kaserne" erhielt. Bei einem Luftangriff 1943 wurden die Gebäude jedoch fast vollständig zerstört. Nach Kriegsende wurde das Kasernengelände bis 1959 von Flüchtlingen und Vertriebenen bewohnt. Ab den 1960er

Flakkaserne in der General-Wever-Straße, Bothfeld, Postkartenansicht um 1939

Jahren nutzte die Bundeswehr das Gelände wieder militärisch. Im Juni 1964 erhielt die Kaserne ihren neuen Namen als Freiherr-von-Fritsch-Kaserne. Die letzten Umbauten durch die Bundeswehr auf dem 270.000qm großen Gelände erfolgten 1998. Während der EXPO 2000 dienten die Kasernengebäude Einheiten der Polizei und des Bundesgrenzschutzes als Unterkünfte. Danach wurde dieser Standort aufgegeben.

Die Scharnhorst-Kaserne in der Langenforther Straße in Bothfeld wurde im Juli 1938 eingeweiht. Hier waren Abteilungen des Artillerieregiments 19 untergebracht. Nach dem Krieg wurde die Kaserne bis 1956 von britischen Einheiten genutzt. Heute gehört sie zur Bundeswehr.

Die **Emmich-Kaserne** wurde 1936 als sogenannte „**Kriegsschule**“ erbaut und lag an der Stader Chaussee, heute Vahrenwalder Straße/Kugelfangtrift. Der Name der heutigen Emmich-Cambrai-Kaserne ist aus der Zusammenlegung der Emmich- und der benachbarten Cambrai-Kaserne entstanden. Das Wehrmachtsunter-

Vereidigung auf dem Kasernengelände Hannover-Bothfeld, Artillerie, 1939

Kriegsschule Hannover, um 1939, heute Teil der Emmich-Cambrai-Kaserne

suchungsgefängnis befand sich am Waterlooplatz 16. Von dort wurden die zum Tode Verurteilten zum Gelände der Emmich-Kaserne und auf den Hinrichtungsplatz in Vahrenheide geführt. Am MG-Stand Nummer 8 der dortigen Schießanlage sollen die Erschießungen stattgefunden haben. Nach Zeitzeugenaussagen genügte es, eine Parole gegen das NS-System an die Wand zu malen, um verurteilt und hingerichtet zu werden. Seine letzte Nacht verbrachte der Verurteilte dann im Wehrmachtsuntersuchungsgefängnis am Waterlooplatz. Am folgenden Tag wurde er zum Militärgelände Kugelfangtrift transportiert und dort an einen Pfahl gefesselt. Als geistlicher Beistand waren der Wehrkreispfarrer Laasch oder Superintendent Feilcke aus Limmer vor Ort. Zehn Mann bildeten das Erschießungskommando, und unter dem Ruf „Feuer!" wurde der zum Tode Verurteilte erschossen. Die Gräber der Opfer dieser Verbrechen liegen heute auf dem Friedhof Fössefeld, damals noch Militärfriedhof Limmer. Es gibt meist

Das ehemalige Standortlazarett, heute Henriettenviertel

nur wenige Informationen zu ihrem Schicksal. Insgesamt 43 Soldaten sollen hingerichtet und auf dem Friedhof beigesetzt worden sein.

Unter der Adresse „Hackethalstraße 79“ waren in einem Barackenlager für die Emmich-Kaserne im Zweiten Weltkrieg „Ostarbeiter, Polen und Kriegsgefangene“ zum Arbeitseinsatz angemeldet. In den Holzbaracken des Lagers sollen zudem insgesamt 300 Niederländer, Belgier, Tschechen und Italiener für „Maschinen-, Transport- und Hilfsarbeiten“ eingesetzt worden sein.

In der Nachkriegszeit nahm hier die Heeresoffiziersschule ihren Dienst auf, bis sie 1998 nach Dresden umsiedelte. Seit Juli 2009 werden in der Emmich-Cambrai-Kaserne bis zu 7.000 Soldaten pro Jahr ausgebildet. Der Namensgeber der Kaserne, General Otto von Emmich, ist heute umstritten, da er vermutlich 1914 an Kriegsverbrechen deutscher Truppen in Belgien beteiligt war.

Das seinerzeit größte **Standortlazarett** im Deutschen Reich entstand kurz vor Kriegsbeginn in der Werner-Tischer-Straße, der heutigen Gehägestraße. Bereits in der zweiten Septemberhälfte 1939, kurz nach Ausbruch des Zweiten Weltkrieges, erreichten Hannover aus Polen die ersten Transporte Verwundeter, die den „Heimatschuss" erhalten hatten. Für die Aufnahme von Verletzten und zu deren Wiederherstellung für den Krieg wurden schon zur Mobilmachung umfangreiche Maßnahmen getroffen. 1.250 Betten wurden als Bedarf festgelegt, sodass Reservelazarette im Annastift, in der Bismarckschule, der Lotte-Kestner-Schule, dem Elfriede-Colshorn-Heim in Misburg, der Hindenburg-Jugendherberge, dem Clementinenhaus und der Heil- und Pflegeanstalt Langenhagen errichtet wurden. Für die Zivilbevölkerung standen als Ersatz nunmehr Betten in der Grundschule Haltenhoffstraße, Goetheplatz und der Israelitischen Gartenbauschule in Ahlem zur Verfügung.

Das Standortlazarett wurde nach einem Entwurf des Hamburger Architekten Hermann Distel ausgeführt. Die Lage am Ostrand der Eilenriede mit dem alten Baumbestand war ideal für diesen Zweck. Die Gebäude wurden aus rotem Backstein errichtet, der von Kalkstein umrahmt wurde. Die Bauten öffneten sich nach Norden als Innenhöfe mit Gärten. In den drei Flügeln befanden sich die Verwaltungsräume, die Operationssäle und die Küchen. Die 256 Meter lange Südfront wurde so gestaltet, dass die Sonne auf Veranden schien. „Die für moderne Krankenhäuser charakteristischen Balkonbänder und verschiedenen Höhen der Baugruppen geben eine starke Horizontallagerung und eine gute Proportion zur Landschaft", weiß eine zeitgenössische Zeitung zu berichten. Nur an dieser Seite lagen die Krankenzimmer, weil der Kranke das Gefühl haben sollte, „mit der Natur zusammenzuleben". Zusätzlich gab es eine große Terrasse für Freiluftkuren. Die Einrichtung der Zimmer, in denen bis zu sechs Betten standen, wurde als modern betrachtet.

Der Neubau mit allen Nebengebäuden war eine „gemeinschaftliche Arbeit" des Heeresbauamtes II und des Architekten Distel. In einem zeitgenössischen Zeitungsartikel hieß es weiter: „Die theoretische und künstlerische Planung, die den Forderungen des Führers entspricht, wurde in engem Zusammenwirken mit den übergeordneten Dienststellen durchgeführt.“ Der erste Spatenstich fand am 9. Juni 1938, das Richtfest Ende März 1939 statt. Der Arbeitskräftemangel war bereits zu diesem Zeitpunkt ein wichtiges Thema. Der Richtspruch lautete: „Für Deutschlands Wehr und um der kranken Soldaten Not zu kehren ward das herrliche Bauwerk errichtet.“ Die Veranstaltung fand nach einem „langen Zug aller Teilnehmer, der hinter flotter Marschmusik nach den Zoo-Gaststätten marschierte“, und in einem „fröhlichen Richtschmaus“ ihren Abschluss.

Das ehemalige Standortlazarett wurde bis in die 1990er Jahre als „British Military Hospital“ (BMH) von der British Army of the Rhine (BAOR) genutzt. Nach 2003 sind auf dem Gelände im Zuge umfangreicher Umbaumaßnahmen Wohnungen, Büros und Ateliers entstanden. Auf dem weitläufigen Areal des „Henriettenviertels“ haben sich ferner Initiativen, Organisationen und Unternehmen angesiedelt.

Porträt: Claus Schenk Graf von Stauffenberg

Claus Schenk Graf von Stauffenberg ist bis heute durch das missglückte Attentat auf Hitler am 20. Juli 1944, für das er zum Tode verurteilt und hingerichtet wurde, einer breiten Öffentlichkeit bekannt. Als Offiziersanwärter wurde er 1928 an der Kavallerieschule in Hannover ausgebildet. Hannover galt damals als „Hauptstadt der Reiterei“. Offiziere aus aller Welt waren hier zu Gast und viele Adelige dienten in der Stadt. Die Kavalleristen gehörten zum Stadtbild, bis die Schule Ende der 1930er Jahre nach Krampnitz bei Berlin verlegt wurde. Noch heute erinnern Backsteinbauten um den Vahrenwalder Park an die ehemalige Kavallerieschule.

Von Stauffenberg zog mit seiner Frau Nina und dem gerade geborenen Sohn Berthold Anfang September 1934 nach Hannover, in das Erdgeschoss im Lister Kirchweg 21 (heute Nummer 37). Auf dem Dienstplan von „Stauff“, wie Kameraden ihn nannten, stand vor allem Reiten. Täglich hatte er als „Bereitoffizier“ vier Pferde zu bewegen. Der passionierte Reiter beteiligte sich an Turnieren und nahm vor den Olympischen Spielen am Training der deutschen Reitermannschaft in der Kavallerieschule teil. In der Disziplin Military besiegte er die Reiter jener Mannschaft, die im August 1936 die Goldmedaille in Berlin gewann. Stauffenberg nutzte die Zeit in Hannover überdies, um sich beruflich fortzubilden, daher besuchte er auch die Technische Hochschule.

Als der Bildhauer Frank Mehnert 1936 mit der Arbeit an einem „Pionierstandbild“ für eine Kaserne in Magdeburg begann, diente ihm Stauffenberg als Modell. Der spätere Attentäter wurde auf diesem Weg zum Idealbild des Hitler-Soldaten. Als das Standbild mit Stauffenbergs Zügen 1939 in Magdeburg aufgestellt wurde, lebte er schon nicht mehr in Hannover, da er im Herbst 1936 zur Generalstabsausbildung nach Berlin-Moabit versetzt worden war. Die Militärs, die später das Attentat auf Hitler planten und durchführten, hatten das NS-Regime und die „nationale Revolution“ zunächst begrüßt. Sie unterstützten das Ende der Weimarer Republik und die Zerschlagung der linken Parteien. Motive für das Attentat vom 20. Juli 1944 waren vermutlich die „Rettung“ Deutschlands und die Durchführung jener politischen Ziele, die die Attentäter zuvor mit der NS-Bewegung verbunden hatten, nun aber zunehmend verraten sahen. Sie beklagten zum einen die schlechte Kriegsführung, die drohende vollständige Kapitulation und den Verlust nationaler Souveränität. Zum anderen herrschte aber Empörung über die Verbrechen an der Front und in den Lagern. Viele Informationen zur Beurteilung der Tat bleiben noch immer im Dunkeln, ebenso wie die konkreten politischen Ziele der Gruppe um Stauffenberg.

Porträt: Heinz Brandt

Heinz Brandt war während des Zweiten Weltkrieges Generalstabsoffizier im Oberkommando des Heeres. Claus Schenk Graf von Stauffenberg und Heinz Brandt haben sich sicher gut aus ihrer gemeinsamen Zeit in Hannover gekannt. Vor dem Krieg war Brandt ein erfolgreicher Springreiter und wurde mit der deutschen Mannschaft 1936 Olympiasieger.

Mit 18 Jahren trat Brandt im April 1925 als Fahnenjunker in das Reiter-Regiment der Reichswehr in Hannover ein. Er trieb seine Karriere stetig voran und wurde Anfang Oktober 1930 als Leutnant Bereiter an der Kavallerieschule. Sechs Jahre später wurde er an die Kriegsakademie abkommandiert. Im Oktober 1939 kam er schließlich in den Generalstab des Heeres. Am 13. März 1943 war Brandt einer der Begleiter Adolf Hitlers bei dessen Besuch im Hauptquartier der Heeresgruppe Mitte in Smolensk. Dort arbeiteten die Offiziere Henning von Tresckow und Fabian von Schlabrendorff schon länger an dem Plan, Hitler durch ein Attentat zu töten. Sie fragten Brandt, ob er zwei Flaschen Cointreau, eine angebliche Wettschuld gegenüber einem befreundeten Oberst, mitnehmen könnte. Die Bombe, die in dem Paket steckte, explodierte jedoch nicht. Brandt hatte das Paket im eiskalten Frachtraum deponiert und dort war der Säurezünder eingefroren.

Am 20. Juli 1944 nahm Brandt im Führerhauptquartier Wolfsschanze an der Lagebesprechung teil, in deren Verlauf Oberst Stauffenberg ein weiteres Attentat auf Hitler verübte. Der damals 37-jährige Generalstabsoffizier Brandt schob die Aktentasche mit der Bombe, die Stauffenberg unter dem Tisch deponiert hatte, mit dem Fuß hinter einen Sockel, um einen besseren Blick auf die ausgebreitete Lagekarte zu bekommen. Stauffenberg war zu diesem Zeitpunkt bereits nicht mehr im Raum. Hitler wurde bei der Explosion nur leicht verletzt, Brandt hingegen schwer. Er starb am Tag darauf an den Folgen seiner Verwundung im Lazarett in Rastenburg. Postum wurde Brandt am 22. Juli 1944 zum Generalmajor befördert. Wenn Brandt tatsächlich mit den Attentätern sympathisierte, rettete er durch das Verschieben der Aktentasche Hitler zum zweiten Mal unfreiwillig das Leben.

Als Brandts Vater, Georg Brandt, in seiner Generalsuniform der Kavallerie am 31. Juli 1944 über den Engesohder Friedhof ging, stellten sich ihm Gestapomänner in den Weg. Das geplante Staatsbegräbnis war von einem Tag auf den anderen gestrichen worden, vermutlich, weil die Rolle Heinz Brandts beim Attentat inzwischen unklar war und es auch bis heute bleibt.

Notausstieg des Hauptbahnhoftiefbunkers (oben)
Der Tiefbunker unter dem Hauptbahnhof, 2015 (unten)

Mit seinem gut ausgebauten Schienennetz, der neuen Reichsautobahn sowie dem Kanal und den Hafenanlagen war Hannover ein idealer Knotenpunkt der Nord-Süd- und West-Ost-Verbindungen. Zudem gab es in der Gauhautstadt sehr viele Militäreinrichtungen und Rüstungsbetriebe. Allein aus diesen Gründen wurde Hannover der höchsten Sicherheitskategorie des Reichsluftschutzes unterstellt. „Luftschutz" ist der Sammelbegriff für alle Maßnahmen des NS-Staates zum Schutz vor Luftangriffen. Die aktive Abwehr im militärischen Bereich umfasste die Überwachung und Abschirmung des Luftraumes. Zur passiven Abwehr im zivilen Bereich gehörten Warnungen an die Bevölkerung, der Umbau von Kellern zu „Luftschutzkellern" (LS), der Bau von Luftschutzbunkern und Fluchttunneln durch die Häuser, die Anbringung von Tarnanstrichen sowie der Bau von Scheinanlagen, die Ausstattung mit Löschmitteln und Gasmasken, das Ausheben von Splitterschutzgräben und vieles mehr.

Bereits 1933 kam es zur Gründung des Reichsluftschutzbundes (RLB), der in den folgenden Jahren unter anderem für die Ausbildung der Bevölkerung in Luftschutzmaßnahmen und die Vorbereitung auf den Luftkrieg durch „psychologische Führung" zuständig war. Im Mai 1933 fand eine Besprechung im Rathaus statt, bei der ein Luftschutzbeauftragter für die Schulen ernannt wurde. Luftschutz sollte zukünftig in allen Fächern gelehrt und mit praktischen Übungen kombiniert werden.

Die Luftschutzgesetze von 1935 regelten die Strukturen und Abläufe. Meist waren es die Hausmeister, die für die Beschaffung von Verdunkelungsmaterial für die Fenster, die Auszeichnung der Luftschutzkeller und die Löschmittel verantwortlich waren. Bei den Firmen war der Werksluftschutz für diese Maßnahmen zuständig. Für Haushalte standen Feuerwehräxte, Feuerpatschen und Gasmasken zur Verfügung. Im Herbst 1938 wurden zwischen vielen Häusern Durchbrüche von Keller zu Keller gezogen und die Kellerdecken abgestützt. Wo die Durchbrüche lagen, wurde ein „D" an der Wand aufgebracht. Ein weißes „LSR" kennzeichnete die Luftschutzräume, die in Wohnhäusern oder öffentlichen Einrichtungen vorhanden waren.

In Hannover gab es Ende Februar 1939 erste Überlegungen zur Einrichtung eines Luftschutzraums für 500 Personen unter den Grünanlagen des Opernhauses, der in Friedenszeiten als Kraftfahrzeughalle genutzt werden sollte. Doch erst mit Kriegsbeginn wurden die Planungen ernsthaft betrieben, nachdem bereits Luftschutzkeller in Wohnhäusern eingerichtet worden waren. Jetzt sollten Kellergewölbe in öffentlichen Gebäuden entsprechend ausgebaut werden. Bereits Anfang September 1939 war der Fahrradkeller des Neuen Rathauses als Luftschutzraum für bis zu 250 Personen umgebaut worden.

Am Morgen des 4. September 1939 gab es für viele Hannoveraner unerwartet den ersten „Ernstfall", als feindliche Flugzeuge über der Stadt auftauchten und Flugblätter zur Information an die Bevölkerung abwarfen. Niemand durfte abgeworfene Flugblätter lesen, wer dagegen verstieß, hatte mit schwerer Bestrafung zu rechnen. Der erste Angriff erfolgte dann im Mai 1940. Dabei wurden nur Wohnhäuser getroffen und viele Hannoveraner nutzten den Sonntag, um einen Ausflug nach Misburg zu machen, die Bombentrichter zu bestaunen und Bombensplitter als Souvenirs mit nach Hause zu nehmen. Die ersten Toten gab es bei einem Luftangriff im August 1940. Die Angreifer wurden von der Flak und den Jägern kaum bei ihrem über sechsstündigen Angriff gestört, der letztendlich 101 Menschen das Leben kostete.

Im Rahmen des Sofortprogramms für die „Durchführungen auf dem Gebiete des Luftschutzwesens" sollten ab Herbst 1940 für die 470.000 Einwohner Hannovers 64 Bunker mit einer Kapazität von 40.000 Plätzen entstehen. Es waren sieben Typen vorgesehen: unterirdische Bunker, runde Hochbunker, Bunker der Typenreihe H I bis H III sowie Betonbunker der Baureihen B und C. Die unterirdischen Bunker waren überwiegend für den Citybereich geplant, da hier wenig Raum für andere Bauweisen existierte. Gleichzeitig besaßen sie – wie der **Bunker unter dem Ernst-August-Platz** mit mehreren tausend Plätzen – das größte Fassungsvermögen.

Diese Bunkerprojekte waren sehr aufwendig, sodass in der Rampen- und Blumenauerstraße zwei zusätzliche Bunker in Mischformen gebaut wurden. Der **Bunker in der Rampenstraße** existiert noch

Bunker in der Rampenstraße mit kleiner Erinnerungstafel, 2015

heute, versteckt auf einem Hinterhof. Er ist durch seine ungewöhnliche Form mit einer ober- und unterirdischen Etage baulich gut integriert, daher kaum als ehemaliger Luftschutzbunker erkennbar. Bei einer Panik vor diesem Bunker kamen am 18. Oktober 1944 insgesamt elf Menschen ums Leben und eine größere Anzahl wurde schwer verletzt.

Von den häufigsten Bunkertypen H I und H II gab es im Stadtgebiet 31 Exemplare. Sie hatten einen fast quadratischen Grundriss mit ein bis drei Obergeschossen. Die neun Bunker der zweiten Bauwelle mit den Baureihen B und C besaßen einen einheitlichen rechteckigen Grundriss von ungefähr 20 bis 50 Metern Länge, mehrere Stockwerke und ein Flachdach. Diese Bunker waren für je 2.000 Personen gedacht, mussten aber im Krieg bis zu 10.000 Menschen aufnehmen. Bis zum Sommer 1942 waren 32 Bunker fertiggestellt, weitere elf waren „betonfertig“ und elf befanden sich im Anfangsstadium. Bis zum März 1943 standen dann insgesamt 45 Bunker für 26.000 Personen zur Verfügung. Die Bauarbeiten verzögerten sich, da Arbeitskräfte fehlten und selbst die eingesetzten Zwangsarbeiter sowie Kriegsgefangene die Situation nicht verbesserten. Der letzte Bunker wurde am 14. Februar 1945 in der Wiehbergstraße der Öffentlichkeit übergeben.

Im Juni 1943 erfolgte ein schwerer Angriff durch amerikanische Bomber, der ungefähr eine Stunde andauerte und 273 Menschen das Leben kostete. Die beiden nächsten großen Angriffe gab es Ende September des Jahres. Hierbei wurden viele Menschen getötet und ungefähr 25.000 obdachlos. Besonders schwer war jedoch der Luftangriff vom 9. Oktober 1943, bei dem 594 britische Bomber ganze Bereiche der Stadt in Schutt und Asche legten. Dieses Datum blieb vielen Hannoveranern unvergessen. Die Bilanz dieses Angriffes lautete 1.245 Tote, 447 Schwerverletzte und 250.000 Obdachlose. Die Menschen flohen vor den brennenden Gebäuden, um sich auf freie Plätze oder am Maschsee in Sicherheit zu bringen. Eine Augenzeugin berichtete später, wie Flüchtende an dem weich gewordenen Asphalt festklebten und verbrannten. Die Versorgung der Bevölkerung mit Wasser, Gas und Strom war über Wochen und Monate in einigen Bereichen schwierig bis unmöglich.

Durch den Mangel an Bunkerplätzen stellte sich immer wieder die Frage, wer überhaupt in den Bunkern Schutz suchen durfte. Anfänglich entschied der örtliche Luftschutzleiter von der Dienststelle der NSDAP, wer einen entsprechenden Ausweis erhielt. Mit den zunehmenden Angriffen war dieses System nicht mehr praktikabel. Wenn das Brummen der Flugzeugmotoren ertönte, die „Tannenbäume“ zur Markierung der Abwurfstellen zu sehen und die Abwehr der Flakgeschosse zu hören waren, wusste jeder, dass der Angriff unmittelbar bevorstand. Panik und Hektik verursachten zusätzliches Chaos, manchmal gab es Verletzte oder Tote wie im Oktober 1943 und Juli

1944 vor dem Klagesmarktbunker, zudem waren nicht alle Bunker gleichermaßen sicher. Es wurden daher Maßnahmen zur Evakuierung der Stadt ergriffen, wobei möglichst nur Arbeitskräfte vor Ort bleiben sollten. Zwangsarbeitern war der Zutritt zu den Bunkern verboten. In einer „Luftschutzraum-Ordnung“ vom 18. September 1942 stand: „Kriegsgefangenen, Ostarbeitern und P-Polen ist der Zutritt zu den LS-Bunkern bei Fliegeralarm grundsätzlich untersagt. Den übrigen Ausländern kann die Benutzung nur gewährt werden, wenn der LS-Bunker von der Zivilbevölkerung nicht voll in Anspruch genommen wird und sie von den deutschen Volksgenossen getrennt untergebracht werden können.“

Noch Stunden vor Beginn des Zweiten Weltkrieges waren zahlreiche Züge mit Reservisten über den Hauptbahnhof in den Osten abgefahren. Ein Zeitzeuge erinnert sich an seine Abfahrt in den Krieg: „Als wir nachts zum Hauptbahnhof marschierten, war dort ein wahnsinniger Auflauf. Überall standen SA-Leute in ihren braunen Hemden, klatschten uns zu und schüttelten uns die Hände. Dabei hatten wir nur gedacht, hoffentlich sind wir bald zurück.“ Einen „besonderen“ Auftritt verschaffte sich der NSDAP-Ratsherr Berthold

Eingang zum Bahnhofsbunker, Luftangriff Dezember 1944

Karawane. Er war auf das Standbild von Ernst August geklettert und unübersehbar für die rund tausend Soldaten, die sich vor dem Eingang zum Hauptbahnhof drängelten. Dort rief er etwas vom Vaterland, vom blinden Vertrauen auf den Führer und schrie: „Kameraden, seid ruhig. Bis Weihnachten ist alles vorbei."

Auf den großen Fahrplantafeln waren inzwischen viele Verbindungen mit dem Wort „ungültig" überklebt. Neben der Fahrkartensperre hing jetzt ein aktueller Fahrplan. Der Bahnhofsdienst des Roten Kreuzes wurde auf 60 Freiwillige verstärkt, mit Helfern der NS-Frauenschaft, der Hitlerjugend (HJ) und des Bunds Deutscher Mädel (BDM). Besonders schwierig war die Situation abends bei Verdunkelung, wenn die Reisenden sich mit Streichhölzern, Kerzenstummeln und abgeblendeten Taschenlampen am Hauptbahnhof zurechtfinden mussten. Bei Fliegeralarm erloschen schlagartig die 800 Weichenlampen, die Signale sprangen auf Rot und alle mussten sofort den Zug verlassen, um schnell den Tunnel unter den Gleisen oder den 1936 im Westflügel erbauten Luftschutzbunker aufzusuchen.

Der Bahnhofsbunker unter dem Ernst-August-Platz gehörte zur Deutschen Reichsbahn und war mit einer Fläche von 3.485 qm einer der größten Bunker im Stadtgebiet. Er wurde 1940 fertiggestellt. Während des Zweiten Weltkriegs war der Tiefbunker zunächst ausschließlich für Bahnreisende („Zutritt nur mit gültigem Fahrschein") und Personal gedacht. Dies führte jedoch dazu, dass Anwohner sich Fahrkarten kauften, um bei Luftangriffen den Bunker nutzen zu können. In Hochzeiten war der für eine Aufnahme von höchstens 5.000 Schutzsuchenden ausgelegte Bunker mit bis zu 12.000 Menschen deutlich überbelegt. Die Menschen standen dort dicht gedrängt über mehrere Stunden und hatten kaum Luft zum Atmen.

Der Hauptbahnhof war ebenfalls eine wichtige Durchgangsstation von Zwangsarbeitern und Kriegsgefangenen in die Lager im Stadtgebiet oder der Region. Auf dem Gelände des Hauptbahnhofs starben im Oktober 1944 während der Luftangriffe auch einige Zwangsarbeiter oder Häftlinge aus Ahlem.

Nur wenige Monate nach Kriegsende wurde der Bahnhofsbunker von Flüchtlingen und Wohnungslosen als Unterkunft genutzt. Durch den 1978 erfolgten U-Bahn- und Passerellenbau, seit 2002 Niki-de-

Saint-Phalle-Promenade, besteht der Bunker heute aus zwei Teilen. Wenn der Betrachter hinter der Ernst-August-Statue in Richtung Hauptbahnhof steht, befindet sich rechts derjenige Teil des Bunkers, der noch immer von der Deutschen Bahn genutzt wird. Als 1989 die ersten Eisenbahnzüge aus der damaligen DDR viele hundert Besucher nach Hannover brachten, wurde der Luftschutzbunker kurzfristig als Unterkunft zur Verfügung gestellt. Der Tiefbunker wurde ebenfalls bei der Fußballweltmeisterschaft 2006 als Notbehelf genutzt, als dort mehr als 400 mexikanische Fans übernachteten, die ihren Zug verpasst hatten.

Der **Bunker unter dem Klagesmarkt** wurde 1939 erbaut. Weitere Tiefbunker befanden sich unter der Bergstraße (ehemalige jüdische Synagoge), unter dem Continentalplatz, dem Ernst-August-Platz, dem Ballhof und dem Schützenplatz. Mehrfach spielten sich bei Alarm schreckliche Szenen vor den beiden Eingangsbereichen ab.

Eingang zum ehemaligen Klagesmarktbunker, 2005

Belüftungsschacht zum Klagesmarktbunker, 2005

Durch Drängeleien auf den Treppen, die zu den Bunkertüren hinunterführten, kamen Menschen zu Fall und wurden verletzt oder sogar zu Tode getrampelt. Manchmal sprangen verzweifelte Menschen von oben über die Geländer auf die unten Wartenden. Am 9. Oktober 1943 starben so mindestens zwei Frauen und ein Kind, am 18. Oktober 1943 kamen zwei weitere Frauen ums Leben. In der Nacht zum 15. Juli 1944 starben bei einer erneuten Panik auf den Treppen vor den Eingängen 28 Menschen, darunter sechs Kinder, als über 300 Menschen gleichzeitig in den Bunker wollten, obwohl die Türen geschlossen waren. Durch weitere Massenpaniken starben am 11. September 1944 sechs Menschen, am 18. Oktober 1944 noch einmal 21 Schutzsuchende. Während der langen schweren Angriffe entstand zusätzliches Chaos im Inneren, wenn das Gebäude so überfüllt war, dass kaum noch Sauerstoff vorhanden war oder der Bunker schwankte.

Nur drei Bunker wurden nach dem Krieg vollständig gesprengt, die anderen blieben zunächst, auch aus Kostengründen, für „friedliche Zwecke" erhalten. Die meisten Tiefbunker wurden vorübergehend oder manchmal sogar über Jahre für Wohnzwecke genutzt. Hunderttausende Menschen fanden so in den Bunkern zwischen 1945 und den frühen 1960er Jahren Schutz und eine provisorische Unterkunft. Rechtzeitig zur ersten Exportmesse im August 1947 erhielt der Klagesmarktbunker seine neue Bestimmung als Hotel. Ende der 1950er Jahre geriet das Bunkerhotel als Schauplatz des bundesweit beachteten Kriminalfalls Marchlowitz-Popp in die Schlagzeilen. Die Komplizin des Doppelmörders Gerhard Popp, Inge Marchlowitz, plante, im Bunker Selbstmord zu begehen. Gemeinsam mit

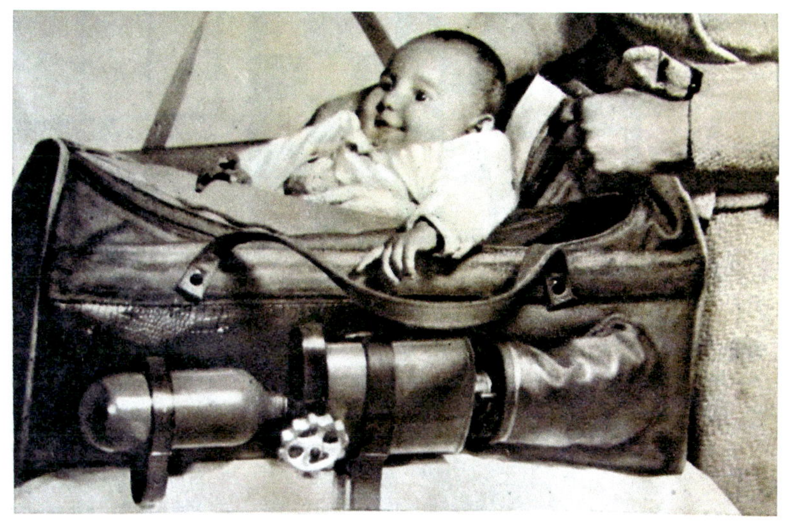

Babytragetasche mit „modischem Schick" für den Gasschutz, Ende 1933

ihrer Freundin mietete sie sich im Klagesmarktbunker in der Kabine mit der Nummer 50 ein. Sie wollten sich mit einem Pflanzenschutzmittel vergiften. In ihrem letzten Gespräch gestand Marchlowitz ihrer Freundin die Morde. Diese arbeitete jedoch mit der Polizei zusammen, die im Nebenzimmer mithörte und Inge Marchlowitz daraufhin verhaftete.

Ende der 1960er Jahre gab es Bemühungen, den Klagesmarktbunker in ein „Kunst-Center" umzuwidmen. Auf Initiative des „Flohmarktdirektors" Reinhard Schamuhn sollten junge Künstler die Räumlichkeiten als Atelier, Studio, Galerie und Kino nutzen können. Im März 1970 eröffnete Schamuhn, der sich inzwischen aus dem Projekt zurückgezogen hatte, unter dem Ballhof das „Popeum". Es besaß eine ähnliche Ausrichtung wie das Kunst-Center, das mit seiner Mischung aus bildender Kunst, Theateraufführungen, Konzerten, Lesungen und Filmvorführungen inzwischen Erfolg hatte. Streitigkeiten der Nutzer untereinander führten indes zum Ende des Kunstbunkers unter dem Klagesmarkt. Schließlich gab es im Dezember

Der Gaubefehlsstand am Schützenplatz, um 1937

1973 Auseinandersetzungen um die Räumung und Entrümpelung des Bunkers, die dann ein Jahr später durchgeführt wurde. Noch in den 1990er Jahren wurde der Tiefbunker immer wieder für Veranstaltungen genutzt, und es gab Anfragen für weitere Projekte. Mitte des Jahres 2012 fiel die Entscheidung für den Abriss und bereits im Mai 2013 begannen die Abrissarbeiten.

Der **Gaubefehlsstand Süd-Hannover-Braunschweig** wurde mit dem Gebäude des Luftschutzbunkers auf dem im Juli 1937 erweiterten Schützenplatz zusammengelegt. Hier fand 1939, kurz vor Kriegsbeginn, das letzte Schützenfest statt. Dabei ging es bereits sehr militaristisch zu. Von der Marktkirche zog der Umzug durch die Altstadt und führte am Neuen Rathaus vorbei. Auf dem Festplatz wurde Traditionspflege mit Propaganda vermischt. Der Festredner, Stadtrat Karl Schlussmann, fand deutliche Worte: „Unser Schützenfest ist entstanden in der Zeit des Nichtstaates, der Führerlosigkeit und der Unordnung, als die Bürgerschaft zur Selbsthilfe greifen musste. So ist

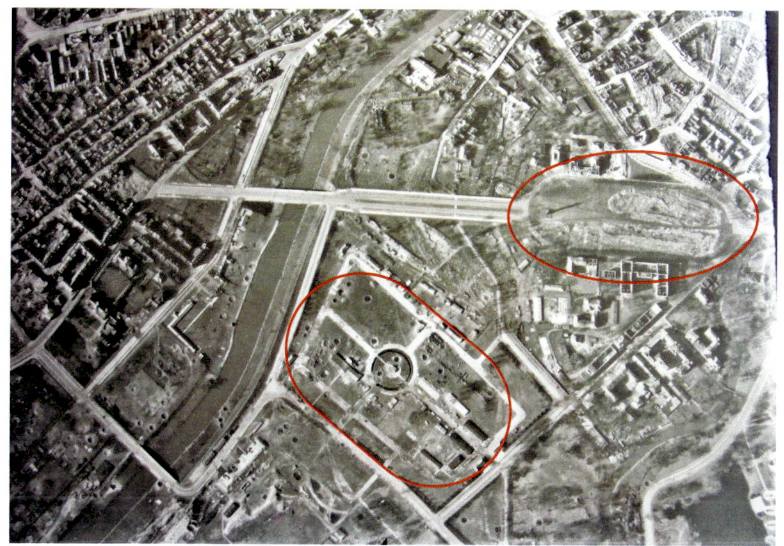

Luftbild vom Waterlooplatz (o.) *und Schützenplatz* (u.) *zum Kriegsende, 1945*

es ein Bekenntnis zum Wehrwillen und zur Wehrhaftigkeit [...]. Mit Begeisterung sind die hannoverschen Schützen unter die Fahnen Adolf Hitlers geströmt.“ Die Hannoveraner feierten, wie sie es gewohnt waren. Die Vorbereitungen zum Krieg waren währenddessen schon in vollem Gange. Im Krieg erhielt der Schützenplatz dann noch eine andere Funktion, denn hier wurden Baracken für Kriegsgefangene des Stadtbauamtes errichtet. Die Gefangenen litten sehr unter dem Ungeziefer in ihren Baracken, das als Überträger von Seuchen sehr problematisch war. Tatsächlich kam es 1944 zum Ausbruch des Fleckfiebers in Hannover. Jedoch hatte die „Entwesung“ hier wie an anderen Orten nur geringen Erfolg.

Während des Krieges wurde der Gaubefehlsstand Süd-Hannover-Braunschweig mehrfach verlegt, bevor er mit der Fertigstellung des Tiefbunkers 1943/44 am Schützenplatz seinen festen Platz erhielt. Er hatte eine Grundfläche von etwa 83 mal 22 Metern. Der Befehlsstand bestand aus 16 Räumen, die in U-Form angeordnet waren. Neben

Zeitgenössisches Foto mit Überlebender aus dem gezeigten Luftschutzkeller, Oktober 1943

dem staatlich-militärisch genutzten Bereich bot der Bunker Platz für etwa 500 Menschen aus der Bevölkerung. Errichtet wurde dieser Bunker für den Gauleiter Lauterbacher, seinen Vertreter und Stab. Später wurde er ebenfalls durch den Polizeipräsidenten, der während des Krieges für die Leitung des zivilen Luftschutzes in Hannover zuständig war, genutzt. In diesem Bunker befand sich ein Drahtfunksender, mit dessen Hilfe die Bewohner der Stadt über unmittelbar bevorstehende Luftangriffe der Alliierten informiert wurden.

Am 6. April 1945 verlegte der Stadtkommandant, Generalmajor Paul Wilhelm Loehning, seinen Dienstsitz vom Friederikenschlösschen in den Gaubefehlsstand, der nach der Flucht des Gauleiters leer stand. Der kommissarische Oberbürgermeister Egon Bönner telefonierte mehrmals mit ihm, um ihn von der Notwendigkeit einer kampflosen Übergabe der Stadt an die Alliierten zu überzeugen. In Hannover herrschte zu diesem Zeitpunkt Chaos und die öffentliche Ordnung war komplett zusammengebrochen. Immer wieder kam es zu Plünderungen der Lebensmittellager, vor allem im Wehrmachtsspeicher am Nordhafen und auf den Frachtschiffen. Am Dienstag, den 10. April 1945, begann die U.S. Army bei dichtem Nebel die Stadt zu besetzen. Im Gaubefehlsstand erfolgte ein letzter Appell, bei dem den Soldaten freigestellt wurde, sich zu ergeben oder sich in Richtung Celle abzusetzen. Am späten Nachmittag verhafteten die Besatzer Bönner nach einer kampflosen Übergabe der Stadt.

Bald nach Ende des Krieges wurde der Befehlsstand gesprengt. Später soll der Haupteingang mit Bauschutt verfüllt und mit einer Sandschicht überzogen worden sein. Heute sind keine Spuren vom Gaubefehlsstand mehr sichtbar.

Die Gethsemane-Kirche in der Hebbelstraße gut getarnt zwischen den Häusern, 2015

Die **Gethsemanekirche** an der Hebbelstraße 16 hat ihre eigene besondere Geschichte. Die 1938 erbaute Kirche ist baulich sehr schlicht, besitzt einen niedrigen Glockenturm und einen Luftschutzkeller. Diese Bauweise ist durch ihre Entstehungsgeschichte in der NS-Zeit bedingt. Sie ist die einzige Kirche dieser Art in Hannover. Die Gemeinde besteht seit 1927. Damals wurde der Pfarrbezirk der St.-Nicolai-Kirchengemeinde in Bothfeld gegründet, doch schon bald wurde mehr Platz benötigt. Gegen alle Widerstände und mit viel Geduld schaffte es die Gemeinde, in der NS-Zeit eine Bewilligung zum Kirchenbau zu erhalten. Das Gebäude wurde von dem Architekten Friedrich Fischer konstruiert. Beim Bau musste die Gethsemanegemeinde zwei Auflagen erfüllen: Im Keller der Kirche sollte ein Raum zum Luftschutzkeller ausgebaut werden, der 200 Menschen Zuflucht bieten musste. Da es in dem Viertel noch Bedarf an Bunkern gab, versuchte sich die Gemeinde so auch die Baugenehmigung zu ermöglichen. Ferner durfte die Kirche bei Luftangriffen nicht erkennbar sein, weshalb sie sehr schlicht und unauffällig gehalten werden musste. Der Landesbischof Marahrens weihte die neue Kirche am 6. Februar 1938 ein. Die späteren schweren Luftangriffe überstand das Gotteshaus fast unbeschadet. Die geringen Schäden wurden beständig durch Bau- und Putztrupps der Gemeinde beseitigt, sodass das Gebäude heute noch Bestand hat.

In diesem Zusammenhang ist die innerkirchliche Opposition gegen deutschchristliche und staatliche Gleichschaltungsbestrebungen seitens der Kirchenpolitik des NS-Regimes zu erwähnen. Dabei verfolgte die NSDAP seit ihrer Gründung auf diesem Gebiet eine Doppelstrategie in ihrem totalitären Anspruch: Ihr Programm erklärte das „positive Christentum“ einerseits zur Volksreligion aller Deutschen, um die Christen zu vereinnahmen, und ordnete es andererseits dem Rassismus und Nationalismus unter. Langfristig strebten Teile der NSDAP eine Auflösung und Ersetzung des Christentums durch das „Neuheidentum“ einer „Reichskirche“ an. Dadurch wurde das kirchliche Leben vieler Gemeinden, die sich nicht der NS-Ideologie unterwerfen wollten, zunehmend durch Schikanen beeinträchtigt.

Als Reaktion auf die Übernahme des staatlichen Arierparagraphen, mit dem getaufte Juden als „Nichtarier“ aus der Evangelischen Kirche ausgeschlossen werden sollten, gründeten einige Berliner Pfarrer, darunter Martin Niemöller und Dietrich Bonhoeffer, im September 1933 den Pfarrernotbund, aus dem 1934 die sogenannte „Bekennende Kirche“ hervorging. Dieser erklärte die Unvereinbarkeit des kirchlichen Arierparagraphen mit dem christlichen Glaubensbekenntnis und organisierte Hilfe für die Betroffenen. Nach anfänglichen Erfolgen wurde die „Bekennende Kirche“, wie sie sich als Gegenspielerin zu den „Deutschen Christen“ nannte, etwa ab 1937 zunehmend verfolgt.

Zu den Gründungsmitgliedern der „Bekennenden Kirche“ zählte der Hannoversche Landesbischof August Marahrens. Er war als national-konservativ bekannt und stand seit 1925 an der Spitze der hannoverschen Landeskirche. Als die deutsch-christliche Kirchenleitung im Mai 1934 die lutherische Landeskirche Hannover in eine gleichgeschaltete Reichskirche eingliedern wollte, trat der Landesbischof dem entgegen. Im November 1934 erfolgte die Errichtung einer vorläufigen Kirchenregierung unter dem Vorsitz Marahrens', wodurch die hannoversche Landeskirche bis 1945 in geistlichen Fragen relativ unabhängig war. Marahrens duldete zwar keine Einmischung in kirchliche Belange, übte aber auch keine offene Kritik an Hitlers Politik. Am 3. September 1939 kam es sogar zu einem Aufruf der evangelischen Kirchenleitung für den Krieg: „Unser deutsches Volk ist aufgerufen, für das Land seiner Väter, für seine Freiheit und für seine Ehre zu den Waffen zu greifen [...] Segne du unsere Wehrmacht auf dem Lande, zu Wasser und in der Luft. [...] Segne und schütze Du unseren Führer, wie Du ihn bisher bewahrt und gesegnet hast, und laß es ihm gelingen, daß er uns einen wahrhaftigen und gerechten Frieden bringt.“ Die Kirchenleitung stellte sich immer wieder hinter diesen Aggressionskrieg, was sich auch in der folgenden moralischen Bewertung zeigt: „Für den Christen gilt das 5. Gebot: Du sollst nicht töten. Im Kriege aber wird gerade das zur Pflicht, was im Frieden mit höchsten Strafen geahndet wird.“ Kritische Äußerungen finden sich zu diesem Zeitpunkt kaum mehr, die Gleichschaltung war faktisch vollendet. So ist es zu erklären, dass am 21. Juli 1944, also einen Tag nach dem fehlgeschlagenen Attentat auf Hitler, folgendes Dankgebet „für die gnädige Errettung des Führers“ gesprochen wurde: „Heiliger barmherziger Gott. Von Grund unseres Herzens danken wir Dir, dass Du unserem Führer bei dem verbrecherischen Anschlag Leben und Gesundheit bewahrt und ihn unserem Volke in einer Stunde höchster Gefahr erhalten hast.“

In Hannover gab es nur wenige Verfolgungsmaßnahmen gegen die „bekennenden“ Geistlichen. Nicht von der Strafverfolgung verschont blieben jedoch jene Geistlichen, die sich offen dem NS-System widersetzten, wie Pastor Bremer (Nazarethkirche), Pastor Pommern (Lukaskirche), Pastor Klose (Marienwerder), Pastor Brinkmann (Markuskirche). Entschiedene Gegner des NS-Regimes waren Probst Heinrich Leupke (Clemenskirche) und Pastor Wilhelm Offenstein (St.-Benno-Gemeinde). Die Landeskirche Hannover wurde in dieser Zeit nicht prinzipiell als Staatsgegner eingestuft, da sie sich sichtbar mit dem NS-Staat arrangierte. Nach dem Krieg wurde Marahrens vorgeworfen, sich zu sehr mit dem NS-Regime eingelassen zu haben, was einer der Gründe für seinen Rücktritt 1947 war.

18 Zentrum der Entscheidung – Neues Rathaus

Das Neue Rathaus mit Gedenkfeier an der „Todesrune", um 1943

Das **Neue Rathaus** in Hannover wurde nach zwölfjähriger Bauzeit am 20. Juni 1913 eingeweiht. Der Gebäudekomplex enthielt Empfangsräume und Bereiche für Aufmärsche, Feiern und Kundgebungen. In der NS-Zeit wurden hier Entscheidungen zur Verfolgungspolitik, sowie die damit in Verbindung stehenden Verbrechen, getroffen. Die neuen Machthaber entfernten nach 1933 unliebsame Bilder, Kunstwerke und Personen. Das Neue Rathaus bot eine ideale Kulisse für die Selbstdarstellung der NS-Propaganda und den Machtanspruch der Partei. Symbolträchtig wurde im März 1933 auf dem Trammplatz die Hakenkreuzfahne gehisst, außerdem gab es Paradeaufstellungen der SA, dabei wurden Reden gehalten und das Horst-Wessel-Lied gesungen. Überall im Gebäude wurde der Geist des NS-Systems gelebt und durch Hakenkreuzfahnen sichtbar gemacht. An Festtagen wurden das Rathaus sowie der Trammplatz geschmückt und für Paraden oder Kundgebungen genutzt. Zur Amtseinführung des SS-Standartenführers Henricus Haltenhoff im November 1937 wurde sogar mit einem Radioempfänger ein neues Medium im Rathaus installiert, sodass Ansprachen erstmalig im Festsaal mitgehört werden konnten. In der Kuppel des Rathauses tat eine Flugwache der Luftwache ihren Dienst, um Bombentreffer melden zu können. Ein Bunker für die städtischen Mitarbeiter des Rathauses befand sich im „Braunen Saal“.

Die Gauhauptstadt Hannover pflegte von 1937 bis 1943 eine besondere Freundschaft mit dem faschistischen Italien. Ende September 1937 legte der italienische Ministerpräsident Benito Mussolini bei einer Bahnfahrt mit Hitler einen kurzen Zwischenstopp in Hannover ein. Als er im Hauptbahnhof aus dem Zugfenster schaute, überreichte ihm eine Delegation einen Geschenkkorb. Darin befanden sich Bahlsen-Kekse, Sprengel-Schokolade, Pelikan-Füller und ein silbernes Pferd als Symbol für ein echtes Tier. Bald darauf reiste Hannovers NS-Oberbürgermeister Henricus Haltenhoff nach Rom, um das Pferd zu übergeben, das angeblich zu Mussolinis Lieblingspferd wurde. Es entstanden Kontakte, die 1938 in eine Städtefreundschaft mit dem oberitalienischen Cremona mündeten. Doch 1943 wurde Mussolini gestürzt. Somit waren Italien und Deutschland plötzlich Kriegsgegner und die Städtefreundschaft wurde hinfällig.

Das Geschenk für Mussolini

Bei seiner Anwesenheit am 27. September d. J. hat die Stadt Hannover dem Duce bekanntlich ein Reitpferd aus der hannoverschen Warmblutzucht zum Geschenk gemacht. Es ist der achtjährige Fuchswallach „Neander", der von dem

„Neander", Züchter Erbhofbauer Dietrich Benke, Sudbruch Kreis Sulingen (siehe Bild im Kreis)

Aufn.: v. d. Ecken, Tiedemann

Ein Pferd als Geschenk an Moussolini, September 1937

Die Bezugsscheinpflicht wurde am 27. August 1939 eingeführt. Sie sollte eine gerechte Verteilung von lebenswichtigen Verbrauchsgütern gewährleisten. Bei der Stadtverwaltung war dafür das neue Wirtschafts- und Ernährungsamt zuständig. Zunächst gab es chaotische Zustände bei der Verteilung, sodass die Ausgabe an die Bürger in der Rathaushalle verlegt wurde. Um die Kinder, deren Mütter zur Abholung der Karten stundenlang anstehen mussten, zu beschäftigen, wurde vor Ort eine Art Kindergarten eingerichtet. Kaum waren die Bestimmungen über die Zuteilungen bekannt geworden, begannen die Hamsterkäufe von noch verfügbaren Nahrungsmitteln. Selbstversorgung und Tausch gehörten über lange Jahre zum Alltag. Von den 28.000 Kraftfahrzeugen im Stadtgebiet durften nur noch 7.000 mit einer entsprechenden Genehmigung fahren. Benzin, Reifen, Lebensmittel, Haushaltswaren, Textilien und Schuhe. Alles wurde nach und nach rationiert.

Ab November 1938 wurde für die Versorgung der Beamten und Angestellten während der Arbeitszeit eine Gemeinschaftsküche im Rathaus eingerichtet. Weitere städtische Gemeinschaftsküchen entstanden im Stadtgebiet. Später, nach den Bombenangriffen, sollten diese auch die Bürger schnell mit Essen versorgen. Nach den schweren Angriffen 1943, als die Innen-, Alt- und Südstadt Hannovers total zerstört waren, gab es für die Bevölkerung Sonderzuteilungen. Obst,

Gemüse und Brot wurde aus den Dörfern in die Stadt gebracht. Da viele Geschäfte zerstört waren, wurden vor und in der Halle des Rathauses Marktstände aufgebaut. Problematisch war die Versorgung mit Wasser, Gas und Strom. Nach schweren Bombenangriffen wurde das Neue Rathaus zeitweise sogar als Notlazarett genutzt. Jetzt drängten sich in der Halle sowie den Gängen Verletzte und Ausgebombte, auch Sterbende und Tote lagen dort.

Die Todesrune als Ehrung für die Gefallenen und Opfer des Luftkrieges, März 1943

Zur Erinnerung an die im Krieg gefallenen Bürger weihten die Nationalsozialisten am 21. März 1943 auf dem Trammplatz eine besondere Gedenkstätte ein. Es war eine weithin sichtbare, mehrere Meter hohe „Todesrune“ mit der Inschrift „Ewig bleibt der Toten Tatenruhm“. Dieses Ehrenmal sollte die am Leineschloss errichtete Gedenkstätte für die Toten des Ersten Weltkriegs ergänzen. Neben den ohnehin schon zahlreichen Ehrungen von Gefallenen und Aufmärschen stellte die Hitlerjugend jeden Sonntag eine Ehrenwache auf und legte die Blumenkränze der Stadtverwaltung nieder. Diese „Heldenfeiern“ sollten den Durchhaltewillen stärken und wurden entsprechend propagandistisch geplant und durchgeführt. In der schwer zerstörten Stadt hielt Propagandaminister Joseph Goebbels im November 1943 eine Rede, in der er den „unbeirrbaren Siegeswillen“ beschwor. Zehntausende Zuschauer versammelten sich dafür auf dem Trammplatz vor dem Neuen Rathaus. Die sichtbaren Schäden am Gebäude waren zuvor mit Fahnen zugehängt worden.

Für die Räumung der Schäden im Neuen Rathaus wurden ab 1944 „Italienische Militärinternierte“ eingesetzt. Sie durften während der Arbeitszeit und unter Bewachung die Duschräume nutzen. Im Oktober 1943 wurden 28 Zwangsarbeiterinnen im „Lager Oberbürgermeister Abt. Gemeinschaftsküche“ im Neuen Rathaus untergebracht. Später folgten weitere Zwangsarbeiterinnen, sodass schließlich 42 „Küchenmädchen“ bis zum Kriegsende dort angemeldet waren. Die Ukrainerin Polina Nikonowna beschreibt ihre Arbeit für die Gemeinschaftsküche: „Aus der Norddeutschen Gummiwaren-Fabrik wurden wir zur Arbeit in die Küche, die sich gegenüber dem Rathaus befand, gefahren. Ich weiß nicht, wer der Besitzer der Küche war und

Lebensmittelkarten- und Bezugsscheinausgabe im Neuen Rathaus, 1939

für wen wir das Essen kochten. Dort wohnten nur wir Ukrainer. Es wurde wenig gekocht, und in der Küche gab es nur wenige Gefäße. Nach der Arbeit wurden wir in das Rathaus geschickt, um dort bei der Reinigung zu helfen. Jede von uns unterstützte eine alte deutsche Frau. Dafür gab man uns zusätzlich 200 bis 300 Gramm Brot. Die phosphoreszierenden Ketten strahlten Licht im Dunkeln ab. Wir waren die einzigen unter den Zwangsarbeitern, die sich vor den Bombenangriffen im Keller des Rathauses schützen durften, und die Deutschen, mit denen wir im Keller zusammen gewesen sind, waren die Bewohner, die gegenüber dem Rathaus wohnten. Nach einem Bombenangriff wurden wir in die Küche eines Krankenhauses gefahren. Dort wohnten wir zwei Wochen im Keller. Danach wurde im Gebäude des Rathauses eine neue Küche gebaut und wir wurden dorthin gefahren. Hier im Gebäude der Küche gab es im ersten Stock

Luftwacht auf der Rathauskuppel des Neuen Rathauses, 1944

„Wir werden von nun an Deutschland in immer grösserem Maßstab mit Bomben belegen, Monat auf Monat, Jahr auf Jahr, bis das Naziregime entweder von uns ausgerottet ist, oder — besser noch — bis ihm das deutsche Volk selbst den Garaus macht.“

CHURCHILL : 14 : VII : 1941

Am 30. Mai 1942

Der erste Angriff mit über

1000 Bombern

Der zweite folgte am 1. Juni

Nach diesem Angriff erklärte Churchill

„Diese beiden grossen Nachtangriffe kennzeichnen den Beginn einer neuen Phase der britischen Luftoffensive gegen Deutschland. Und diese Offensive wird bedeutend an Wucht zunehmen, wenn erst — wie das bald der Fall sein wird — die amerikanische Luftwaffe an den Angriffen teilnimmt.

„Deutsche Städte, Häfen und kriegswichtige Industriegebiete werden einer so schweren Prüfung unterworfen werden, wie sie noch kein Land, weder an Dauer, Wucht oder Ausmass erfahren hat.“

G. 33

Flugblatt der Alliierten an die deutsche Bevölkerung

zwei Zimmer, die mit Etagenbetten möbliert waren. In einem Zimmer wohnten acht Personen. Die Personen aus Weißrussland wurden im anderen Zimmer untergebracht.“

Ende 1943 wandte sich Stadtbaurat Elkart, der auch für den Arbeitseinsatz von KZ-Häftlingen und Zwangsarbeitern zuständig war, an Reichsminister Speer mit dem Anliegen, das stark zerstörte Hannover in die Liste der bombengeschädigten Städte zum Wiederaufbau aufzunehmen. Speer gehörte passenderweise seit diesem Jahr ohnehin als Berater zum „Arbeitsstab für den Wiederaufbau bombenzerstörter Städte“. Mit der Genehmigung nahm Elkart seine eigenen Pläne zur Neugestaltung auf. In einer Ratssitzung vom März 1944 erklärte er, dass er durchgehende Verkehrsverbindungen und städtebauliche Höhepunkte schaffen wolle. Der neue Generalbebauungsplan zum Wiederaufbau lag im März 1945, kurz vor dem Einmarsch der Alliierten, vor. Der Plan beinhaltete im Wesentlichen einen gegliederten, aufgelockerten Stadtraum mit weiträumigen Baublöcken und großzügigen Grünverbindungen zwischen der südlichen und nördlichen Leineau. Die innenstadtnahen Bereiche wie Südstadt, Nordstadt, Oststadt, List und Linden sollten von 80 bis 100 Meter breiten Grünanlagen durchzogen werden. Der Architekturprofessor Gerhard Graubner wollte die inzwischen stark zerstörte Stadt dagegen komplett so belassen und Hannover bei Erichshof in einem Bereich zwischen Benther und Gehrdener Berg neu aufbauen. Alle Gleis- und Straßenanlagen sollten unterirdisch liegen. Die oberirdischen Flächen waren für Fußgänger und Radfahrer gedacht. Der von der Gauleitung unterstützte Vorschlag traf aber im Januar 1944 nicht bei jedem auf Gegenliebe. Elkart beendete diese Diskussion mit dem Argument, dass die vorhandene städtische Infrastruktur, die günstige Verkehrslage und die historische Tradition nicht ignoriert werden dürften.

Das Gebäude des Neuen Rathauses sollte noch am Kriegsende gesprengt werden, um den Alliierten die vorhandene Infrastruktur zu entziehen. Doch Hausmeister Plenge konnte dies durch sein Eingreifen „in letzter Sekunde“ verhindern. Das Neue Rathaus empfing die Alliierten schließlich am 10. April 1945 als Zeichen der Kapitulation mit einer weißen Fahne.

19 Terror und Mord – Lister Turm

Der Lister Turm, 2015

Der politische Terror spielte schon Jahre vor der nationalsozialistischen „Machtergreifung“ eine große Rolle. Gezielte Übergriffe auf NS-Gegner erzeugten ein Klima von Angst und Verunsicherung in der Bevölkerung. Die beiden Wahlkämpfe zu den Reichstagswahlen im Juli 1932 und März 1933 wurden in Hannover zu Höhepunkten des politischen Terrors. Bereits im Juli 1932 kam es dabei zu einem Todesfall, als der Arbeiter Heinrich Bleßmann an einer Schussverletzung starb. Die „Vereinslokale“ der SA in den verschiedenen Stadtteilen bildeten den Ausgangspunkt vieler nächtlicher Überfälle und Schlägereien.

Im letzten Wahlkampf vor der Etablierung der Diktatur kam es wiederholt zu heftigen Auseinandersetzungen zwischen SA-Trupps und SPD-Mitgliedern in Hannover. Der bekannteste Fall ereignete sich im Februar 1933. Nachdem ca. 80 bis 100 SA-Männer zunächst Teilnehmer einer Wahlveranstaltung der SPD in einer Gaststätte in Bothfeld zusammengeschlagen hatten, gingen die SA-Männer zu einer weiteren Versammlung im **Lister Turm**. Hier wurde ihnen der Eintritt verweigert. Als die „Reichsbannermänner“, eine Schutzformation zur Abwehr von Übergriffen durch die Nationalsozialisten, eintrafen, eröffneten die SA-Männer das Feuer. 19 Männer der „Reichsbannermänner“ wurden zum Teil schwer verletzt. Die Polizei traf erst nach dem Rückzug der SA ein. Die beschossenen Reichsbannermänner waren unbewaffnet. Der 23-jährige Heizer Wilhelm Heese und der 43-jährige Dreher Willi Großkopf erlagen ihren Schussverletzungen in den Rücken. Ihre Beisetzung am 25. Februar 1933 war eine der letzten großen Demonstrationen gegen den Nationalsozialismus in Hannover. Ein langer Beerdigungszug von 2.000 Menschen zog vom „Volksheim“ in der Nikolaistraße 10 zum Seelhorster Friedhof. Aus Protest gegen die Morde kam es zudem vereinzelt zu Streikmaßnahmen. Heute erinnern die Großkopf- und die Heesestraße an diese historischen Ereignisse in Hannover.

Auch andere politische Organisationen kämpften im Vorfeld der endgültigen Machtergreifung gegen die NSDAP. So kam es am 19. Februar 1933 zu einer Massenkundgebung von ungefähr 45.000 Menschen auf dem Klagesmarkt, zu der die Eiserne Front aufgerufen hatte. Das Motto lautete: „Hannover bleibt rot“. Die zuvor am Vor-

Lister Turm, Mai 1902 (oben)
Lister Turm mit Absperrungen während eines Eilenriederennens, um 1950 (unten)

mittag von SA, SS und Hitlerjugend abgehaltenen Kundgebungen im Arbeiterviertel Linden waren eine bewusste Provokation. Öffentliche Wahlveranstaltungen der Kommunistischen Partei Deutschlands (KPD) durften zu diesem Zeitpunkt nicht mehr abgehalten werden. Die Geschäftsräume der KPD „Am Klagesmarkt 21“ waren bereits durch ein Bombenanschlag zerstört worden. Die einen Tag nach dem Reichstagsbrand des 27. Februar 1933 erlassene Notverordnung „zur Abwehr kommunistischer staatsgefährdender Gewaltakte“ setzte Grundrechte wie freie Meinungsäußerung, Pressefreiheit sowie Vereins- und Versammlungsfreiheit außer Kraft. Bis zum 1. März 1933 wurden 140 KPD-Funktionäre verhaftet.

Der politische Widerstand war jedoch nicht beendet, wie die „Sozialistische Front“ (SF) bewies, die zunächst noch unter Werner Blumenberg aktiv war. Die mitgliederstärksten Abteilungen befanden sich in Hannover-Linden. Insbesondere durch Schriften und Flugblätter versuchte die Gruppe Einfluss auf die öffentliche Meinung zu nehmen. Durch einen eingeschleusten Spitzel der Gestapo flog die Gruppe jedoch auf. Bis zum Jahresende 1936 wurden mindestens 420 Verhaftungen vorgenommen. Einige Mitglieder, wie Franz Nause, verloren während der Haft ihr Leben.

Porträt: Orli Wald

Orli (eigentlich Aurelia) Wald wurde im Juli 1914 als sechstes Kind der Familie Torgau im französischen Bourell geboren. Schon früh lernte sie Not, Arbeitslosigkeit und Unrecht kennen. Sie wurde politisch aktiv und beteiligte sich während der NS-Zeit am Widerstand. Doch ihre Gruppe wurde entdeckt und vor Gericht gestellt. Als Mitglied des illegalen Kommunistischen Jugendverbandes wurde sie 1936 verhaftet. Mit gerade 22 Jahren erhielt Orli Wald wegen „Vorbereitung eines hochverräterischen Unternehmens“ eine Strafe von vier Jahren und sechs Monaten Zuchthaus. Ihre gesamte Haftstrafe verbüßte sie im Zuchthaus Ziegenhain bei Kassel. Ihr damaliger Ehemann, Fritz Reichert, ließ sich 1939 während ihrer Haft scheiden. Am Ende der Haftzeit wurde sie nicht in die Freiheit entlassen, sondern in das Frauenkonzentrationslager Ravensbrück überstellt. Im März 1942 kam sie mit dem ersten Frauentransport von Ravensbrück nach

Auschwitz, wo sie die Häftlingsnummer 502 erhielt und im Häftlingskrankenhaus arbeiten musste. Die Zeit vom Herbst 1942 bis zum Kriegsende verbrachte sie im KZ-Nebenlager Birkenau. Den Posten der Lagerältesten erhielt sie im Jahr 1943. Dadurch war Orli Wald für die Häftlingsverwaltung verantwortlich und unterstand direkt dem Lagerführer. Sie rettete durch ihren Einfluss mehrere Mitgefangene vor dem sicheren Tod in der Gaskammer und gehörte der deutschen Widerstandsgruppe im KZ Auschwitz an.

Im Häftlingskrankenhaus wurde sie aufgrund des selbstlosen Einsatzes für ihre Mitgefangenen von den Leidensgenossinnen „Engel von Auschwitz" genannt. Mit Wagemut und List versuchte sie den inhaftierten Frauen zu helfen, indem sie ihnen heimlich etwas Essbares gab oder ihnen durch vorgetäuschte Krankheiten eine kleine Ruhezeit im Krankenhaus ermöglichte. Aber nicht immer hatte sie Erfolg. Die nach dem Krieg geschriebene Erzählung „Das Taschentuch" schildert, wie sie ein kleines blindes Mädchen nicht vor der Ermordung schützen konnte, was sie sich ihr gesamtes Leben vorhielt. In der Nachkriegszeit berichtete Orli Wald auch, wie Neugeborene mit Phenolspritzen getötet und die Mütter in die Gaskammern geschickt wurden. Sie musste viel Grausames mitansehen und konnte doch nur wenig für die gefangenen Frauen tun, worunter sie sehr litt.

Ihre letzte Haftstation war ein Nebenlager des Konzentrationslagers Ravensbrück. Dorthin war sie im Januar 1945 von der SS auf einem der „Todesmärsche" aufgrund einer Evakuierung des Lagers geschickt worden. Dort gelang ihr im April 1945 die Flucht. Jedoch geriet sie in die Hände sowjetischer Soldaten, die sie vergewaltigten. Die Überlebende von mehr als acht Jahren Haft kam nach ihrer Befreiung Ende 1945 als Tuberkulosekranke in das Sanatorium Sülzhayn. Hier lernte sie Eduard Wald kennen, mit dem sie nach der Heirat 1947 nach Hannover zog. Er selbst hatte ein ähnliches Schicksal wie sie. Orli Wald konnte die Erlebnisse in der Haftzeit nicht verarbeiten. Es folgten Operationen, Krankenhaus- und Sanatorienaufenthalte. Sie verbrachte längere Zeit in einer psychiatrischen Anstalt in Ilten bei Hannover, wo sie am 1. Januar 1962 verstarb.

Die Straße vor dem Engesohder Friedhof wurde 2007 in Orli-Wald-Allee umbenannt. In Hannover-Wettbergen gibt es bereits seit 1984 eine kleine Sackgasse, den Reicherthof, der ihr ebenfalls gewidmet ist. Diese Benennung knüpft allerdings an ihre erste gescheiterte Ehe an, obwohl sie sich mit ihrem späteren Familiennamen Wald identifizierte

Porträt: Kurt Schumacher

Kurt Schumacher wurde im Oktober 1895 in Culm/Westpreußen geboren und starb am 20. August 1952 in Bonn. Er war zunächst Redakteur einer SPD-Parteizeitung und dann Landtags- und Reichstagsabgeordneter. Seine Forderungen trug Schumacher mit leidenschaftlicher Radikalität vor. Im Ersten Weltkrieg verlor er seinen rechten Arm, sein linkes Bein erlitt in der KZ-Haft so schwere Schäden, dass es im September 1948 amputiert werden musste. Bereits in den 1930er Jahren war er wegen seiner politischen Arbeit als Mitglied des Deutschen Reichstages vom NS-Staat verfolgt und inhaftiert worden. Er war unter anderem im Konzentrationslager Dachau, das im März 1933 für männliche Häftlinge errichtet worden war. Die NS-Zeit verbrachte er zu großen Teilen in Haft.

Häftlingsfotos von Kurt Schumacher aus dem KZ Dachau, 1936

1943 wurde er schwer krank entlassen und in Hannover festgesetzt, wo seine Schwester lebte. Er arbeitete in dieser Zeit bei den Sichelwerken in Limmer in der Verwaltung. Diese Firma hatte während des Krieges ungefähr 500 Zwangsarbeiter im Einsatz. Auslöser, für eine letzte reichsweite Verhaftungswelle von politischen Gegnern des NS-Systems, war das Attentat auf Hitler am 20. Juli 1944. Die Verhaftungen im Rahmen der sogenannten „Aktion Gewitter" erfolgten am 22. und 23. August 1944. Ungefähr 100 Bürger, überwiegend Mitglieder der damaligen SPD, KPD und der Deutschen Zentrumspartei, wurden von der Gestapodienststelle in Ahlem verhaftet und in das KZ Neuengamme überführt. Kurt Schumacher war einer von ihnen. Nach heftigen Protesten aus der Bevölkerung kamen viele dieser politischen Häftlinge einen Monat später wieder frei. Für die über Ahlem deportierte Häftlingsgruppe lassen sich insgesamt fünf Personen nachweisen, die im KZ Neuengamme verstarben oder verschollen sind.

Nach Kriegsende begann Schumacher in Hannover sofort mit dem Wiederaufbau der SPD, deren Fraktionsvorsitzender im Deutschen Bundestag er 1949 wurde. Er hielt intensiven Kontakt zu den politischen Kräften vor Ort und startete in Hannover wieder seine politische Karriere. Da das Gewerkschaftshaus durch Bomben zerstört war, wurde ein entsprechendes Büro in der Jacobsstraße 10 in Linden eingerichtet, das bis zum Mai 1946 bestehen blieb. Der SPD-Bundestagsabgeordnete Erwin Schoettle war Anfang Oktober 1945 gemeinsam mit Erich Ollenhauer und Fritz Heine aus dem englischen Exil nach Deutschland zurückgekehrt: „Unsere erste Berührung war der Besuch in der Jacobsstraße in Hannover im Büro Schumacher, wie damals die Organisationszentrale der sozialdemokratischen Partei sich nennen musste, weil die Besatzungsmacht einen anderen Namen nicht erlaubte. Dort sahen wir Kurt Schumacher zum ersten Mal nach 12 Jahren wieder. [...] Anderntags, am 5. Oktober 1945, fuhren wir nach Kloster Wennigsen. Dort versammelten sich in einem nicht gerade schönen, aber doch unzerstörten Wirtshaussaal die sozialdemokratischen Delegierten. Es war zunächst ein einziges großes Wiedersehensfest von Überlebenden aus der großen Katastrophe des 3. Reiches. Die ersten Fäden zu den alten Wirkungsstätten in der Partei wurden geknüpft, Erinnerungen ausgetauscht, Fragen nach anderen alten Freunden, nach den Angehörigen, nach dem Verbleib dieses oder jenes braven Mitstreiters aus der Zeit vor 1933 gestellt und beantwortet. Und so schloss sich über alle Verbote und Gebote der Besatzung hinweg um die Teilnehmer dieser ersten Konferenz das Band einer gemeinsamen Gesinnung, die unzerstörbare Grundlage der neuen Parteiorganisation."

Schumacher war nach den Aussagen seines Umfeldes ein sehr streitbarer Mensch, der seine Ideen für den Wiederaufbau der SPD in der Nachkriegszeit unbedingt verwirklicht sehen wollte. Er wurde zu einem wichtigen Vorbild durch seinen Widerstand in der NS-Zeit, sein gesellschaftliches Engagement und seine politische Arbeit. Er starb 1952 mit nur 56 Jahren. Aus dieser Zeit stammt folgende Feststellung von ihm: „Nur ein Deutschland, getragen von einem staatsbürgerlichen Bewusstsein und sozialer Gerechtigkeit, kann erfolgreich in der Abwehr totalitärer Tendenzen sein." Eine Straße, einige Brücken, Schulen und politische Einrichtungen wurden in Hannover inzwischen nach ihm benannt.

20 Verfolgung der Gewerkschaften

Das Gewerkschaftshaus, 2015 (oben)
SA-Überfall auf das Gewerkschaftshaus, Anfang 1933 (unten)

Der gesamte Gebäudekomplex um das „**Partei- und Gewerkschaftshaus**" in der Goseriede 4 ist bis 1910 erbaut worden. Es war der politisch-kulturelle Mittelpunkt insbesondere des sozialdemokratisch orientierten Teils der Arbeiterbewegung. Übergriffe durch SA und HJ gab es bereits in den frühen 1930er Jahren. Daraufhin wurde eine sogenannte „Hammermannschaft" im Haus aufgestellt, die bei Alarm die Eingänge bewachte, und es gab eine „Bereitschaft" direkt im Haus. Im Zuge der NS-Machtergreifung begann auch die Verfolgung der hannoverschen Gewerkschafter. Da SPD und Gewerkschaften formal noch bestanden und trotz des Terrors die alte Organisation vorhanden war, blieben ihre Wirkungsstätten den Nationalsozialisten ein Dorn im Auge. Zu diesen Stätten gehörte das hannoversche Gewerkschaftshaus. Es beherbergte die Redaktion der Zeitschrift „Volkswillen", das Büro der SPD und einiges mehr. Einen guten Vorwand für die polizeiliche Durchsuchung des Hauses bot der „Reichstagsbrand" in Berlin. Im Gewerkschaftshaus, für die Nationalsozialisten das „Standortquartier des organisierten Verbrechergesindels", konnten am 29. Februar 1933 die Wahlkampfunterlagen und weiteres „belastendes" Material beschlagnahmt werden. Eine Verhaftungswelle rollte jetzt über die Sozialdemokraten hinweg, die erste hatte einen Monat zuvor ausschließlich Kommunisten gegolten.

Am Vormittag des 1. April 1933, dem Tag des reichsweiten „Boykotts jüdischer Geschäfte", wurde das Gebäude von einer SS-Standarte gestürmt, die anwesenden Gewerkschafter und Angestellten durchsucht und zusammengeschlagen. An diesem Tag wurden 25 Personen verhaftet, später traf es im Rahmen der systematischen Verfolgung viele weitere, die gefoltert und zum Teil in Konzentrationslagern ermordet wurden. Die Zerschlagung der Gewerkschaften erfolgte Anfang Mai 1933. An ihre Stelle trat die NS-Organisation der Deutschen Arbeitsfront als Einheitsverband von Arbeitnehmern und Arbeitgebern.

Die Sozialistische Front (SF) war eine sozialdemokratische Widerstandsorganisation, die zwischen 1934 und 1936 überwiegend von Linden aus aktiv war. Sie gilt heute als eine der größten und bedeutendsten Widerstandsgruppen der Vorkriegszeit. Werner Blumenberg, der Gründer und Leiter der Sozialistischen Front, wurde im

Dezember 1900 als Sohn eines Pastors geboren. Er studierte Philosophie und Theologie. 1920 wurde er Mitglied der SPD, dann Mitarbeiter und später Redakteur der hannoverschen Ausgabe des sozialdemokratischen „Volkswillen". Bereits 1920 wurde Werner Blumenberg von der Partei beauftragt, die SPD auf die Illegalität vorzubereiten. Dazu baute er später gemeinsam mit Franz Nause ein entsprechendes Netzwerk auf. Der Werner-Blumenberg-Weg und die Franz-Nause-Straße erinnern heute an die Widerständler.

Die Haupttätigkeit der SF war die Herausgabe der „Sozialistischen Blätter", in denen kritische Artikel zur NS-Diktatur veröffentlicht wurden. Immer wieder kam es zur Verhaftung von Mitgliedern der Gruppe, die aber ihre Arbeit fortsetzen konnte. Der August 1936 war jedoch das Ende dieser Untergrundorganisation. Die Gestapo hatte trotz aller Vorsichtsmaßnahmen der Widerständler begonnen, das Leser- und Verteilernetz der Organisation durch einen Spitzel aufzurollen. Einige Mitglieder konnten gerade noch rechtzeitig fliehen. Bis zum Jahresende wurden mehrere hundert Verdächtige verhaftet und verhört. Insgesamt sind zwischen 300 und 400 Verhaftungen und 230 Prozesse zu Mitgliedern unter dem Vorwurf des „Hochverrats" bekannt, wobei mehrere Widerständler ihr Leben verloren.

In der Nacht des 18. August 1936 geriet Heinz Wille als Mitglied der SF in die Hände der Gestapo. Der arbeitslose Verkäufer war erst 29 Jahre alt. Er wurde sofort in das Gefängnis in der Schlägerstraße transportiert. Später berichtete er: „In den nun folgenden Verhören erwies sich [der Gestapomann] Kling, der ein äußerst starker und beleibter Mann war, als eine Bestie von entsetzlicher Brutalität. Schon beim ersten Verhör in der Nacht der Verhaftung schlug er mich, nachdem ich seine Frage, ob ich den [Werner] Blumenberg und die [Frieda] Vahrenhorst kenne, verneinte, mit aller Macht derartig in das Gesicht, dass mir das Blut aus Mund und Nase lief. Dann wurde ich auf den Flur gedrängt, an der Krawatte gefasst, die man mir derart abwürgte, dass ich kaum Luft bekam und rot anlief, über das Treppengeländer gebeugt und abermals nach den beiden Geflohenen befragt. Als ich die gewünschte Auskunft nicht gab, warf man mich tatsächlich kurzerhand die Treppe hinunter." Heinz Wille überlebte fünf Jahre Zuchthaus und im Anschluss vier weitere Jahre das Konzentrationslager Sachsenhausen.

Porträt: Otto Brenner

Otto Brenner kam im November 1907 in Hannover als drittes von vier Kindern auf die Welt. Seine Eltern waren erst kurz vor seiner Geburt von Halle an der Saale nach Hannover gezogen, weil sein Vater hoffte, hier Arbeit zu finden. Die wirtschaftliche Situation stabilisierte sich jedoch trotz der Berufstätigkeit beider Eltern nicht. Als der Vater 1914 zum Kriegsdienst im Ersten Weltkrieg eingezogen wurde, war die Familie in Hannover auf sich gestellt.

Otto Brenners politisches Interesse zeigte sich bereits mit 13 Jahren, als er 1920 der Arbeiterjugend, später Sozialistische Arbeiterjugend (SAJ) genannt, beitrat. Nach der Beendigung der Volksschule nahm er 1921 eine Stelle als Hilfsarbeiter in einem Lebensmittelgeschäft an. Nach Konflikten um seine politische Arbeit in der Gewerkschaft wurde er entlassen und arbeitete in einer Kesselfabrik. Die Folgen der schlechten Ernährung während der Kriegszeit und die harte körperliche Arbeit führten 1923 zu seiner Tuberkuloseerkrankung. Schließlich fand er 1925 bei der Firma Hanomag eine Gelegenheitsarbeit und später einen Ausbildungsplatz zum Betriebselektriker. Brenner engagierte sich immer stärker bei der SAJ und wurde dort Funktionär. Er beteiligte sich 1928 erfolgreich am Ruhreisenstreik. In diesem Arbeitskampf mit der längsten Aussperrung während der Weimarer Republik lernte er die Verantwortung und die Macht der Gewerkschaften kennen. Durch den Börsenkrach 1929 verloren viele Menschen ihre Arbeit, so auch Otto Brenner. Er forderte ein Ende der Tolerierungspolitik gegenüber der NSDAP und verließ bereits Anfang der 1930er Jahre enttäuscht die SPD, in die er 1926 eingetreten war. Mit anderen Parteilinken schloss er sich daraufhin der neu gegründeten Sozialistischen Arbeiterpartei Deutschlands (SAPD) an.

Auch die SAPD wurde im Laufe der Machtergreifung verboten, aber Otto Brenner arbeitete im Untergrund weiter an Erhalt und Organisation der Partei. Am 30. August 1933 wurde er in der Wohnung seiner Schwiegermutter, in der Schlägerstraße 26, in Untersuchungshaft genommen. Er verbrachte weitere eineinhalb Haftjahre in Ungewissheit, bis Anfang Mai 1935 offiziell Anklage gegen ihn erhoben wurde. Seine Strafe fiel mit zwei Jahren Haft im Juni 1935 gering aus. Die Untersuchungshaft wurde angerechnet, sodass er nach zwei weiteren Monaten zu seiner Frau nach Hannover-Buchholz ziehen konnte. Bis zum Ende des Zweiten Weltkrieges stand er unter Polizeiaufsicht und wurde mehrmals für kurze Zeit verhaftet. Nach dem Attentat auf Hitler am 20. Juli 1944 wurde er erneut festgenommen, aber sein Arbeitgeber konnte ihn aus der Haft herausholen.

Während des Krieges arbeitete Otto Brenner als Elektromonteur auf verschiedenen Baustellen wie dem Stollen in Ahlem, wo KZ-Häftlinge zum Ausbau eingesetzt waren. Die alten, nicht mehr genutzten Stollen wurden als „Ahlem I, II und III" bezeichnet und später mit der Tarnbezeichnung „Döbel" versehen. Die Ausbauarbeit in den feuchtkalten Stollen war besonders für die KZ-Häftlinge gefährlich. In ihrem geschwächten Zustand waren sie ohne Schutz bei der Arbeit zusätzlich den Grausamkeiten der Kapos (Funktionshäftlinge der SS) ausgesetzt. Bei der Arbeit und im Lager starben während der kurzen Zeit des Bestehens des KZ Ahlem mehrere hundert Häftlinge an Hunger, Krankheit, Unterkühlung und der alltäglichen Folter der Kapos. In diesen Stollen waren auch deutsche Arbeiter wie Otto Brenner, der dort ab Anfang Dezember 1944 tätig war, eingesetzt. Am 11. und 15. Januar 1945 schrieb er an seine Familie in Moringen: „Wenn ich bloß nicht immer sehr müde wäre. Komme ich des Abends nach Hause und habe Feuer angemacht, dann fallen mir, sobald ich mich hinsetze, regelrecht die Augen zu. Ich führe die Müdigkeit auf den Sauerstoffmangel im Schacht zurück. [...] Ich bin zur Zeit in einer melancholischen Verfassung. Die Arbeitsstelle [im Schacht von Ahlem] ist für mich eine zu starke moralische Belastung. Hinzu kommt noch, dass ich stark erkältet bin." Die Versorgung im Kriegsalltag wurde immer schwieriger. Noch im März musste Otto Brenner jeden Tag in den Stollen nach Ahlem gehen, um dort Elektroleitungen zu verlegen. Am 18. März 1945 berichtet er in einem Brief: „Am Sonnabend Mittag bzw. Nachmittag hatten wir schon wieder einen Angriff. Diesmal haben sie uns in Ahlem einen Teppich direkt auf die Stollen gelegt. Wir dachten, alles krachte ein. Aber es hat gehalten. Über Tage sah es traurig aus. Außer Ahlem hat Linden, besonders rechts von der Limmerstraße viel abbekommen."

Kurz nach Kriegsende trat Otto Brenner in die SPD ein, welche die SAPD eingliedert hatte. Er hoffte zu diesem Zeitpunkt, dass mit dem Scheitern des Nationalsozialismus das kapitalistische Wirtschaftssystem einer sozialistischen Gesellschaft weichen würde, was sich schnell als Irrtum erwies. Aber Otto Brenner wurde im Februar 1947, gegen den Widerstand des Hauptvorstandes, zum ersten Bezirksleiter der neuen Industriegewerkschaft Metall gewählt. Von 1951 bis 1954 gehörte er dem Niedersächsischen Landtag an, wo er Vorsitzender des Ausschusses für Sozialangelegenheiten war. Danach zog sich Brenner von seinen parteipolitischen Aktivitäten zugunsten seiner gewerkschaftlichen Arbeit zurück. Bereits damals erkannte er die Bedeutung der europäischen Integration und wirkte im Wirtschafts- und Sozialausschuss der Europäischen Gemeinschaft mit. Bald war die IG Metall die größte demokratische Einzelgewerkschaft der Welt. Im April 1972 starb Otto Brenner mit nur 64 Jahren an den Folgen einer Herz-Kreislauf-Erkrankung. Eine Straße und einige öffentliche Einrichtungen in Hannover tragen heute seinen Namen.

21 Verfolgung der Juden

Das Gelände der ehemaligen Synagoge, 2015 (oben)
und die Synagoge auf einer alten Postkarte (unten)

Mit der Machtübernahme 1933 wurde der Antisemitismus zur offiziellen Politik der NS-Regierung. Neben den politischen Gegnern wurden Juden unmittelbar zur Zielscheibe von Gewalt und Terror. Bereits ab Anfang April 1933 gab es durch SA und SS gesteuerte Aktionen, bei denen jüdische Verkaufsstellen geplündert oder Schaufenster eingeschlagen wurden. Mitte September 1935 wurden auf dem Nürnberger Parteitag das „Gesetz zum Schutze des deutschen Blutes und der deutschen Ehre“ sowie das „Reichsbürgergesetz“ erlassen. Eheschließungen und Geschlechtsverkehr zwischen Juden und „Ariern“ waren seither verboten. Dieser Rassismus ging einher mit Enteignungen, Entlassungen, Berufsverboten, der Auferlegung von Sondersteuern, Zwangsarbeit und Rationierungen von Lebensmitteln. Parallel dazu lief der staatliche Erfassungsprozess in reichsweiten Karteien. Das „Reichsbürgergesetz“ definierte den „deutschblütigen Reichsbürger“, der mit allen politischen Rechten im NS-Staat versehen war. Juden waren von nun an nur noch „Staatsangehörige“ und gehörten nicht mehr zur „Volksgemeinschaft“. Laut Volkszählung von 1936 war ungefähr ein Prozent der hannoverschen Bevölkerung jüdischen Glaubens.

Ab 1938 verschärfte sich die Situation weiter. Im April 1938 mussten Juden ihr gesamtes Vermögen anmelden. Dafür wurden entsprechende Verzeichnisse angelegt. Juden wurden immer weiter aus der deutschen Gesellschaft ausgegrenzt und verfolgt. All diese Maßnahmen bereiteten den Boden für die Pogromnacht am 9. November 1938. Es kam in dieser sogenannten „Reichskristallnacht“ zur Plünderung und Zerstörung jüdischer Geschäfte und Synagogen. Als Vorwand diente die Ermordung des deutschen Botschaftsangehörigen Ernst E. vom Rath in Paris durch den in Hannover geborenen Herschel Grynszpan. Seine jüdisch-polnische Familie war kurz zuvor aus Hannover im Rahmen der sogenannten „Polenaktion“ zwangsausgewiesen worden und hatte ihn über ihre schreckliche Lage informiert.

Schon in den 1930er Jahren waren immer wieder Anschläge auf die **Neue Synagoge**, die dort im 19. Jahrhundert entstand, verübt worden. Die Exzesse in der Pogromnacht im November 1938 wurden in Hannover von der SS gesteuert. Feuerwehr und Schutzpolizei

Trümmer der Synagoge nach dem Brand, 1938

hielten sich während des Brandes der Synagoge im Hintergrund und es kamen viele Schaulustige. In der Stadt wurden 94 jüdische Geschäfte und 27 Häuser oder Wohnungen demoliert. Die Kuppel der Synagoge wurde bereits am nächsten Morgen von der Technischen Nothilfe gesprengt, da angeblich Einsturzgefahr bestand. Der hannoverschen Synagogengemeinde wurden die Kosten in Höhe von 26.000 Reichsmark in Rechnung gestellt. Insgesamt wurden 334 Juden verhaftet. Am Morgen des 11. November 1938 mussten 275 dieser jüdischen Häftlinge unter Polizeibewachung zum Hauptbahnhof marschieren, von wo aus sie in Waggons zum Konzentrationslager Buchenwald transportiert wurden.

An der Stelle der Synagoge entstand um 1940 ein Tiefbunker, der nach dem Krieg als „Jugendbunker" für „männliche Jugendliche" zwischen 14 und 18 Jahren genutzt wurde. Allein 1946 wurden hier 5.000 Jugendliche untergebracht, die durch den Krieg ihre Eltern verloren hatten und hier eine erste vom Jugendamt betreute Unterkunft fanden. Später wurde dieser Bereich in eine Tiefgarage umgewandelt, die noch heute genutzt wird.

Blick in die zerstörte Synagoge, 1938

Die Judenverfolgung wurde nun immer härter vorangetrieben. Juden mussten ab 1939 die Zwangsvornamen „Sara“ und „Israel“ annehmen. Ihre überlebenswichtigen Einkaufsmöglichkeiten wurden außerhalb der sonst gültigen Geschäftszeiten gelegt, zugleich waren ihre Ausgangszeiten eng begrenzt. Die Benutzung von Straßenbahnen, Omnibussen, Telefonen, das Betreten von Krankenhäusern, der Kauf von Zeitungen und Büchern waren verboten, die Lebensmittelzuteilungen wurden mehrfach gesenkt. Zur öffentlichen Brandmarkung mussten sie ab September 1941 sichtbar den „Judenstern“ tragen. Bereits im März des Jahres mussten sich alle 15- bis 65-jährigen Juden zur Zwangsarbeit melden, nachdem viele schon Jahre zuvor zum „Arbeitseinsatz“ herangezogen worden waren.

Zur endgültigen Ghettoisierung der Juden im Vorfeld der Deportationen führte in Hannover die „Aktion Lauterbacher“, benannt nach dem Verantwortlichen und Leiter des Gaues Süd-Hannover-Braunschweig, Hartmann Lauterbacher. Anfang September 1941 mussten weit über 1.000 Juden innerhalb kurzer Zeit ihre Wohnungen verlassen und in festgelegte „Judenhäuser“ ziehen. Sie durften nur wenig von ihrem Besitz mitnehmen, der Rest fiel an die Stadtverwaltung sowie die Finanzämter. Als „Judenhäuser“ ausgewählt wurden Standorte, die in jüdischem Privatbesitz waren, sowie Zentren der jüdischen Gemeinde und Wohlfahrtseinrichtungen. Die Verhältnisse in diesen Zwangsquartieren waren unmenschlich. Frauen, Kinder und Männer wurden auf engstem Raum zusammengepfercht. Dennoch versuchten sie sich in dieser Situation einen Rest von Privatsphäre und Menschlichkeit zu erhalten. Aber besonders in den innerstädtischen „Judenhäusern“ waren nächtliche Drangsalierungen durch Razzien, verbunden mit Prügelorgien und Vergewaltigungen, üblich. Die hannoverschen „Judenhäuser“ befanden sich unter folgenden Adressen:

Bergstraße 8: In den Betsaal der 1827 eingeweihten „Alten Synagoge“ wurden Anfang September 1941 etwa 100 Personen eingewiesen. Ein Jahr später wurde das inzwischen leerstehende Gebäude vorübergehend von Verwaltungseinrichtungen der Hitlerjugend genutzt. Die Alte Synagoge wurde Anfang Oktober 1943 bei einem Luftangriff zerstört.

Brabeckstraße 86: Das Anfang der 1930er Jahre erbaute jüdische Altersheim der Minna-James-Heineman-Stiftung diente nur kurz, von September bis Anfang Dezember 1941, als „Judenhaus“. Das Gebäude wurde bis Kriegsende als Hilfskrankenhaus genutzt.

Ellernstraße 16: Die zwei Gebäude des jüdischen Krankenhauses und Altenheims dienten ab September 1941 als „Judenhaus“, aber schon im Juli 1942 wurden sie restlos geräumt.

Auf dem Emmerberge 31: Das Gebäude wurde ursprünglich von einer jüdischen Stiftung als Waisenhaus und dann als Altersheim genutzt. Im März 1942 musste das Haus von den jüdischen Bewohnern geräumt werden. Bis zu seiner vermutlichen Zerstörung Ende 1943 wurde es von der Dienststelle der Gausportführung als „Haus des Sports“ genutzt.

Herschelstraße 31: Das große jüdische Privatwohnhaus war vom September 1941 bis zu seiner Zerstörung Ende Oktober 1943 ein „Judenhaus“.

Lützowstraße 3: Im Mai 1935 nahm hier die von der jüdischen Gemeinde gegründete Volksschule ihren Unterricht auf. Im September 1941 musste der Schulunterricht eingestellt werden. Von September bis Dezember 1941 existierte hier ein „Judenhaus“, das bereits ab Februar 1942 leer stand und bei einem Luftangriff 1943 zerstört wurde.

Ohestraße Vorderhaus (Nr. 8) und Quergebäude (Nr. 9): Beide Gebäude nutzte die Synagogengemeinde Hannover für Einrichtungen der Wohlfahrtspflege. Im Quergebäude befand sich ein französisches Kriegsgefangenenkommando mit den entsprechenden Wachposten im Vorderhaus, wo auch Zwangsarbeiter untergebracht waren. Anfang September 1941 wurde dieses Gebäude zum „Judenhaus“, aber bereits im Juli 1942 wurde es restlos geräumt. Nach dem Krieg wurden hier ehemalige polnische KZ-Häftlinge untergebracht.

An der Strangriede 55: Unter dieser Adresse entstand 1863/64 nach dem Entwurf von Edwin Oppler eine Predigthalle, später ein Leichenhaus mit zwei Nebengebäuden. Die Friedhofsanlage war bis zur Einweihung des neuen jüdischen Friedhofs in Bothfeld Anfang der 1920er Jahre in Betrieb. Auf dem Gelände des jüdischen Friedhofs, eingepfercht in die Alte Predigthalle und den Bodenraum eines der beiden Nebengebäude, mussten ab September 1941 mehr als 100 jüdische Männer, Frauen und Kinder leben. Bis zum Kriegsende scheinen weiterhin vereinzelt Juden hierher eingewiesen worden zu sein.

Wunstorfer Straße 16A: Das Haus befand sich in jüdischem Privatbesitz. Es soll nach Zeitzeugenaussagen ab Anfang September 1941 ein „Judenhaus“ gewesen sein.

Dieterichsstraße 28: Bis März 1942 wurde die Mehrzahl der jüdischen Hausbewohner deportiert, die übrigen kamen in andere „Judenhäuser“.

Josephstraße 22 (heute Otto-Brenner-Straße): Dieses Haus wurde in den Nachkriegsprozessen immer wieder als Ort schwerster Misshandlungen durch die Gestapomitarbeiter Hans Bremer, Friedrich Wilhelm Nonne und Christian Heinrichsmeier benannt. Im März 1942 lebten hier bereits keine Juden mehr.

Knochenhauerstraße 61: Das um 1620 entstandene und nur sechs Meter breite Gebäude mit einer Grundfläche von 70qm war das älteste der hannoverschen „Judenhäuser“. Insgesamt 53 Menschen wurden hier im September 1941 eingewiesen und später von hier aus deportiert.

Körnerstraße 24: Anfang September 1941 kamen mindestens 80 Menschen in dieses jüdische Privathaus. Sie wurden im Dezember des Jahres deportiert.

Scholvinstraße 12: Von diesem jüdischen Privathaus am Steintor ist lediglich bekannt, dass von hier aus hannoversche Juden deportiert wurden.

Wunstorfer Landstraße 1 (heute Heisterbergallee 10/Gedenkstätte Ahlem): Das Grundstück der Israelitischen Gartenbauschule Ahlem wurde, beginnend mit der ersten Deportation Mitte Dezember 1941, zur zentralen Sammelstelle für Juden. Eines der Gebäude auf dem Gelände wird im Februar 1942 in zeitgenössischen Dokumenten als Judenhaus bezeichnet. Ein Gestapomitarbeiter berichtete nach dem Krieg bei Verhören, dass es zwei jüdische V-Männer gab, die mit ihnen zusammenarbeiteten. Auf dem Gelände in Ahlem war zudem die Reichsvereinigung der Juden untergebracht. Die Reichsvereinigung stand seit September 1939 unter der Kontrolle des Reichssicherheitshauptamtes und der Gestapo. Alle Personen, die nach den Nürnberger Gesetzen als Juden galten, wurden zwangsweise in die Reichsvereinigung eingegliedert und mussten Pflichtbeiträge entrichten. In den Jahren 1939 bis 1941 versuchten die Funktionäre der Reichsvereinigung, möglichst vielen Juden bei ihrer Flucht aus Deutschland zu helfen. Im folgenden Zeitabschnitt bis zu ihrer schrittweisen Auflösung 1943 bestand die Hauptaufgabe darin, die Zurückgebliebenen zu versorgen. Nach dem Beginn des Zweiten Weltkriegs wurden der Reichsvereinigung häufig die Bekanntgabe, Organisation und Durchführung von antijüdischen Verordnungen auferlegt. Im März 1941 wurde die Reichsvereinigung vom Reichssicherheitshauptamt zum Beispiel angewiesen, alle „jüdischen Wohnungen in arischen Häusern“ aufzulisten. Danach folgten Kündigungen und Einweisungen in die „Judenhäuser“. Wenig später musste die Reichsvereinigung eine statistische Zusammenstellung über Juden in europäischen Staaten abliefern, die bei der Vorbereitung der Wannseekonferenz benötigt wurde. Im Januar 1942 wurde dann auf der sogenannten „Wannseekonferenz“ die Organisation der „Endlösung der Judenfrage“ beschlossen. Elf Millionen Juden sollten ermordet werden.

Bereits am 15. Dezember 1941 verließ der erste große Transport mit 1.001 Menschen Hannover in Richtung Riga. Zwischen Dezember 1941 und Februar 1945 kamen ungefähr 2.400 Juden aus Hannover, der Region und dem südlichen Niedersachsen in acht Transporten in die Ghettos von Riga und Warschau und in die Konzentrationslager Theresienstadt und Auschwitz.

Hannah Arendt übte nach dem Krieg heftige Kritik an der Rolle der jüdischen Führer bei der „Zerstörung ihres Volkes". Sie hätten für Ruhe und Ordnung im Vernichtungsprozess gesorgt. Ein Ehrengericht der Jüdischen Gemeinde Berlin kam 1947 ebenfalls zu der Bewertung, dass die Tätigkeit der Reichsvereinigung sich „letztlich zum Schaden" für die Deportierten ausgewirkt hätte.

Porträt: Hannah Arendt

(Jo)Hannah Arendt wurde am 14. Oktober 1906 in der Stadt Linden (heute ein Stadtteil von Hannover) „Am Lindener Markt" geboren und verstarb im Dezember 1975 in New York. Als sie ungefähr drei Jahre alt war, kehrten ihre Eltern von Linden nach Königsberg zurück, von wo sie ursprünglich nach Linden gekommen waren. Hannah Arendt gründete noch während ihrer Schulzeit einen philo-

Hannah-Arendt-Graffiti im Hinterhof ihres Geburtshauses Am Lindener Marktplatz 2

sophischen Kreis. Ab 1924 studierte sie an verschiedenen Universitäten, bis sie 1928 mit einer Arbeit zum „Liebesbegriff bei Augustin" promovierte.

Bereits zu diesem Zeitpunkt dachte sie an Emigration und wurde erstmals politisch aktiv. Ihr erster Ehemann, der Schriftsteller Günther Anders, flüchtete im März 1933 zunächst allein nach Paris. Hannah Arendt blieb im Land und war für die „Zionistische Vereinigung Deutschland" tätig, um die beginnende Judenverfolgung zu dokumentieren. Sie vertrat die Auffassung, dass das NS-Regime aktiv bekämpft werden müsse. Einige ihrer Freunde wie der bekannte Philosoph Martin Heidegger wandten sich jedoch dem NS-Regime zu, worauf sie den Kontakt abbrach. Sie war davon überzeugt, dass es sich um bewusste Willensentscheidungen handelte, für die der Einzelne verantwortlich war.

Im Juli 1933 wurde sie für acht Tage von der Gestapo verhaftet und flüchtete anschließend nach Frankreich, wo sie im Herbst des Jahres ankam. In Paris setzte sie ihre politische Arbeit fort und verhalf jüdischen Jugendlichen zur Emigration nach Palästina. Ihre Ehe wurde 1937 geschieden und die deutsche Staatsbürgerschaft wurde ihr aberkannt. 1940 heiratete sie Heinrich Blücher, einen ehemaligen Kommunisten, den sie schon länger kannte. Anfang Mai 1940 wiesen die französischen Behörden über die Presse große Teile der deutschstämmigen Ausländer an, sich zum Abtransport zu melden. Bald darauf wurde sie vier Wochen lang im südfranzösischen Lager Gurs interniert, weil sie als „feindliche Ausländerin" galt. Nach etwa einem Monat gelang ihr mit wenigen anderen die Flucht. Die folgende Zeit verbrachte sie in Montauban, bis sie schließlich Papiere für ihre Ausreise in die USA besorgen konnte. Im Mai 1941 erreichten Hannah Arendt, ihr Ehemann und ihre Mutter New York.

Sehr bekannt wurde sie in der Öffentlichkeit, als sie 1961 als Berichterstatterin der Zeitschrift „The New Yorker" am Prozess gegen Adolf Eichmann in Jerusalem teilnahm. 1963 erschien ihr bekanntestes und bis heute heftig umstrittenes Buch „Eichmann in Jerusalem" mit dem Untertitel „Ein Bericht von der Banalität des Bösen". Der israelische Geheimdienst hatte Adolf Eichmann, der während der NS-Zeit als Leiter des „Eichmannreferates" im Reichssicherheitshauptamt (RSHA) für die Vertreibung, Deportation und Ermordung der Juden maßgeblich mit verantwortlich war, 1960 in Argentinien gefasst und nach Jerusalem entführt. Der Hannah-Arendt-Platz und -Weg erinnert heute an die gebürtige Lindenerin.

Porträt: Herschel (Hermann) Feibel Grynszpan (Grünspan)

Herschel Grynszpan wurde im März 1921 in Hannover als Sohn jüdischer Eltern mit polnischer Staatsangehörigkeit geboren. Der letzte bekannte Wohnort der Familie war die Burgstraße 36 in der Altstadt, im heutigen Bereich des Historischen Museums. Grynszpan emigrierte als Vierzehnjähriger 1935 aus Deutschland nach Belgien und Frankreich, weil er als Jude in Deutschland keine Zukunft sah. Anfang November 1938 erfuhr er in Paris durch eine Postkarte aus Polen, dass seine Eltern mit seinen Geschwistern von den deutschen Behörden unter menschenunwürdigen Umständen nach Zbaszyn zwangsdeportiert worden waren. Insgesamt waren reichsweit mehrere tausend Juden polnischer Herkunft von dieser Abschiebung im Rahmen der „Polenaktion" betroffen.

Am Morgen des 7. November 1938 kaufte er einen Revolver, fuhr zur Deutschen Botschaft in Paris und schoss den deutschen Diplomaten Ernst E. vom Rath nieder, der zwei Tage später starb. Grynszpan wurde sofort gefasst und kam für 17 Monate in Untersuchungshaft. Die genauen Gründe der Tat liegen im Unklaren, aber es liegt nahe, dass er seine Familie rächen wollte. Er selbst sagte jedoch aus, dass er eine homosexuelle Beziehung zu vom Rath hatte, wie Goebbels in seinem Tagebuch schrieb. Der Propagandaminister wertete dies als geschickten „Schachzug" Grynszpans, da somit auf den eigentlich geplanten Schauprozess verzichtet wurde. Dieses Attentat diente den NS-Machthabern jedoch als Vorwand für die Reichspogromnacht. In der Nacht vom 9. auf den 10. November 1938 brannten viele Synagogen. Bis 1940 war Grynszpan in Frankreich in verschiedenen Gefängnissen inhaftiert, bevor er an Deutschland ausgeliefert wurde. Es ist bekannt, dass er im KZ Sachsenhausen und im Gefängnis Berlin-Moabit war. Wann, wie und wo er letztendlich während seiner Haft starb, ist ungeklärt. Seine Eltern versuchten nach dem Krieg vergeblich, sein Schicksal aufzuklären.

22 Verfolgung der Sinti

Das Lager der Sinti (Mitte) im Altwarmbüchener Moor mit der Tankstelle an der Reichsautobahn (l) und dem Scheinflughafen (r), 1945

Das Reichsbürgergesetz und das „Gesetz zum Schutze des deutschen Blutes und der deutschen Ehre“, beide aus dem Jahre 1935, führten für die Sinti zum Verlust der deutschen Staatsbürgerschaft und zum Verbot der Eheschließung mit den „Ariern“. Es waren genau wie bei den Juden rassische Gründe, die der Verfolgung der Sinti zugrunde lagen. Dafür wurde 1936 die „Rassenhygienische Forschungsstelle“ (RHF) unter der Leitung des Kinder- und Nervenarztes Dr. Robert Ritter und seiner Assistentin Eva Justin geschaffen. In enger Zusammenarbeit mit der Polizei begutachteten sie überwiegend sogenannte „Zigeuner“. Sie lieferten die Grundlage für Zwangssterilisationen, Verfolgung sowie Ermordungen der Sinti und Roma. An einer zentralen Erfassung arbeitete ab diesem Zeitpunkt die „Reichszentrale zur Bekämpfung des Zigeunerunwesens“, eine Abteilung des Reichskriminalamtes. Eine dieser „Zigeunerpolizei-Leitstellen“ befand sich in Hannover im Polizeipräsidium in der Hardenbergstraße.

Im Stadtarchiv Hannover war zudem bereits 1934 eine „Städtische Beratungsstelle für Sippenforschung und verwandte Gebiete“ errichtet worden, eine der ersten derartigen Institutionen im Deutschen Reich. „Zigeuner“, „Mischlinge“ und „Erbkranke“ gerieten zunehmend in das Visier des Anfang April 1935 errichteten Städtischen Gesundheitsamtes mit der Abteilung III (Erb- und Rassenpflege) unter dem Leiter Dr. med. Rudolf Wilsch. Zu dessen Aufgabenbereichen gehörten die Durchführung von Zwangssterilisationen, „erbbiologischen Überprüfungen“ und die Begutachtung von „Mischlingen“, die einen deutschen Partner heiraten wollten. Ab 1936 wurde eine Kartei mit „erbbiologischen“ Daten aufgebaut, die zwei Jahre später 65.000 Personen erfasste. Sie sollte ein „lückenloses Nachschlagewerk“ für den Bereich des Gesundheitsstabs werden.

Um jederzeit den direkten Zugriff auf die Sinti ausüben zu können, gab der Reichsführer der SS und Chef der Deutschen Polizei, Heinrich Himmler, im Oktober 1939 den „Festschreibungserlass“ heraus, der es den Sinti verbot, ihren Wohnort zu verlassen, und der gleichzeitig die Einrichtung von Sammellagern anordnete.

In der Weimarer Republik hatte es in Hannover mehrere Stellplätze für Sinti gegeben. Der Platz in Hainholz an der Schulenburger

Landstraße wurde wegen seiner Größe „Zigeunerdorf" genannt. Ein Teil der Sinti wohnte in der Stadt, meist in der Altstadt und in der Calenberger Neustadt wie etwa in der Bock-, der Bäcker- sowie der Bergstraße.

Im Jahr 1938 wurde im **Altwarmbüchener Moor** ein Sammellager im Moorwaldweg errichtet, in das Sinti eingewiesen wurden. Dieses Lager wurde in der Nacht zum 1. März 1943 von Polizisten umstellt und fast vollständig geräumt. Die Familien wurden mit ihren Kindern auf Lastwagen getrieben und zum Bahnhof Fischerhof gebracht, von wo sie mit dem Zug in das „Zigeunerfamilienlager" im Vernichtungslager Auschwitz-Birkenau transportiert und dort grausam ermordet wurden. Grundlage der Deportation der Sinti und Roma in Deutschland war der „Auschwitz-Erlass" Heinrich Himmlers vom Dezember 1942. Vor Ort wurden die Maßnahmen durch die Leitstellen der Kriminalpolizei koordiniert, beteiligt waren aber auch die Gestapo, die Schutzpolizei und Dienststellen der staatlichen Verwaltung. Aus dem Bereich des heutigen Niedersachsen wurden im März 1943 mindestens 750 Sinti nach Auschwitz deportiert.

Porträt: Berta Weiß

Die Leidens- und Verfolgungsgeschichte der Familie von Frau Weiß begann schon früh: „Mein Vater musste vor dem Krieg im Straßenbau arbeiten, damit er unsere Familie ernähren konnte. Meine Mutter hat zusätzlich heimlich modische Häkel- und Spitzendecken verkauft, sonst wären wir nicht durchgekommen, denn Sinti bekamen nur die Hälfte der Lebensmittel, die die Deutschen erhielten. Wir bekamen spezielle ‚Zigeunerausweise', galten als staatenlos und durften nicht Straßen- oder Eisenbahn fahren. Schon Kleinigkeiten genügten, um in ein Konzentrationslager eingewiesen zu werden. Mein Bruder ist als Vierzehnjähriger nach Moringen gekommen. Er arbeitete in einer Druckerei und war neu dort. Als Jüngster musste er morgens, wenn die Arbeiter kamen, Feuer machen. Wie er mir später erzählte, hatte er an diesem Morgen die Arme voller Holz und stolperte. Irgendwie kippte dann ein Setzkasten um, und alles fiel heraus. Das wurde ihm als Sabotage ausgelegt. Mein Bruder ist sofort von der Arbeit weg verhaftet worden. Es gab in der Hardenbergstraße zwei Kriminalbeamte, die für die hannoverschen Sinti in der ‚Zigeunerpolizeileitstelle" zuständig waren. Als wir 1940 noch in der Bockstraße wohnten, sagten sie uns, wie wir uns zu verhalten hätten. Sie untersuchten unter anderem unsere Verwandtschaftsverhältnisse genau, damit sie uns zielgerechter verfolgen konnten. Unsere Familie wurde vorgeladen und musste zum Polizeipräsidium kommen. Dort wurden wir auf unsere ‚Rassenkriterien' hin untersucht. Ein Arzt begutachtete unsere Köpfe, Augen, Nasen usw., und wir wurden in die Kategorie ‚Vollzigeuner' eingestuft.

Berta Weiß als junge Frau

Ungefähr Anfang 1942 kamen wir in ein Sammellager für Sinti im Altwarmbüchener Moor, das war kurz vor der heutigen Müllkippe. Wir wurden morgens von der Gestapo abgeholt. Zwei Beamte kamen in unsere Wohnung und zwei warteten im Auto. Unsere Familie erhielt keinen Räumungsbefehl und wir wussten nicht, was los war. Wir mussten alles schnell zusammenpacken und konnten nur das Nötigste mitnehmen. An der Straße zum Lager war eine Tankstelle, eine Bäckerei und seitlich standen zwei kleine Häuser. Das Sintilager lag nicht weit von der Straße entfernt im Moor. Als wir dort ankamen, war schon ein Teil des Lagers geräumt und es waren noch 56 Personen dort.

Wir lebten dort in roten Güterwaggons, ohne Fensterscheiben. Wenn die Gestapo weitere Sinti abtransportierte, kam sie nachts mit mehreren SS-Männern und Schäferhunden. Dann mussten wir uns aufstellen. Die betroffenen Personen wurden aufgerufen und mussten auf den LKW steigen. Die Kontrollen fanden mindestens einmal die Woche statt. Für die Arbeit bekamen wir eine Bescheinigung und einen Werksausweis der Firma mit dem Vermerk ‚Zigeuner'. Gefährlich wurde es in unserem Lager vor allem durch die Bombenangriffe, denn ringsherum gab es viele Bombeneinschläge. Die Tiefflieger flogen so dicht über der Erde, dass wir die Piloten sehen konnten. Mein Vater wollte uns vor den Angriffen schützen und hat für uns ein Erdloch ausgehoben.

Unsere Lebensmittelmarken bekamen wir von der Firma und wir brauchten sie dringend zum Überleben. Eines Tages wollte ich sie gemeinsam mit meiner Mutter abholen. Da saßen schon zwei Gestapomänner in ihren schwarzen Ledermänteln dort. Sie beschimpften meine Mutter und schickten sie hinaus. Dann wurde ich verhaftet. Durch das Autofenster sah ich meine Mutter in einem Graben an der Bushaltestelle sitzen und sie weinte fürchterlich. Auf dem Weg zur Gestapo nach Ahlem fragte ich einen der beiden Gestapomänner, was ich denn getan hätte. Daraufhin schlug er mich und sagte: ‚Jetzt kannst du dich freuen. Jetzt kommst du zu deinen Leuten nach Auschwitz.' Von Ahlem aus kam ich zusammen mit sechs anderen Mädchen zur Hansastraße in das Arbeitserziehungslager der Firma Pelikan. Eine der Aufseherinnen, die für uns zuständig war, war eine

Deutsche, ungefähr vierzig Jahre alt und sehr streng. Ich fragte sie, warum ich dort war und wie lang ich bleiben müsste. Dafür bekam ich die erste Ohrfeige. Ich wurde dort ständig geschlagen. Die Mädchen, die dort waren, erzählten mir, dass, wenn die Firma mich wieder bräuchte, ich wieder zurückkönnte.

Die Frauen waren unterschiedlich alt. Die Jüngste war ungefähr sechzehn. Es kamen ständig Frauen hinzu und auch wieder weg. In unserem Raum waren deutsche Mädchen. Zwei dieser Mädchen hatten sich mit französischen Kriegsgefangenen unterhalten und kamen deshalb in das Lager. Eine Deutsche, die ungefähr vierzig Jahre alt war, kam kurze Zeit nach mir in das Lager. Sie wurde in den Raum hineingeführt, und die Aufseherin sagte: ‚Hier bringe ich Euch eine polnische Hure!' Dann sagte sie zu den vier Mädchen, die eine herausgehobene Funktion im Lager hatten: ‚Ihr wisst schon, was ihr mit ihr macht' In unserem Raum gab es lange Gemeinschaftswaschbecken, wo mehrere Wasserhähne nebeneinander angebracht waren. Da nahmen sie diese Frau, warfen sie in dieses große Waschbecken und drehten sämtliche Wasserhähne auf. Währenddessen beschimpften sie diese Frau, obwohl sie selbst Gefangene waren. Ein paar Mädchen und ich fragten die Frau später, warum sie in das Lager kam. Sie erzählte uns, dass polnische Zwangsarbeiter in ihrer Straße den Müll weggebracht hätten. Weil ihre Großeltern schon alt waren, konnten sie die Brotrinde nicht essen, und so legte sie die Rinde, in Zeitungspapier eingewickelt, oben auf den Abfall drauf. Das sahen Leute aus ihrem Haus und zeigten sie an. Das Arbeitserziehungslager der Firma Pelikan befand sich in einem hohen roten Gebäude, in dem ich in einem Raum im ersten Stock untergebracht war."

Die Familie von Frau Weiß lebte noch bis 1948 im Altwarmbüchener Moor. Nach dem Krieg musste die Familie dafür kämpfen, dass sie die deutsche Staatsangehörigkeit zurückerhielt.

Titelseite eines NS-Propagandabuches zur Kindererziehung, 1933

Jugendliche, die sich gegen die Normen der NS-Volksgemeinschaft auflehnten, trafen sich mehr oder weniger heimlich in der Freizeit. Sie schufen sich ihr eigenes Milieu – sie „hotteten", trugen Haartollen, weiße Seidenschals und englisch aussehende Anzüge. Die unangepassten Jugendlichen konnten durch einen „Jugenddienstarrest", der nicht von den Gerichten oder der Polizei geprüft werden musste, abgestraft werden.

Die Anhänger des Swings, einer Jazz-Richtung, organisierten sich in „Cliquen" oder „Banden". Wenn sich die Gelegenheit bot, prügelten sie sich mit der HJ oder den Streifendiensten. Zusammenschlüsse der Jugendlichen existierten in verschiedenen Stadtteilen Hannovers. In Linden gab es etwa die „Schwalbe", die nach der Schwalenbergerstraße benannt war. Viele Jugendliche waren zwar offiziell in der HJ oder im BDM organisiert, trafen sich aber lieber in ihrer „Clique" zum Wandern, Bummeln oder „Schwoof". Im Sommer war der Maschsee ein Treffpunkt der „Swing-Heinis". Auf einem Koffergrammophon wurden Ella Fitzgerald oder Louis Armstrong und andere Musik gehört, die in der NS-Zeit als „entartet" galt und daher verboten war. Trotzdem waren der Modetanz Lambeth Walk und die verpönte Musik vielerorts in Hannover zu hören und den Machthabern ein Dorn im Auge. An den Lokaltüren hingen Schilder mit entsprechenden Verboten, deren Einhaltung durch Razzien kontrolliert wurde. Im Gloria-Palast lief 1939 sogar noch der Film „Broadway-Melodie", vermutlich einer der letzten Filme aus den USA, der gezeigt wurde.

Die Jugendlichen lebten ihre Ideale von Freiheit, Unangepasstheit und ihre Musik, sodass sie durch ihre Kleidung oder Frisuren sichtbar vom Rest der Bevölkerung zu unterscheiden waren. Wer etwas Geld hatte, ging in das Café Vaterland in der Bahnhofstraße, das „Himmel oder Hölle" in der Windmühlenstraße, das „Café Conti", das „Café Torso" oder in den **Georgspalast** (GOP), wo der verbotene Jazz oder Swing gespielt wurde. Ab 1940 gab es oft Tanzverbote und Razzien, sodass manche Band von der Bühne weg durch die SS, HJ oder Gestapo festgenommen wurde. Im Januar 1942 schrieb Heinrich Himmler über die rebellischen Jugendlichen: „Ich bin der Ansicht, dass hier grundlegend und brutal durchgegriffen werden muss, und habe dazu auch die Befehle gegeben."

Georgspalast, 2015 (oben)
und von innen auf einer zeitgenössischen Postkarte (unten)

Nach einer Großrazzia Ende 1942 wurde die gesamte Innenstadt Hannovers systematisch durchkämmt. Dabei wurde die „Schlangenbande", der Name entstammte ihrem Treffpunkt im Zoo, genauso wie die „Al-Capone-Bande" verhaftet. Der Anführer der „Al-Capone-Bande" wurde vom Gericht zu fünf Jahren Zuchthaus verurteilt. Eine dieser speziellen Strafeinrichtungen des NS-Staates für Kinder und Jugendliche war das Jugendkonzentrationslager Moringen bei Göttingen. Es existierte seit April 1933 und nahm als erste

Einrichtung seiner Art ab Juni 1940 Jugendliche im Alter von 13 bis 22 Jahren auf. Das KZ Uckermarck in Brandenburg wurde ab Juni 1942 für Mädchen und junge Frauen errichtet. Üblicherweise wurden Kinder und Jugendliche jedoch mit anderen Häftlingen in Konzentrationslagern, Gefängnissen, Arbeitslagern und sonstigen Strafanstalten eingesperrt.

Das Gebäude des GOP wurde 1912 bis 1913 in Stahlskelettbauweise durch die Architekten Wilhelm Makensen und Fritz Torno errichtet. Ab Mitte der 20er Jahre gab es hier Varieté und Tanzcafé mit jazzorientierter Musik. Sogar während des Zweiten Weltkriegs traten im Georgspalast immer wieder große Orchester auf, wie das damals bekannte Bühnenorchester Paul von Béky. Dem hannoverschen Gauleiter war das GOP ein Dorn im Auge, weil die „verlotterte" Swing-Jugend und Prostituierte sich dort herumtrieben. Zwar wies auch im GOP ein Schild darauf hin, dass „öffentliche Tanzlustbarkeiten" verboten seien, doch die Orchester spielten heimlich weiter, bis das Gebäude bei einem Luftangriff im Oktober 1943 schwer beschädigt wurde.

Am 25. September 1946, wenige Tage vor der Verkündung der Urteile gegen die Hauptkriegsverbrecher vor dem Nürnberger Gerichtshof, gab es im Georgspalast eine Ausstellung unter dem Titel „Kampf und Opfer". In der Ankündigung hieß es: „Der illegale Kampf der Gegner des Nationalsozialismus, die Opfer, die dieser Kampf forderte, die Grausamkeit und der Terror, die der Faschismus anwandte, um seine Raubabsichten und seinen Vernichtungsfeldzug gegen die freiheitsliebenden Menschen aller Nationen zu führen [...], [soll] durch Tatsachenmaterial weiten Bevölkerungskreisen zugänglich gemacht werden." Das GOP Varieté-Theater besteht mit Unterbrechungen bis heute.

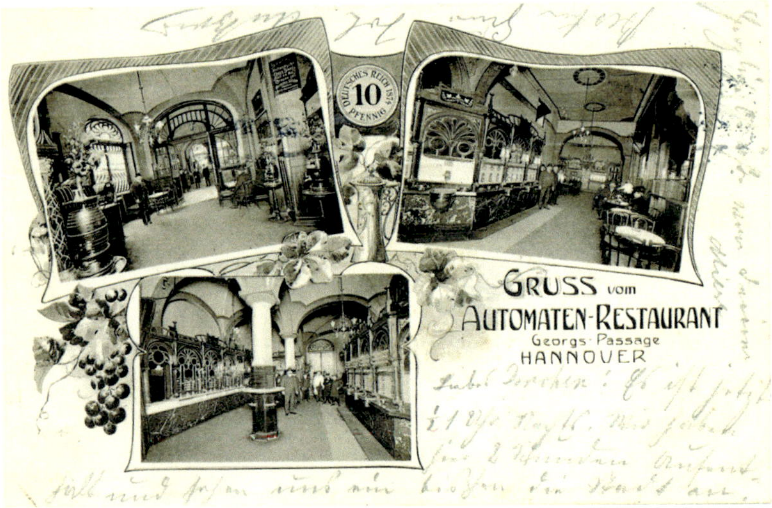

Variété zur Perle, Hannover, Perlstr. 10.

1895–194

GRUSS vom
AUTOMATEN-RESTAURANT
Georgs-Passage
HANNOVER

Die Perle (oben)
und das Automatenrestaurant – Treffpunkte für Homosexuelle (unten)

Schon wenige Wochen nach der Machtübernahme begann die reichsweite Verfolgung der Homosexuellen. Diese galten als Feinde der NS-Volksgemeinschaft, da sie insbesondere dem propagierten Familien- und Männlichkeitsbild entgegenstanden. Die rechtliche Grundlage ihrer Verfolgung bildete insbesondere der berüchtigte Paragraph 175/175a, der von 1872 bis 1994 in Kraft war. Er wurde in der NS-Zeit verschärft, indem die Höchststrafe hochgesetzt und auf alle „unzüchtigen Handlungen“ ausgeweitet wurde. Misstrauisch betrachtet wurden in diesem Zusammenhang besonders Künstler, Schauspieler, Wehrpflichtige, „gemeingefährliche Asoziale“ und Angehörige der Luftwaffe. Im Juli 1940 wurde die zwischenzeitlich ausgesetzte Regelung zur Durchführung von Entmannungen nach dem „Gesetz zur Verhütung erbkranken Nachwuchses“ wieder eingeführt. Auch Todesurteile für „gefährliche Gewohnheits- und Sittlichkeitsverbrecher“ wurden in der NS-Zeit gefällt. Homosexuelle wurden bereits ab Oktober 1934 durch die Gestapo und das „Sonderdezernat Homosexualität“ erfasst. Zwei Jahre später wurden sie durch die Reichszentrale zur „Bekämpfung der Homosexualität und Abtreibung“ verschärft ins Visier genommen. Zu ihrer Erfassung wurden „Rosa Listen“ und Datensammlungen angefertigt, die als Grundlage der Verfolgung durch die Kriminalpolizei und Gestapo dienten. Gefragt wurde in den entsprechenden Formularen nach Rasse, Parteizugehörigkeit und der beruflichen Vergangenheit.

Die Hannoveraner tanzten im Krieg, zum Beispiel im „Mäuschenboden“ des Wiener Cafés, in Varietés der „Rote Mühle“ oder den „Trichter“ in der Perlstraße, den vor allem Soldaten besuchten. Im Umfeld dieser Orte gab es eine stadtbekannte Homosexuellenszene. Von der Schließung oder Zerstörung der Treffpunkte der Homosexuellen betroffen waren die damals sehr beliebten Gaststätten „**Olivia**“, die „**Perle**“ und das „**Automatenrestaurant**“.

Die Olivia befand sich in der Neuen Straße, die ungefähr in der Höhe des heutigen Flohmarktes verlief und heute nicht mehr existiert. Olivia Ziegenmeyer war der Name der Wirtin. Nach Zeitzeugenberichten soll das Lokal klein, kitschig und sehr hell erleuchtet gewesen sein. Von der Theke gegenüber vom Eingang aus konnte die rothaarige, ungefähr 45 Jahre alte Olivia alles überblicken. Zu ihrem

Die Neue Straße, die nicht mehr besteht, in einer alten Postkartenansicht

Schutz hatte sie einen ehemaligen Boxer angestellt. Das Publikum bestand aus Thekengängern, Zuhältern, Prostituierten und SA-Männern. In einem Raum, dessen Fenster zur Hofseite lagen, hielten sich „Lesben und Homos“ auf. Das Lokal wurde ungefähr im Herbst 1936 geschlossen, als Olivia Ziegenmeyer aus der Straße fortzog. Sie starb im Februar 1943.

Im Varieté zur Perle wurde Kleinkunst aufgeführt, auch mit und von homosexuellen Künstlern. Hier verkehrten zwar Homosexuelle, aber es war kein spezieller Ort der Szene. Vermutlich ist die Perle deshalb zunächst als ein möglicher Treffpunkt erhalten geblieben, bis das Haus 1943 bei einem Bombenangriff zerstört wurde. Die Kontaktaufnahme verlagerte sich durch die Schließungen der bekannten Orte immer mehr in unpersönliche Bereiche wie Bedürfnisanstalten oder Parkanlagen, wo die Gefahr vor Entdeckung größer war als in den geschützten Räumen der Lokale.

Der Künstler Harry Trüller trat manchmal in der Perle als Damenimitator auf. Dort lernte er einen jungen Mann kennen, mit dem er laut Gerichtsurteil von 1936 „sexuelle Erlebnisse“ hatte. Harry Trüller war 1902 in Barsinghausen geboren worden und wohnte ab 1917 in Hannover, wo er als Bürogehilfe tätig war. Nach seiner

Bürolehre ließ er sich zum Tanzkünstler ausbilden und trat als Balletttänzer und Damenimitator auf. Als sein Vater 1936 verstarb, gab er die Auftritte auf und arbeitete als Lagerist bei der Mechanischen Weberei in Hannover-Linden. Trüller verkehrte im Automatenrestaurant und der Perle. Anfang Mai 1938 wurde er zum ersten Mal wegen „widernatürlicher Unzucht" zu fünf Monaten Gefängnis verurteilt. Später kam er erneut in Untersuchungshaft und wurde als „eingefleischter 175er" zu einem Jahr und drei Monaten Gefängnis verurteilt. Nach seiner Strafverbüßung wurde er in „Überhaft" genommen, da ein weiterer Prozess wegen vorheriger Anschuldigungen anstand. Das Urteil im Dezember 1940 lautete ein Jahr und sechs Monate Gefängnis. Nach Verbüßung der Haft heiratete er im November 1943 in Hannover, vermutlich, um sich vor weiteren Zugriffen zu schützen. Er starb 1987.

Die Perlstraße 10, 2015

Das Automatenrestaurant befand sich seit 1901 in der Georgspassage und war Anfang des 20. Jahrhunderts eine technische Sensation. Für 10 Pfennig gab es aus dem Automaten ein belegtes Brötchen oder ein Bier. Der später als Massenmörder berühmtberüchtigt gewordene Fritz Ha(a)rmann war Anfang der 1920er Jahre öfter als Gast dort, und sein Geliebter Hans Grans arbeitete hier vorübergehend. Noch 1935 sollen hier durch einen Kellner Strichjungen, unter anderem an „höhere SA-Führer aus der Provinz", vermittelt worden sein.

Die Georgspassage mit dem Automatenrestaurant, (links)

Vorsichtigen Schätzungen zufolge wurden insgesamt zwischen 5.000 und 15.000 Männer in Konzentrationslager eingeliefert, von denen mehr als die Hälfte die Haft nicht überlebten. Sie wurden mit dem „Rosa Winkel“ gekennzeichnet und standen in der Häftlingshierarchie ganz unten.

Eine lange Leidens- und Verfolgungsgeschichte hatte Friedrich Schwarz hinter sich, als er im April 1943 im KZ Neuengamme starb. Der 1866 geborene Hannoveraner war Packer, konnte aber bis zum seinem vierzigsten Lebensjahr von Auftritten als Damenimitator und Stimmungssänger leben. Nach seinem Dienst als Soldat im Ersten Weltkrieg machte er als Damenimitator in Deutschland regelrecht Karriere. Er trat unter anderem im „National Theater Restaurant“ und im Automatenrestaurant auf, wo er später als Kellner arbeitete. Ein Sondergericht verurteilt ihn 1936 zu sechs Monaten Haft. Im Juni 1939 wurde er erneut verhaftet, weil er in den vergangenen Jahren „Kuppelei“ betrieben und Sex mit Männern gehabt habe. Für das Gericht war er ein „gefährlicher Gewohnheitsverbrecher“, der „nicht zu bekehren“ sei. Der Richter entschied, dass die öffentliche Sicherheit es erfordere, ihn in „Sicherheitsverwahrung“ zu nehmen. So wurde Friedrich Schwarz im Mai 1941 in das Zuchthaus Hameln eingeliefert und im November desselben Jahres in das Zuchthaus Celle

Ruine des Landtagsgebäudes mit dem Eingang zur Schloßklause, Anfang der 1950er Jahre

überstellt. Von dort kam er im März 1943 in das KZ Neuengramme, wo er nur einen Monat überlebte.

Im Leineschloss befand sich ab 1946 die „Schloßklause" mit einer der ersten Homosexuellengaststätten Hannovers. Dieser Treffpunkt war in einem Teil der Ruine untergebracht, und zwar dort, wo sich heute der Landtag befindet. In dem tunnelartigen Gewölbe standen grün gestrichene Gartenstühle, Tische und Bänke, an den Seiten die Theke. Dieser Notbehelf wurde bis mindestens März 1952 genutzt. Die Überlebenden der Straflager und Gefängnisse konnten auch nach ihrem in der NS-Zeit erlittenen Trauma meist nicht über ihre Erlebnisse reden, da der Paragraph 175 bis in die 1990er Jahre existierte und sie gesellschaftlich weiterhin angefeindet wurden. Erst 1985 erwähnte der damalige Bundespräsident Richard von Weizsäcker diese Opfergruppe zum ersten Mal offiziell in seiner Rede anlässlich einer Gedenkstunde zum vierzigsten Jahrestag des Kriegsendes.

25 Gerichtsgefängnis und Polizeipräsidium

Das Gerichtsgefängnis mit Blick auf Haus III, um 1930 (oben)
Franz von Papen vor dem Polizeipräsidium, September 1933 (unten)

Die Aufstellung der Polizei im Sinne des NS-System begann unmittelbar nach 1933 mit der Einsetzung Hermann Görings als kommissarischer Innenminister. Der SS-Führer Heinrich Himmler setzte sich drei Jahre später in einem internen Machtkampf gegen Göring durch. In Deutschland wurde eine zentral organisierte Reichspolizei aufgebaut, die eng mit der SS verbunden war und in eine Ordnungs- und Sicherheitspolizei gegliedert wurde. Zur Ordnungspolizei gehörten neben der Gendarmerie und der uniformierten Polizei in den Städten ebenfalls die Feuerwehren als Feuerschutzpolizei und die neu gegründete Luftschutzpolizei. Mit der Sicherheitspolizei wurden die Kriminalpolizei und die Geheime Staatspolizei ab 1939 organisatorisch unter dem Dach des Reichssicherheitshauptamtes (RSHA) zusammengefasst.

In der Vorkriegszeit richteten sich staatliche Willkür und Gewaltmaßnahmen der Polizei vor allem gegen die politischen Gegner des NS-Staates. Während des Krieges kamen die Organisation und die Durchführung von Deportationen im In- und Ausland hinzu. Als Teil der Besatzungsherrschaft waren Polizisten in vielen Teilen Europas im Einsatz. Sie stellten Wachmannschaften für die jüdischen Ghettos und beteiligten sich in Form von Polizeibataillonen vor allem am Vernichtungskrieg gegen die Zivilbevölkerung in Osteuropa. Das brutale Vorgehen von Polizeieinheiten im Kriegseinsatz prägte mit der Zeit zunehmend das Verhalten der Polizei. Folter in den „Verhören", Überfälle auf Zwangsarbeiterlager und offizielle Hinrichtungen durch Erschießungen oder den Strang häuften sich besonders zum Kriegsende. Die größte Opfergruppe bildeten hier die rassisch verfolgten Zwangsarbeiter aus Polen, der Ukraine und Russland.

Grundsätzlich konnte jeder in das Visier der Gestapo gelangen. Gleichzeitig wurde das Meldeverfahren für Zugezogene oder Besucher verschärft. Diese mussten sich innerhalb von drei Tagen polizeilich anmelden. Überall im öffentlichen Raum wurde vor „Feinden" gewarnt, überall hielten sich Spitzel auf, die ihr Umfeld an die Behörden, Polizei und Gestapo verrieten. Es gab Parolen wie „Achtung, Feind hört mit", „Wer sein Vaterland verrät, hat den Tod verdient", „Auf Plündern steht die Todesstrafe".

Ansicht des Justizpalasts am Volgersweg auf einer alten Postkarte

Ein Polizeigefängnis war für viele Verhaftete der erste Ort der NS-Justiz, den sie auf ihrem Leidensweg kennenlernten. Die Überführung in ein Gerichtsgefängnis und die Verhandlung vor einem Gericht bestimmten den weiteren Weg der Häftlinge. Ein Bestandteil des NS-Terrors waren die „Sondergerichte", deren Wirkungsstätte sich in Hannover im Gebäude des Amtsgerichtes im Volgersweg 1 befand. Sie waren zuständig für politische Straftaten, die in der „Reichstagsbrandverordnung", der „Verordnung zur Abwehr heimtückischer Angriffe" und dem „Heimtücke-Gesetz" festgelegt waren. Mit Beginn des Krieges wurden neue Straftatbestände geschaffen wie Wehrkraftzersetzung und Plünderung, dazu gab es „Volksschädlingsverordnungen" oder das Verbot des „Umgangs mit Kriegsgefangenen". Gegen die Urteile der Sondergerichte konnte keine Berufung eingelegt werden, und es wurden keine Bewährungsstrafen ausgesprochen. Bei den mehr als 7.000 Verfahren in Hannover wurden 210 Todesurteile gefällt. Richter und Staatsanwälte errichteten für den Terror des NS-Staates eine Fassade der Legalität. Dem „polizeilichen

Gewahrsam" konnte durch „Schutzhaft" die direkte Einlieferung in ein Konzentrationslager folgen.

Das **Gerichtsgefängnis** in der Nähe des Raschplatzes wurde ursprünglich von 1865 bis 1875 als „Königliches Zellengefängnis" erbaut. In der Weimarer Republik wurden hier sogar Todesurteile vollstreckt. Der bekannteste Häftling ist der hannoversche Massenmörder Fritz Ha(a)rmann, der am 15. April 1925 dort enthauptet wurde. In dem Gebäudekomplex gab es drei Zellenflügel, eine Kirche, eine Schule und eine Krankenstation. Eine hohe Ziegelsteinmauer umschloss das Gelände. Der Haupteingang lag an der damaligen Leonhardtstraße, ungefähr in Höhe der heutigen Raschplatzhochstraße. Bekannt unter den Hannoveranern war die „Hoffnungsbirke." Dieses Bäumchen wuchs zufällig auf der Mauer des Gerichtsgefängnisses an der Ecke Celler Heerstraße und symbolisierte nach dem 1872 in Hannover geborenen jüdischen Publizisten Theodor

Die Mauern des Gerichtsgefängnisses mit der Straßenfrontansicht zur Alten Celler Heerstraße und der „Hoffnungsbirke", um 1930

Lessing den „Gruß des guten Lebens“ an die Insassen und Passanten. Die Anlage war bereits in den 1920er Jahren veraltet, denn es gab kein fließendes Wasser und keine Toiletten in den Zellen. Obwohl die Kapazität für 800 Häftlinge ausgerichtet war, befanden sich hier Mitte der 1930er Jahre bereits mehr als 1.000 Gefangene.

In der NS-Zeit waren in der „Strafvollzugs- und Untersuchungsanstalt“ zahlreiche Gegner des Systems inhaftiert. Es waren vor allem politisch Verfolgte, aber auch von der „Volksgemeinschaft“ ausgegrenzte Bevölkerungsteile wie Sinti und Roma, Zeugen Jehovas oder Homosexuelle sowie Zwangsarbeiter. Als „Volksschädlinge“ galten darüber hinaus „Asoziale“, Bettler, Obdachlose und Prostituierte, die hier drangsaliert wurden. Im Gerichtsgefängnis befanden sich zudem viele politisch Verfolgte, wie die Mitglieder der Sozialistischen Front. Die bis heute bekanntesten Gefangenen waren Otto Brenner und Ernst Thälmann. Der 1886 in Hamburg geborene Kommunist Thälmann verbrachte in Hannover den größten Teil seiner Haft. Er saß von August 1937 bis August 1943 in der Zelle 516 im Erdgeschoss des Westflügels in Einzelhaft und unter ständiger Aufsicht der Gestapo. Zuvor war er bereits vier Jahre in der Gestapozentrale in Berlin in Haft gewesen und dort schwer misshandelt worden. Thälmann, der von seinen Partei-

Die „Hoffnungsbirke“ als „Wahrzeichen“ auf der Gefängnismauer

genossen den Spitznamen „Teddy“ erhielt, war der unumstrittene Anführer der KPD und ein unerbittlicher Gegner der NS-Diktatur. Er kam nach Hannover, da dieses Gefängnis als sicher galt. Nach den schweren Luftangriffen wurde er jedoch in das Zuchthaus Bautzen verlegt und von dort in das KZ Buchenwald überstellt, wo er am 18. August 1944 ermordet wurde.

Gustchen Breitzke, geboren 1908 in Badenstedt, zählte zum politischen Widerstand und wurde wie viele andere durch einen Spitzel verraten. Sie wurde am 15. September 1936 verhaftet und kam zunächst zum Verhör in die Gestapozentrale in der Schlägerstraße. Es erfolgte eine Gegenüberstellung mit ebenfalls verhafteten Mitgliedern der Sozialistischen Front, darunter ihrem Verlobten Franz Nause: „Franz hatte man so schwer misshandelt, daß ich ihn kaum wiedererkannte. Auch mich haben sie dann geschlagen. [...] Dann kamen wir in Untersuchungshaft in die Leonhardtstraße. Jeder in eine winzige Zelle. In dieser Einzelzelle habe ich 13 Monate zugebracht! Es war so entsetzlich, daß ich es mein Leben lang nicht vergessen kann. Bis heute weiß ich, wie diese Zelle Nr. 7 aussah. Es war ein schrecklich heißer Sommer 1937. Meine Zelle lag direkt unter einem Flachdach. Die Sonne prallte darauf. Das Loch von einem Fenster konnte man nur einen winzigen Spalt öffnen. Ich wurde fast verrückt, bekam keine Luft und war sehr krank.“ Sie litt unter Sehstörungen, starken Kopfschmerzen und Erschöpfungszuständen. Da sie mit Franz Nause, Walter Spengemann, Brunhilde Schmedes und Heinz Wille zum Führungskreis der Sozialistischen Front zählte, wurde sie vor dem Volksgerichtshof in Berlin angeklagt und am 23. September 1937 zu zwei Jahren Zuchthaus verurteilt.

Der im Krieg beschädigte Gebäudekomplex wurde 1964 im Rahmen der städtebaulichen Umgestaltungsmaßnahmen abgerissen.

Der Aufbau einer schlagkräftigen Politischen Polizei gehörte zu den wichtigsten Zielen der NS-Diktatur. Die Einführung der Staatspolizeileitstellen erfolgte auf Anordnung eines Erlasses des „Geheimen Staatspolizeiamtes“, das Ende April 1933 gebildet wurde. Die Dienststelle der Geheimen Staatspolizei in Hannover war zunächst im **Gebäude des Polizeipräsidiums** in der Hardenbergstraße 1 untergebracht. Anfang Mai 1933 wurde die bisherige Abteilung der politischen Polizei kurzerhand zur Staatspolizeileitstelle Hannover umfunktioniert, sodass nicht einmal die Räume gewechselt werden mussten.

Die Straflager der Gestapo und SS sind für grausame Gewaltanwendung und systematische brutale Folter bekannt. Der Begriff „Sonderbehandlung" stand für Hinrichtungen. Die „verschärften Vernehmungen" waren gezielte Folteraktionen, und „Schutzhaft" bedeutete die Einweisung in ein Konzentrationslager. Am Anfang der Haft standen häufig Nacktheit und Isolation. Das Einsperren in einen dunklen Raum ohne Fenster war zusätzlich eine sehr effiziente Methode, Inhaftierte mürbe und gefügig zu machen. Eine andere gefürchtete Folter war das gezielte Abspritzen mit einem kalten, harten Wasserstrahl, mit zusätzlichen Schlägen, die zum Tode führen konnten. Auch die zerstörerische Wirkung von extremen Wechseln zwischen grellem Licht und absoluter Finsternis, unerträglicher Hitze und eisiger Kälte, lauten Geräuschen sowie vollkommener Stille war nur allzu bekannt. Essens- und Schlafentzug sowie Schläge gehörten in der Regel ohnehin zum Alltag der Gefangenen. Einige Bewacher zeigten aber immer wieder besondere Formen von Grausamkeit und Sadismus.

Zunächst konzentrierte sich die hannoversche Gestapo auf die Zerschlagung der politischen Gegner. Infolge dieser frühen großen Verhaftungswelle waren die Gefängnisse schnell überbelegt, weshalb die „Schutzhäftlinge" im April 1933 nach Moringen, in das erste Konzentrationslager für die Regierungsbezirke Hannover und Hildesheim, eingewiesen wurden. Die Überwachung übernahm zunächst ein Polizeikommando aus Hannover. Die Kapazität von 300 Häftlingen war schnell überschritten und die Situation verschlechterte sich für die Gefangenen dramatisch, als ein SS-Kommando die Überwachung übernahm. Im November 1933 wurden alle männlichen Häftlinge in das KZ Oranienburg überführt. Das KZ Moringen wurde daraufhin bis 1938 zu einem Frauen- und später, ab Juni 1940 bis zum Kriegsende, zu einem Jugendkonzentrationslager umorganisiert.

Nach dem gescheiterten Attentat auf Hitler am 20. Juli 1944 drehte sich die Spirale des Terrors gegen die mutmaßlichen „Feinde der

Volksgemeinschaft" schneller. In den letzten Kriegsmonaten traf die Verfolgung vor allem Zwangsarbeiter und Häftlinge der Konzentrationslager, aber auch Soldaten und Zivilisten, die nur den geringsten Zweifel am propagierten „Endsieg" erkennen ließen. Im Widerspruch zur Erklärung des „Totalen Krieges" aber bereiteten sich die Gestapomitarbeiter indessen auf die Kapitulation und den Einmarsch der Alliierten vor. Auch in Hannover wurden in großem Stil belastende Akten vernichtet.

Der Sitz der Gestapozentrale in der Schlägerstraße (heute steht dort eine Kirche) (oben) *und nach der Zerstörung für ein Jahr in der Rühmkorffstraße 20 in der 3. Etage (heute ist dort ein Geschäft)* (unten)

Die Gestapo Hannover war für den gesamten Gau Süd-Hannover-Braunschweig mit seinen insgesamt über zwei Millionen Einwohnern zuständig. Ende 1944 waren mindestens 40 Prozent aller Arbeitskräfte in den Unternehmen von Hannover Häftlinge oder Zwangsarbeiter. Sie kamen aus West- und Osteuropa, aber überwiegend aus Polen, der Ukraine und Russland. Insgesamt waren ungefähr 60.000 Zwangsarbeiter während des Zweiten Weltkrieges im Stadtgebiet in mehr als 500 unterschiedlichsten Lagern untergebracht. Der Sitz der hannoverschen **Gestapozentrale** mit den entsprechenden Dienststellen befand sich in der Schlägerstraße 55 (heute Hausnummer 5), dem einstigen Gebäude des Bankhauses Gumpel. Anfang Oktober 1943 wurde das Haus durch einen Luftangriff komplett zerstört, sodass ein Teil der Dienststellen in die Rühmkorffstraße 20, der andere nach Ahlem auf das ehemalige Gelände der Israelitischen Gartenbauschule, damals unter der Adresse Wunstorfer Landstraße 1 (heute Heisterbergallee 10/Gedenkstätte Ahlem), ausweichen musste. Nach gut einem Jahr zog die Gestapozentrale aus der Rühmkorffstraße aus und war dann bis zum Kriegsende in der Hildesheimer Straße 12, dem Gebäude der heutigen Stadtbibliothek, untergebracht, während die sogenannten „Ausländerreferate" in Ahlem verblieben. An diesem Standort hatten sich seit dem 17. Jahrhundert ein Soldaten- sowie ein katholischer Friedhof befunden, die 1890 geschlossen wurden. Auf den alten Gräbern wurde das erste Bibliothekshochhaus in Stahlgerüstbautechnik errichtet.

Die häufigsten Verhaftungsgründe in der Strafverfolgung waren „Arbeitsdelikte", die und durch die Willkür der Täter je nach Schwere oder Wiederholungstat abgeurteilt wurden. Die Verurteilten wurden in Gefängnisse, Zuchthäuser odcr Straflager eingewiesen. Ein „Arbeitserziehungslager" (AEL) war zur „Aufnahme von Arbeitsverweigerern und arbeitsunlustigen Elementen, deren Verhalten einer Arbeitssabotage gleichkommt", bestimmt. Die Lebensbedingungen sollten – zur Abschreckung – härter sein als in einem Konzentrationslager. Die Dauer der Einweisung war aber meist auf wenige Wochen begrenzt, da die Häftlinge danach wieder dem „Arbeitsprozess zugeführt" werden sollten. Der direkte Zugriff auf die Zwangsarbeiter durch die Gestapomitarbeiter aus Ahlem bezog sich im Wesentlichen

Die Gestapozentrale – von Herbst 1944 bis zum 6. April 1945 in der Hildesheimer Straße 12 – dem Gebäude der heutigen Stadtbibliothek Hannover

auf das Stadtgebiet Hannover und Umland. Neben den zuarbeitenden Dienststellen diente ein ausgedehntes System von Spitzeln, V-Männern und Denunzianten zur effektiven Durchführung des Terrors. Sie trafen die erste Entscheidung über die Opfer und den Auslöser zur Verhaftung, gleichzeitig waren sie überall im Alltag präsent und dadurch für jedermann gefährlich.

Die Gestapo Hannover konnte „verschärfte Vernehmungen", also offizielle Folterungen, und „Sonderbehandlungen" (Hinrichtungen) durchführen. Direkte Einweisungen in Straflager wie Arbeitserziehungslager und Konzentrationslager gehörten ebenfalls zum Entscheidungsbereich der Gestapomitarbeiter.

Der Lehrer Franz Hennies, der zum Kriegsende im „Polizeiersatzgefängnis" (PEG) in Ahlem inhaftiert war, berichtete nach dem Krieg von den komplexen Strukturen und willkürlichen Entscheidungen: „Mir war als Neuling noch nicht verständlich, dass niemand helfen konnte und dass unser Schicksal allein in den Händen unseres Vernehmers lag. Er allein konnte ohne Gericht, ohne Hinzuziehen juristischer Personen entscheiden, ‚wie lange' und was uns das Schicksal bringen sollte. [...] Anfang März 1945 wurde meine Erkennungsnummer aufgerufen. ‚Nr. 15' mit dem Vermerk: ‚Zur Ver-

SA und Gestapo in Linden, April 1933

nehmung nach der Hildesheimer Straße' hatte ich neue Hoffnung, nach Haus zu kommen. Einige S.D.-Leute, bewaffnet mit Maschinenpistolen, führten uns, halb bekleidet, ein buntes Gemisch von Russen, Polen, Franzosen, Tschechen und 2 Deutschen, ca. 6 km durch die Stadt Hannover. [...] In der Hildesheimer Straße lag es wie ein Alpdruck auf mir, als ich auf meine Vernehmung wieder im dunklen Kellerraum wartend, über all mir Bevorstehendes nachdachte. [...] Nach fünfstündiger Vernehmung musste ich diese mir vorgelegten Belastungen unterschreiben und wurde wieder nach Ahlem wegen ‚Vergehen gegen das Heimtückegesetz' überführt."

Im Keller der heutigen Stadtbibliothek befanden sich die Gefängnisräume der Gestapo. Inhaftierte Zwangsarbeiterinnen mussten hier für die Gestapo in der Küche arbeiten, wozu sie teilweise aus Ahlem in die Hildesheimer Straße gebracht wurden. Auch andere Häftlinge wurden für die Interessen der Gestapodienststellen eingesetzt, beispielweise für Maurer- und Tischlerarbeiten oder als Kapos zur Überwachung von Mithäftlingen.

NS-Propaganda zur (erfolglosen) Anwerbung von Arbeitskräften in den besetzten Gebieten, 1943

Die ehemalige **Israelitische Gartenbauschule** diente der Gestapo Hannover als Sammelstelle für die Deportationen von Juden und politischen Gegnern. Nur wenige wissen, dass das Gelände ab Oktober 1943 zu einem Ort des Terrors und des Schreckens für die hierher deportierten Zwangsarbeiter wurde. Für ihren „Arbeitseinsatz“ wurden sie in eine NS-Rassenhierarchie mit entsprechend festgelegter Behandlung eingeordnet. Besonders scharfe Bestimmungen gab es für Polen und „Ostarbeiter“, meist Ukrainer oder „Russen“. Die im März 1940 ergangenen „Polenerlasse“ stellten zunächst diese Zwangsarbeiter außerhalb der für die „Volksgemeinschaft“ geltenden Rechtsordnung. Durch ein sichtbar zu tragendes „P-Zeichen“ sollten polnische Zwangsarbeiter gebrandmarkt und für jedermann als rechtlich und rassisch „minderwertige“ Menschen erkennbar sein. Diese Erlasse gingen so weit, den Geschlechtsverkehr mit Deutschen nicht nur zu verbieten, sondern für Verstöße die Todesstrafe festzuschreiben. Der Besuch von Veranstaltungen, an denen sie mit Deutschen in Kontakt kommen konnten, wie Theater, Kino, Tanzveranstaltungen, Kirchen oder öffentliche Verkehrsmittel, war stark eingeschränkt oder verboten.

Die rechtliche Grundlage für die Behandlung der Gruppe der rassisch Verfolgten wie Ukrainer und Russen waren die „Ostarbeiter-Erlasse“ vom Februar 1942. Sie glichen den „Polen-Erlassen“, waren aber noch einmal deutlich härter. Durch ein sichtbar zu tragendes OST-Zeichen waren Russen und Ukrainer als Zwangsarbeiter im Straßenbild, im Lager und am Arbeitsplatz erkennbar. Der Kontakt zur deutschen Bevölkerung sollte auf die Arbeit beschränkt bleiben. Sie durften sich nicht frei bewegen, sondern mussten grundsätzlich in abgeschlossenen Lagern oder Gebäuden untergebracht werden. Mutmaßliche Beziehungen zu Deutschen wurden radikal mit Todesstrafen oder Einweisungen in Arbeitserziehungs- oder Konzentrationslager abgeurteilt.

Grundsätzlich besaß die Gestapo eigene Befugnisse zu entscheiden, wer als „staatsgefährlich“ zu betrachten war. Für die Strafverfolgung von Polen und „Ostarbeitern“ war ab Ende 1942 ausschließlich die Gestapo zuständig. Laut Reichsjustizminister Otto Georg Thierack sollte die „Ausrottung“ von „Polen, Russen, Juden und

Die Dienststelle der Gestapo Hannover in Ahlem – ab Oktober 1943, zuständig für die „Ausländerreferate“

Zigeunern“ dadurch „effektiver“ erfolgen. In ihrer Funktion als „Henker an der Heimatfront“ folterte und ermordete die Gestapo in Ahlem insbesondere polnische, russische und ukrainische Zwangsarbeiter, aber ebenso belgische, niederländische, italienische, tschechische, „jugoslawische“, serbische sowie kroatische Häftlinge. Das Gelände der Gestapo in Ahlem war kein abgeschlossener Bereich, denn es gab neben den Dienstgebäuden, dem Polizeiersatzgefängnis, dem Garten, den Garagen und der Hinrichtungsstätte noch Wohnbereiche für Anwohner, einen Zugang für Handwerker und Zulieferer von außerhalb. Folterungen waren an der Tagesordnung, sodass sich Nachbarn über die Schreie der Häftlinge beschwerten, die in Büros, im Keller und im Garten gefoltert wurden. Die wichtigsten Täter waren Hans Heinrich Joost (von Beruf ursprünglich Landwirt, hier übernahm er die Leitung in Ahlem), Friedrich Wilhelm Nonne (renommierter hannoverscher Geschäftsmann, dort zuständig für Folter und beteiligt an Exekutionen), Egon Hilburg (eigentlich Konditor, nun „Sanitäter“, Henker und zuständig für die Registratur),

Der Eingang zum Gelände in Ahlem, umgesetzt und heute Teil der Gedenkstätte

Heinrich Koch (im Zivilleben Fleischermeister, in Ahlem Planung von „Aktionen“, Anwendung von Folter). Ihr persönliches Verhalten bestimmte maßgeblich die Situation der Opfer, insbesondere zum Kriegsende, als die Urteile schneller und in direkter Entscheidung vor Ort getroffen wurden.

Für viele „Ostarbeiter“ waren die Überlebensbedingungen zum Kriegsende dramatisch erschwert. Häufig taten falsche Beschuldigungen von Arbeitskollegen und Spitzeln ihr Übriges, sodass sie in die Fänge der Gestapo gerieten. Insbesondere die von der Gestapo beobachtete und gefürchtete „Bandenbildung“ ab Mitte 1944 führte zu zahlreichen Verhaftungen. Drakonische Strafaktionen und Hinrichtungen wurden zur Abschreckung vor den Augen anderer Zwangsarbeiter vollstreckt. Die osteuropäischen Zwangsarbeiter waren am härtesten von der Gewalt des NS-Systems und der Gestapo betroffen, sodass von ihnen die meisten Toten in Ahlem zu verzeichnen sind. Zum Kriegsende konnten Todesurteile sogar direkt vor Ort entschieden und vollstreckt werden, wodurch die Gestapomitarbeiter Richter und Henker in einer Person waren. Auslöser der schnellen Entscheidungen für die Hinrichtungen waren veränderte Befugnisse und Befehlsstrukturen ab Februar 1945. Bis dahin mussten Todesurteile mit dem RSHA in Berlin abgestimmt werden.

Bei den Entscheidungsprozessen besaßen die Mitarbeiter der Gestapo an jeder Stelle Handlungsspielräume. Nach einem Verhör erfolgte meist ein schnelles Urteil über eine weitere Haft, die dann aufgrund der „Schwere" der Delikte für ein entsprechendes Straflager, AEL oder KZ festgelegt wurde. Die Einweisung durch die Gestapo Ahlem erfolgte für 21, 42, 56 oder 112 Tage in Arbeitserziehungslager wie in Liebenau, später in Lahde bei der Eibia oder in Hannover bei der Firma Pelikan-Werke sowie den Günther Wagner Verpackungswerken. Die Überlebenschancen gerade im AEL Lahde waren für die Häftlinge – insbesondere am Kriegsende – sehr schlecht, da hier in der Verantwortung der Gestapo Hannover durch ihre Dienststelle in Ahlem mehrere hundert Häftlinge ermordet wurden. Selbst bei Haftbedingungen und Überlebenschancen in den Konzentrationslagern wurden im Urteilsmaß Unterschiede gemacht, wobei die Konzentrationslager Mauthausen und Dachau als besonders schlecht im Hinblick auf Unterbringung, Lebensbedingungen und Arbeit galten. Mit „Grad III" wurden hier die „schwersten Fälle" von wiederholtem „Arbeitsvertragsbruch" eingeliefert.

Manche Häftlinge mussten während ihrer Haft zusätzlich für die Gestapo arbeiten, sodass sie für (längere Zeit) in Ahlem blieben. Grundsätzlich war das Polizeiersatzgefängnis in Ahlem nur ein kurzer Aufenthaltsort vor einer Überstellung in andere Lager, insbesondere, da dieses Gefängnis permanent überbelegt, schlecht versorgt und baulich in katastrophalem Zustand war. Trinkwasser gab es über längere Zeiten überhaupt nicht und die Zellen waren voller Ungeziefer. Die mangelnde Hygiene war ein andauerndes Problem, und der Sadismus der Gestapomitarbeiter stellte für die Häftlinge eine zusätzliche Bedrohung dar. Auch deutsche Gefangene waren in Ahlem inhaftiert. Es gibt sogar Hinweise auf Jugendliche, die in Ahlem gefoltert wurden. Sie wurden spätestens ab Juli 1944 im PEG Ahlem

Geheime Staatspolizei
Staatspolizeileitstelle Hannover — Hannover, den 10. Aug. 1944
~~IV 1e1~~ – Pol. Erw. Gef. Ahlem

Bescheinigung

zur Vorlage beim Wirtschafts- und Ernährungsamt.

Der – ~~Die~~ .... Jaroslaus Hlika ....
geb. am ..19.12.1921.......... in ....
zuletzt wohnhaft in ..Hannover..........
befand sich vom ..4.8.1944... bis ..10.8.1944.. in Haft.
Er – ~~Sie~~ wurde am ..10. Aug. 1944.. aus der Haft entlassen.

Im Auftrage:

Geheime Staatspolizei Staatspolizeileitstelle Hannover

Bahnbetriebswerk
20. Aug. 1944
Hannover

Haftbescheinigung der Gestapo Ahlem, August 1944

untergebracht, das ab diesem Zeitpunkt für alle Häftlinge der Gestapo Hannover zuständig war. Besonders brutal war die Gestapo zu deutschen gefangenen Frauen, die nicht nur geschlagen und gefoltert, sondern laut Zeugenaussagen auch von mehreren Tätern auf dem Gelände vergewaltigt wurden.

Während der achtzehnmonatigen Existenz dieser Gestapodienststelle wurden vermutlich mehrere tausend Zwangsarbeiter verhört, gefoltert und einige schließlich im März 1945 in einer kleineren, grünen, fensterlosen Holzbaracke offiziell hingerichtet. Erhängungen folgten in der Regel einem durchgeplanten zwanzigminütigen Ablauf. Der zum Tode Verurteilte wurde gefesselt zum Hinrichtungsort gebracht. Dort wurde das Urteil verlesen und dann dem Verurteilten der Strang umgelegt, bis der Tod durch die Strangulation eintrat. Zum Kriegsende wurden statt der Erhängungen nur noch Erschießungen durchgeführt, die nicht mehr auf dem Gelände stattfanden.

Gedenktafel aus der unmittelbaren Nachkriegszeit am Ort der Erhängungen von Zwangsarbeitern auf dem Gelände der ehemaligen Dienststelle der Gestapo in Ahlem

Die Auflösung der Gestapodienststelle in Ahlem wurde lange und vorausschauend geplant, Akten wurden verbrannt und ein Teil der Gefangenen sollte ermordet werden. Daher wurden 154 Häftlinge des PEG vor Ort selektiert und am Vormittag des 6. April 1945 auf dem Seelhorster Friedhof von der Gestapo und Teilen der Wachmannschaft des AEL Lahde erschossen. Durch einen Hinweis von einem der Überlebenden des Massakers, Peter Palnikow, erfuhren die Alliierten von diesem Verbrechen. Das Massengrab wurde am 2. Mai 1945 geöffnet und die ermordeten Häftlinge unmittelbar auf dem von den Alliierten dazu neu angelegten Ehrenfriedhof am Maschsee-Nordufer beigesetzt.

Porträt: Friedrich Wilhelm Nonne (nach dem Krieg unter dem Namen Wilhelm Liliendahl untergetaucht)

Friedrich Wilhelm Nonne war von Beruf Kaufmann. Ihm gehörte das Geschäft Pfannenschmid und Nonne, Garn-, Strumpf- und Wollwarengroßhandlung, in der Osterstraße 1. Seine Polizeilaufbahn begann 1938 als Angestellter der Gestapo mit dem Aufgabenbereich „Kirchen, Sekten und Juden". Ab August 1942 war er speziell für die „Ostarbeiter" zuständig und daher von Oktober 1943 bis April 1945 in der Dienststelle Ahlem tätig. Mit dem Namen „Operation Envelope" fahndeten die Alliierten nach dem Krieg nach dem „Massenmörder Nonne". Dieser war unter dem Namen Wilhelm Liliendahl untergetaucht und konnte erst Ende Oktober 1949 in Braunschweig gefasst werden.

Nonne war für seine Brutalität unter den Gefangenen bekannt. Seiner Meinung nach waren es fast alle „russische Schwerverbrecher", die Post- und Eisenbahndiebstähle zu verantworten hätten. Wiederholt forderte Nonne seine Kollegen und Mitarbeiter auf, Häftlinge zu schlagen und sich an den Verhören zu beteiligen.

Auch der deutsche ehemalige Häftling Emil Schröter berichtet von Nonnes Sadismus: „Er [der Gestapomann Nonne] arbeitete jetzt in der Ausländerabteilung. Meine spätere Ehefrau war, als ich mich noch in Norwegen befand, ebenfalls von der Gestapo verhaftet und drei Wochen in Ahlem festgehalten worden. Sie erzählte mir später, dass dort auch die Frauen grausam mißhandelt worden seien. Die weiblichen Häftlinge erzählten, dass Nonne sich hieran beteiligt habe. Meine Frau war im siebten Monat schwanger, als sie eingeliefert wurde, sie wurde gleichfalls so verprügelt, dass sie eine schwere Fehlgeburt hatte. Meine Frau sagte, dass sie auf Befehl von Nonne geschlagen worden sei, den Namen des Schlägers konnte sie aber nicht angeben. Sowohl von meiner Ehefrau wie auch von anderen Personen hörte ich, dass Gestapobeamte, darunter auch Nonne, sich nachts Mädchen in ihre Zimmer holten und sie zum Verkehr zwangen. Wer sich weigerte, wurde verprügelt. Ich habe später meiner Frau ein Bild von Nonne gezeigt, und sie bestätigte mir mit aller Gewißheit, dass Nonne auch zu diesen Beamten gehört hatte. Auch meine Frau ist

Fahndungsfoto der Alliierten nach dem „Massenmörder“ Friedrich Wilhelm Nonne

trotz ihrer Schwangerschaft mißbraucht worden, sie weiß aber nicht von wem. Nonne wohnte in Ahlem, dies weiß ich von weiblichen Häftlingen, die sein Zimmer saubergemacht haben. Es war Tagesgespräch, dass die Häftlinge, und zwar sowohl männliche wie auch weibliche, in Ahlem schwer verprügelt wurden. Vielfach war das Schreien der Häftlinge so laut zu hören, dass die Leute in der Nachbarschaft sich darüber aufregten. Später wurden dann die Häftlinge meist im Keller verprügelt.“

Friedrich Wilhelm Nonne gab in der Nachkriegszeit zu, an den Hinrichtungen einige Male teilgenommen zu haben. Die Folterungen und Ermordungen der Zwangsarbeiter, die durch Nonne selbst verübt wurden, waren indes nicht Gegenstand der Gerichtsprozesse, die nach dem Krieg gegen ihn geführt wurden. Im Verfahren des Landgerichtes Hannover von 1952 plädierte Nonnes Anwalt sogar auf eine „mögliche Unzurechnungsfähigkeit“. Der medizinische Gutachter kam zu dem Schluss, dass er ein „weicher, selbstunsicherer, beeinflussbarer und labil-wankelmütiger Psychopath mit einem abartigen Gefühls- und Triebleben" sei. Das Gericht stellte in seiner Urteilsbegründung fest: „Es hat aus den Aussagen der vernommenen Zeugen den Eindruck gewonnen, dass der Angeklagte zusammen mit seinem Kollegen Bremer ein willfähriger Gehilfe eines brutalen Machtsystems gewesen ist, der eine besondere Freude daran hat, die Opfer dieses Systems noch ganz besonders zu quälen, und diese Quälerei ebenso Schlechtgesinnten sogar noch zur Belustigung vorzuführen. Solche Leute waren, auch wenn sie untergeordnete Stellen innehatten, ausserordentlich gefährlich. Nur mit ihrer Hilfe haben die höheren Beamten der Gestapo ihr unmenschliches Amt durchführen können. Auch charakterlich ist der Angeklagte zu verabscheuen."

Friedrich Wilhelm Nonne wurde zunächst vom Spruchgericht Bielefeld wegen „Zugehörigkeit zur Gestapo und SS" zu sechs Jahren Gefängnis verurteilt. Das Landgericht Hannover erhöhte die Strafe auf sieben Jahre. Im August 1954, nach nur fünf Jahren Haft, wurde er vorzeitig entlassen. Er wurde für keines seiner Verbrechen bei der Gestapo in Ahlem zur Rechenschaft gezogen.

28 KZ und Zwangsarbeiterlager der AFA

Zwangsarbeiter bei der AFA vor ihrer Baracke, um 1943/44 (oben)
Zwangsarbeiterlager, Stöckener Straße 351 heute Gelände des „Wissenschaftsparks“ (unten)

Da die Werksgelände der **Accumulatoren-Fabrik** (AFA) in Hagen und Berlin Mitte der 1930er Jahre kaum mehr Möglichkeiten zur Ausdehnung besaßen, suchte Vorstandsmitglied Günther Quandt einen neuen Standort für ein größeres Werk. Es sollte verkehrsgünstig am Rande einer Großstadt liegen, über einen Gleisanschluss verfügen, einen Zugang zur Binnenschifffahrt bieten sowie in der Nähe der damals gerade in Planung und Bau befindlichen Autobahnen liegen. Das 850.000qm große Gelände in Hannover-Stöcken war ideal. Das Grundstück wurde 1936 gekauft und die Fabrik 1938 unter der Adresse Stöckener Straße 351 (heute Am Leineufer 51) fertiggestellt. In Stöcken produzierte die AFA als Rüstungsbetrieb für die Kriegsmarine seit Herbst 1940 hauptsächlich Akkumulatorenzellen für U-Boot-Batterien und Batterien für elektrisch angetriebene Torpedos. Vor allem die Herstellung von U-Boot-Zubehör besaß für die Kriegsproduktion erhöhte Priorität.

Ein großes Problem für das Unternehmen war im Krieg die fehlende Stammbelegschaft im Werk Hannover. Unweit der AFA bestanden daher gleich mehrere Zwangsarbeiterlager im damaligen Industriegebiet Nordhafen. Hier waren ab Frühjahr 1940 mehrere tausend Zwangsarbeiter aus Belgien, Frankreich, Dänemark, Italien, Kroatien, den Niederlanden, Polen, Russland, der Ukraine, Serbien und der Tschechischen Republik untergebracht. Die Firma selbst gab nach dem Krieg den Einsatz von 4.400 Zwangsarbeitern für ihr Werk in Hannover an, nicht eingerechnet KZ-Häftlinge und Kriegsgefangene. Besonders schwierig war die Überlebenssituation für Polen und „Ostarbeiter“. Sie besaßen keine Rechte und waren der Willkür der Kollegen am Arbeitsplatz sowie des Lagerpersonals ausgesetzt. Zwangsarbeiter wurden in der Regel in gefährlichen und gesundheitsschädlichen Arbeitsbereichen eingesetzt. Bei der AFA betraf dies den Umgang mit Chemikalien, die oft zu Bleivergiftungen oder Bleikoliken bei den vollkommen ungeschützten Zwangsarbeitern führten. In der Bleiabteilung arbeiteten beispielsweise 680 Personen, davon 24 Deutsche. Der Rest waren Zwangsarbeiter und KZ-Häftlinge.

Im März 1943 kam es zu Gesprächen über einen möglichen Einsatz von KZ-Häftlingen für die AFA. Mitte Juli 1943 traf das erste Häftlingskommando aus dem Stammlager Neuengamme bei Hamburg zum Bau des Konzentrationslagers in Stöcken ein. Im März 1944 betrug die Belegstärke 790 und im August schon 1.533 Inhaftierte. Die AFA ging bei ihren Kalkulationen von einer „durchschnittlichen monatlichen Fluktuation von 80 Arbeitskräften“ aus. In Stöcken gab es große Häftlingsgruppen aus Belgien, Dänemark, Deutschland, Frankreich, Polen, der ehemaligen Sowjetunion sowie eine kleinere Anzahl von Griechen, Italienern und Tschechen.

Das Konzentrationslager der AFA war ab Juli 1944 gleichzeitig die „Standortverwaltung“ für alle anderen hannoverschen KZ. Es war das größte, am längsten existierende dieser KZ und hatte die höchste Todesrate zu verzeichnen. Lagerführer war Kurt Klebeck. 1906 in Berlin geboren, besuchte er zunächst die Handelsschule und arbeitete dann für eine Versicherung. Bereits 1933 trat er in die NSDAP ein und wurde Mitglied der SS. Klebeck soll in Weißrussland an Erschießungsaktionen gegen die jüdische Bevölkerung beteiligt gewesen sein. Im KZ Sachsenhausen unterschlug er Nahrungsmittel der

Steinbaracke des ehemaligen KZ der AFA mit Bergung von Leichen aus einem Massengrab, August 1946

Häftlinge und betrieb damit einen schwunghaften Handel. 1944 wurde er schließlich als „Stützpunktleiter des Distrikts Hannover" mit allen dazugehörigen Konzentrationslagern der Firmen Accumulatoren-Fabrik, Continental Gummi-Werke, Deurag-Nerag und Brinker Eisenwerke eingesetzt. Er sagte im Juni 1946 dazu aus, dass er für das KZ der AFA zusätzlich als Lagerführer eingesetzt war und ansonsten alle hannoverschen KZ ungefähr einmal wöchentlich inspizierte, anschließend die Berichte zum Stammlager Neuengamme schickte und regelmäßig Besprechungen mit den anderen Lagerkommandanten abhielt.

SS-Männer und Kapos bewachten die Häftlinge nicht nur im Lager, sondern auch am Arbeitsplatz. Günther Wackernagel, ein ehemaliger Häftling, berichtet von den Arbeitsbedingungen: „Infolge der gefährlichen Arbeit und des Antreibens gab es sehr oft Unfälle, bei denen die Häftlinge mit den Händen bzw. den Armen in die siedeheißen Bleiformen kamen und sich hierbei Brandverletzungen III.

Kommission zur Exhumierung der Leichen auf dem ehemaligen KZ-Gelände, August 1946

Grades zuzogen, die nicht selten die Amputation von Händen und Armen zur Folge hatten. An den großen Gummiwalzen waren die größten Unglücksfälle zu verzeichnen. Hier gerieten die Häftlinge infolge Fehlens von Sicherheitsvorkehrungen mit den Händen und Armen zwischen die Konterwalzen und es wurde – bei vollem Bewusstsein – das Fleisch zumeist bis zum Oberarm von den Knochen abgezogen. Da die Maschinen sich nicht automatisch abschalten und der an ihr verunglückte Häftling keine Ausschaltvorrichtung an der Maschine bedienen konnte, musste der Häftling solange in diesen heißen Konterwalzen hängen bleiben, bis ihn ein anderer Häftling entdeckte. Diese Art von Unfällen führte meist zum Tode oder grundsätzlich zur Amputation des Armes."

Die Überlebenschancen waren gering und die Situation verschärfte sich zum Kriegsende. Neben der alltäglichen Gewalt und Folter, der die geschwächten Häftlinge ausgesetzt waren, fanden offizielle Hinrichtungen, wie die von Helmut Stankus am 17. August 1944, statt. Arbeitsunfähige Häftlinge kamen zurück in das Stammlager nach Neuengamme, wo sie ihrem Schicksal überlassen wurden. Einige Häftlinge versuchten zu fliehen, manchmal sogar mit Erfolg, selbst wenn die Gestapomitarbeiter aus Ahlem an ihrer Verfolgung mitwirkten, wie die Schilderung von Emmi Wente belegt: „In der Nacht vom 8. zum 9. Oktober 1944 kam Nonne im Auftrage der Gestapo mit Herrn Rudolf Lange in meine Wohnung in die Heisenstraße 32 und suchte bei mir den Häftling Karl Huhn, der aus dem K.Z.-Lager in Hannover-Stöcken ausgebrochen war. Am anderen Morgen wurde ich dann gegen 9.00 Uhr von einem anderen Gestapobeamten, dessen Namen ich nicht mehr weiß, der aber zu dem Nonne gehörte, abgeholt und in das K.Z.-Lager Stöcken gebracht. Dort wurde ich anschließend bis zum Abend, es kann 23.00 Uhr gewesen sein, verhört. Nach dem Verhör wurde ich in das Akku.-Lager gebracht, wo ich die Nacht verbrachte. Während des Verhörs waren Nonne, Tull Harder [Lagerführer des KZ Ahlem] und Dammann [SS-Mann aus dem KZ Ahlem] sowie noch weitere Personen zugegen. Lediglich eine Mittagspause von ca. 1 Stunde wurde eingelegt. Nachdem ich nach 13stündiger Vernehmung noch nichts ausgesagt hatte, wurde ich gegen 24.00 Uhr zu der Gestapo in Ahlem bei Hannover gebracht. Dort ging die Vernehmung nun weiter, und zwar wurde ich zu jeder Tag- und Nachtzeit, immer wenn es den Herren so passte, zur Vernehmung herangeholt. Da ich dort auch keine Aussage machte, verblieb ich dort vorerst 9 Tage. Bei diesen Vernehmungen war eine Stenotypistin und nur Nonne zugegen, der die Vernehmung selbst führte. Der Nonne hatte einen Gummiknüppel in der Hand, womit derselbe mich über den Rücken geschlagen hat, weil ich nichts ausgesagt habe. Da man mir nichts nachweisen konnte, suchte man andere Gründe. Man legte mir nun zur Last, dass ich Umgang mit Kriegsgefangenen gehabt hätte. Hierauf wurde ich erneut von dem Nonne vernommen. Da man anschließend die Kriegsgefangenen vernahm und dieselben zwang, das Protokoll zu unterschreiben, was dieselben auch getan haben, wurde ich hierauf vom Sondergericht Hannover am 1.12.1944 zu 2 Jahren Zuchthaus und 2 Jahren Ehrverlust verurteilt."

Flüchtlingslager in den Baracken der ehemaligen Zwangsarbeiter, Mai 1948

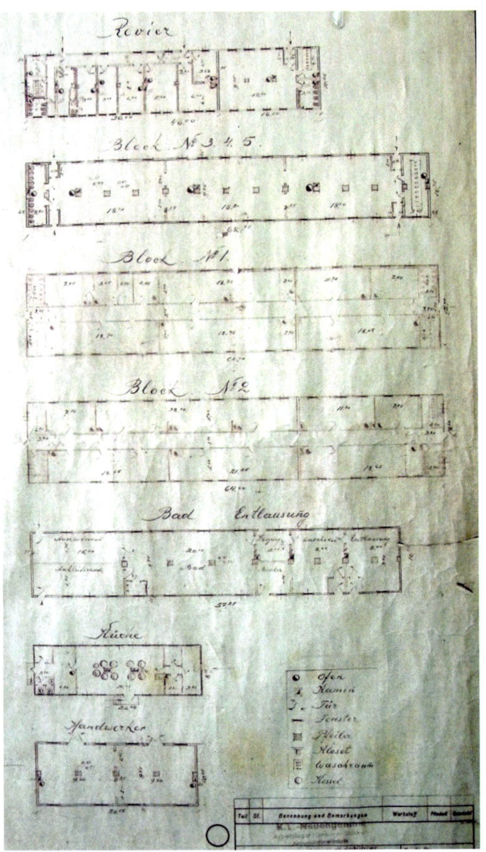

Zeitgenössische Skizze zu den Baracken des KZ der AFA

Der Befehl zur Evakuierung der gegen Kriegsende noch bestehenden fünf hannoverschen Konzentrationslager erfolgte am 6. April 1945. Weitere Tote unter den Häftlingen gab es auf den sich anschließenden „Todesmärschen" zum Konzentrationslager Bergen-Belsen. Geschwächte Häftlinge starben auf dem Fußmarsch oder wurden an Ort und Stelle von den SS-Bewachern erschossen. Im KZ Bergen-Belsen starben viele Häftlinge noch kurz vor oder nach der Befreiung des Lagers am 15. April 1945. Vom KZ Stöcken aus wurden außerdem Häftlinge in Güterwaggons auf eine Reise in den Tod nach Gardelegen geschickt. Diese Häftlinge wurden mit anderen KZ-Häftlingen in einer Feldscheune in Isenschnibbe bei lebendigem Leib verbrannt. Bei diesem Massaker starben 1.016 Häftlinge auf unglaublich grausame und qualvolle Weise.

Unmittelbar nach dem Krieg wurde in Hannover der „Hauptausschuss ehemaliger politischer Häftlinge und Verfolgter Land Niedersachsen" gegründet, der sich um die Versorgung von Überlebenden, aber ebenso um die Trauerarbeit zu den Opfern kümmerte. Aus einem Schreiben vom Juni 1949 gehen folgende Informationen über Todeszahlen einiger hannoverscher Konzentrationslager hervor: KZ Hanomag – Mühlenberg, 252 Tote, davon 72 durch „Gewalttod"; KZ Continental Gummi-Werke – Stöcken, 4 Tote, davon 1 durch „Gewalttod" (später KZ Ahlem); KZ Accumulatoren-Fabrik – Stöcken, 812 Tote, davon 104 durch „Gewalttod"; KZ Continental Gummi-Werke – Ahlem, 504 Tote, davon 56 durch „Gewalttod".

Nach dem Einmarsch der Alliierten am 10. April 1945 in Hannover wurde das AFA Werk Stöcken am 20. April 1945 besetzt und vorübergehend stillgelegt. Hier hatte es kaum Beschädigungen gegeben, im Gegensatz zum Stammwerk in Hagen. Am 14. Juni 1945 lief die Produktion bereits wieder an und das Unternehmen war schnell wieder profitabel. Heute gehört das Gelände unterhalb der ehemaligen Accumulatoren-Fabrik der Stadt Hannover. Dort sind im „Wissenschaftspark" mehrere Firmen und Einrichtungen der Leibniz Universität Hannover ansässig. Bis heute sind noch Reste der Barackenfundamente des Konzentrationslagers und ein sehr kleiner Bereich eines Zwangsarbeiterlagers erhalten geblieben.

Ehemaliges Arbeitserziehungslager der Firma Pelikan in der Podbielskistraße, 2015 (oben)
Gebäude der Firma GWV in der Hansastraße, 2015 (unten)

Als Gründungsjahr der Günther Wagner Pelikan-Werke gilt das Jahr 1838. Damals begann der Chemiker Carl Hornemann mit der Herstellung von Künstlerfarben. Günther Wagner trat 1863 in die Firma ein, erwarb sie 1871 und führte sie zum Erfolg. Der Pelikan, das Wappentier der Familie Wagner, wurde zur Schutzmarke für die Produkte des Unternehmens. Das Blechwerk mit dem Namen „**Günther Wagner Verpackungswerke**" (GWV) ging aus der 1905 aufgenommenen Herstellung von Blechfarbkästen und Blechverpackungen für die Firma Pelikan-Werke (Tinten- und Tuschproduktion) hervor.

In den Versicherungsunterlagen der GWV zur Kriegszeit finden sich 2.000 Namen von Zwangsarbeitern aus ganz Europa, wie den Niederlanden, Belgien, Frankreich und Italien. Von diesen kamen allein 540 aus Polen und 650 aus der Ukraine und Russland. Neben dem Zwangsarbeiterlager gab es am Standort unter der Adresse Hansastraße 10 ein „Arbeitserziehungslager" (AEL) für Frauen, das der Gestapo in Ahlem unterstand, sowie eine Wöchnerinnenbaracke für Zwangsarbeiterinnen. Die Todesrate der hier untergebrachten Säuglinge lag bei fast 50 Prozent, was auch durch die Schilderung einer Zeitzeugin bestätigt wird: „Auf dem Gelände unseres Lagers stand bis zum Kriegsende eine Baracke mit polnischen Säuglingen, die dort nach der Rückkehr aus dem Krankenhaus für Ausländer untergebracht waren. Eine deutsche Krankenschwester achtete auf die Ordnung in der Baracke. Die Kinder wurden jeweils von einer Mutter betreut, die nicht arbeiten musste. So lange die Kinder gestillt werden konnten, ging es noch einigermaßen – aber wie lange kann eine hungrige Mutter stillen? Später bekamen die Babys nichts als Möhrensuppe, die ihnen von der Krankenschwester zugeteilt wurde. Da die Mütter ihren Kindern nicht das Nötigste geben konnten, nahmen sie das, was ihnen zur Verfügung stand. Ich sah Kinder, die nur in Lappen eingewickelt waren. Die Lappen dienten gleichzeitig als Windel und Kleidung. Die Sterblichkeit unter diesen Kindern war sehr hoch. Sie waren sehr schwach, und nur durch ihr Weinen konnte man erkennen, dass sie noch am Leben waren. Die Leichen wurden von den deutschen Wachen weggeschafft. Die Kinder, die länger lebten, sahen wie Gespenster aus. Die Arme und Beine waren sehr dünn, die Augen verwirrt und die Bäuche aufgebläht. Ich schaute nur ein einziges Mal in diese Baracken hinein, aber bis zu meinem Lebensende werde ich diesen Anblick nicht vergessen."

Eine weitere Zeitzeugin berichtet aus ihrer Haftzeit in den beiden AELs der Firma Pelikan-Werke und Günther Wagner Verpackungswerke Folgendes: „Unser Straflager befand sich im Hinterhof auf dem Gelände der Firma Pelikan in Hannover. Wir waren im ersten Stock des Gebäudes eingesperrt. Das Lager wurde von Frauen beaufsichtigt. Die Bedingungen waren schrecklich, denn es herrschte Hunger, Dreck und überall waren Läuse. Die Frauen aus dem Straflager arbeiteten im Keller der Fabrik in der Produktion von Federn, Stempeln und Tinte. Dort habe ich nur ein paar Tage gearbeitet, bis man mich in einem verdeckten Auto zur Firma Günther Wagner Verpackungswerke [Hansastraße 10] brachte. Oben in der Fabrik befand sich ein Straflager, ein Saal, in dem 70 inhaftierte Frauen untergebracht waren, darunter auch ein vierzehnjähriges Mädchen. Es waren Frauen aus Polen, Russland, Frankreich und Deutschland. Wir waren dort wegen Kleinigkeiten, beispielsweise schenkte eine Deutsche einer hungrigen Ausländerin eine Scheibe Brot, oder die Arbeit wurde nicht genauso verrichtet, wie es gefordert war. Die deutschen Frauen bestrafte man, weil sie Beziehungen zu Ausländern gehabt haben sollen. Ich erinnere mich besonders an eine deutsche Frau, die zu Tode geprügelt wurde und in der Nacht starb. Sie konnte nicht arbeiten und wurde von den Bewacherinnen sehr schlecht behandelt. Eine Polin hatte einen Arbeitsunfall – ihr wurden vier Finger von einer Maschine abgetrennt. Man gab ihr etwas Toilettenpapier, um die Blutung zu stoppen. Sie kam in das Konzentrationslager Ravensbrück.

In einem Saal, wo wir wohnten, standen Etagenbetten mit Strohmatratzen. Hier waren Läuse die schlimmste Plage, aber wir bekamen keine Seife. Die Ernährung war schlecht, und wir bekamen keine Kleidung. Wir bekamen eine Nummer, die wir an unserer Kleidung anbringen mussten. Ich hatte die Nummer 27. Wir waren einfach nur eine Nummer und hatten keine Namen mehr. An den Betten waren Zettel mit der Dauer unserer Strafe angebracht. Ein leerer Zettel bedeutete den Abtransport in ein Konzentrationslager. Am Anfang hatte ich einen leeren Zettel, der später gegen einen mit 56 Tagen ausgewechselt wurde. Nach dem Morgenappell gingen wir unter Bewachung von Frauen zur Arbeit in die Fabrik. Niemand durfte mit uns sprechen. Am 12. Oktober 1944 wurden einige Frauen und ich entlassen.“

Das Unternehmen existiert nicht mehr, aber der Produktionsort und Teile der alten Gebäude sind noch heute vorhanden.

Zwangsarbeiterlager in Schulen

Die Schulen in der Badenstedter Straße 14 (oben)
und in der Davenstedter Straße 14, 2015 (unten)

Nahezu jeder „Arbeitgeber“, der zum Kriegsende noch Arbeitskräfte benötigte, hatte Zwangsarbeiter im Einsatz. Sie arbeiteten in Privathaushalten oder Rüstungsfirmen, in Druckereibetrieben, bei den Städtischen Bühnen, in Gärtnereien, Tischlereien, im Zoologischen Garten, in Krankenhäusern und vielen weiteren städtischen Betrieben. Die Lebensbedingungen und Überlebenschancen der Zwangsarbeiter hingen von verschiedenen Faktoren ab wie der Einordnung in das NS-Rassensystem, der Situation im jeweiligen Lager vor Ort, dem Verhalten der Vorgesetzten und Kollegen, der Lagerführer sowie der aktuellen Kriegssituation. Die Lager unterschieden sich in der Form – je nachdem, ob sie aus Baracken oder Gebäuden bestanden – sowie in der Kapazität, die von kleinen Gruppen bis zu mehreren tausend Personen reichte. Die Deutsche Arbeitsfront (DAF) sowie die „Lagergemeinschaft Hannover e.V.“ organisierten größere „Gemeinschaftslager“. Der Verein war zur Schaffung von Unterkunftsmöglichkeiten für „ortsfremde Arbeiter und Kriegsgefangene“ gegründet worden.

Die Lagergemeinschaft Hannover arbeitete so erfolgreich, dass „die Nachfrage nach freien Plätzen [...] außerordentlich groß“ war und schließlich ungefähr 170 Firmen, „darunter die Hanomag, Huth, Conti, Vereinigte Leichtmetall-Werke, aber auch eine ganze Reihe von kleinen Betrieben“, die zu den Mitgliedern zählten. Als der Schulbetrieb im Wesentlichen eingestellt wurde, nutzte die Gauhauptstadt Hannover Schulgebäude als Lager für den Zwangsarbeitereinsatz. Die Stadt überließ der Deutschen Arbeitsfront öffentliche Gebäude zur Einquartierung von „Rüstungsarbeitern“ und betrieb ebenfalls selbst Lager für ihre eigenen Interessen. In den städtischen Krankenhäusern wurden Abteilungen für Zwangsarbeiter eingerichtet wie im „Krankenhaus Linden“, Nordstadt und im Heidehaus. „Feindliche Ausländer“, überwiegend Polen, Ukrainer und Russen, wurden in diesen Krankenhäusern gesondert einquartiert. Zusätzlich gab es das städtische „Ausländerkrankenhaus Petri-Schule“, das zum Krankenhaus Ricklingen, heute Krankenhaus Siloah, gehörte.

Von der Nutzung als Zwangsarbeiter- und Kriegsgefangenenlager oder für ähnliche städtische Zwecke betroffen waren die damalige Volksschule 48 Badenstedter Straße 14, Volksschule 47 Davenstedter

Straße 14, Volksschule 50/51 Fröbelstraße 5, Volksschule 29 Kestnerstraße 39, Volksschule 42 Mecklenheidestraße 89, Oberschule für Knaben Lutherkirche, Volksschule 12 Haltenhoffstraße, Volksschule 14 Wendlandstraße, Volksschule 18 Hagenstraße, Volksschule 19 Alemannstraße 11, Volksschule 21 Wilhelm-Gustloff-Platz (heute Bonifatiusplatz), Volksschule 22a Edenstraße, Volksschule 31 Schweriner Platz, Volksschule 34 Altenbekener Damm, Volksschule 35 Am Lindenhof, Volksschule 36 Hildesheimer Chaussee, Volksschule 41 Ebelingstraße, Volksschule 55 Harenberger Straße, Volksschule 56 Diesterweg, Volksschule 57 Stammestraße, Volksschule 62 Fuldastraße, Volksschule 65 Hölderlinstraße und weitere Schulen in der Rumannstraße, Uhlandstraße, Am Lindener Berg, Mommsenstraße, Beethovenstraße, Schaufelderstraße, Salzmannstraße, Lutherkirche. Auf dem Gelände der heutigen Käthe-Kollwitz-Schule befand sich während der Kriegszeit ein Zwangsarbeiterlager der Firma Bahlsen.

In der Volksschule 48 in der Badenstedter Straße 14 gab es ein vom Stadtbauamt Hannover geführtes Lager für 550 „Italienische Militärinternierte" (IMI). Vincenzo DiDonato erinnerte sich in einem Interview an seine Zeit in diesem Lager: „Im Lager Mühlenberg war ich vielleicht drei Monate, bis ich dann zur Badenstedter Straße 14 gekommen bin. Unser Dolmetscher sagte uns, dass wir nun offiziell keine Kriegsgefangenen mehr, sondern Zwangsarbeiter wären. Die Verhältnisse blieben aber gleich schrecklich, egal, was und wo wir waren. In der Badenstedter Straße wurden wir in einer ehemaligen Schule untergebracht und auf die verschiedenen Etagen verteilt.

Unser Lagerführer war sehr aggressiv, eine Bestie, denn er hat uns bei Kleinigkeiten gleich bestraft. Zum Beispiel sperrte er manche der Mitgefangenen in ein ‚Strafzimmer' im Keller ein, wo sie ein paar Tage nichts zum Essen oder Trinken bekamen. Als Bewachung wurden ungefähr zehn bis zwanzig Männer eingesetzt, die häufig betrunken waren. Die Aufseher haben am Lindener Berg in kleinen villenähnlichen Häusern gewohnt. Wir, die Gefangenen, wurden in Klassenzimmer einquartiert, die unterschiedlich groß waren, und ich lebte im ersten Stock des Gebäudes. In diesem Klassenraum standen vier dreistöckige Etagenbetten. Jeder hatte ein Strohbett. Da wir so abgemagert waren, haben wir immer gefroren. Abends war die Schule zwar abgeschlossen, aber wir durften uns innerhalb des Gebäudes bewegen. Wir hatten auch einen Ofen in jedem Zimmer, wo wir zum Beispiel Kartoffelschalen garen konnten. Ich hatte keine Möglichkeit, mich zu waschen oder zu duschen, und überall waren diese Läuse. So konnte ich mir zum Beispiel in dieser Zeit nie die Zähne putzen und die ganzen drei Jahre habe ich nur meine Armeekleidung angehabt.

Nachdem wir uns morgens um vier Uhr alle auf der Badenstedter Straße vor der Schule aufgestellt haben, wurden wir eingeteilt und von den jeweiligen Leuten zur Arbeit abgeholt. Es kamen morgens viele Bauern, die noch Arbeiter brauchten. Nach den Bombenangriffen mussten wir auch den Schutt wegräumen und die Leichen bergen. Außer der Beschäftigung bei der Deurag-Nerag in Misburg mussten wir sehr unterschiedliche Arbeiten ausführen. Unter den italienischen Zwangsarbeitern waren zum Beispiel Friseure, Schlachter, Schneider, Tischler oder Bäcker, die dann in ihren alten Berufen arbeiteten. Ich hatte Gastronom als Beruf angegeben und musste deshalb in den letzten Monaten nach den Bombenangriffen unter Bewachung Essen an die Flüchtlinge und ausgebombten Personen in den verschiedenen Bunkern austeilen. Mit mehreren Italienern und einem LKW holten wir die großen Essenskübel ab. Dann fuhren wir zu den Bunkern am Bahnhof, Klagesmarkt, Weißekreuzplatz usw. Grundsätzlich waren wir immer froh, wenn wir aus dem Lager durften, denn dann konnten wir in den Mülltonnen oder im Schutt nach Essbarem suchen. Am schlimmsten war der Hunger. Ich kann einen jungen Italiener aus Frosinone nicht vergessen, dem ich manchmal etwas zu essen gab. Er war sehr krank und lag im Bett unter mir. Es gab dort viel Ungeziefer, und er hat vor lauter Hunger die weißen Läuse gegessen. Eines Morgens ist er gestorben."

Die Volksschule 50/51 befand sich in der Fröbelstraße 5. Das Gebäude entstand 1897 zunächst als Bürgerschule 50/51, bis hier eine neue Schulform ihren Anfang nahm. Die Weltlichen Schulen waren nach dem Ersten Weltkrieg die Antwort von freigeistigen Anhängern der Arbeiterbewegung auf das traditionell autoritär ausgerichtete Schulsystem. In das linke Schulgebäude zogen Ostern 1922 die ersten bekenntnisfreien Klassen der Weltlichen Schule ein. Aber erst 1927 wurde eine eigene Rektorenstelle genehmigt, sodass sie nun

Das ehemalige Schulgebäude in der Fröbelstraße 5, 2015

offiziell als Weltliche Schule anerkannt wurde. Trotz heftiger Widerstände durch Kirchen und bürgerliche Kreise konnte jetzt dieses Konzept auch an anderen Schulen praktiziert werden. Wegen der wachsenden Nachfrage entstanden bis 1933 weitere sieben Außenstellen in Bürgerschulen.

Auch in den Weltlichen Schulen galten die für alle verbindlichen Lehrpläne, aber es gab zunehmend reformpädagogische Inhalte und Methoden im Unterricht wie die Neuausrichtung auf Sport- und Musikerziehung sowie freie Unterrichtsgespräche. Die soziale und kulturelle Situation der Kinder wurde ebenfalls in den Unterricht integriert. Das Ideal war ein partnerschaftliches Lehrer-Schüler-Verhältnis. Die Weltlichen Schulen hatten jedoch nur eine kurze Lebensdauer. Sie wurden 1933 umgehend von den neuen Machthabern verboten, da sie als „marxistisch verseuchte" Bildungseinrichtungen galten. In den folgenden Wochen wurden die Klassengemeinschaften aufgelöst und die Lehrer versetzt, verhaftet oder entlassen. Das Gesetz zur „Wiederherstellung des Berufsbeamtentums“ vom April 1933, eine Maßnahme zur Entlassung insbesondere jüdischer Beamter, die „nach ihrer bisherigen politischen Betätigung nicht die Gewähr dafür bieten, dass sie jederzeit rückhaltlos für den nationalen Staat eintreten“, bildete die Grundlage für diese Verfolgung. Nach diesem Gesetz wurden in Hannover 27 Lehrer aus politischen Gründen entlassen, davon waren 15 Pädagogen aus den Weltlichen Schulen, von denen sich viele anschließend dem Widerstand anschlossen.

Wie in vielen anderen während des Krieges für den Schulbetrieb geschlossenen Schulen gab es in der Fröbelstraße ein Lager für Zwangsarbeiter. Es wurden ab Dezember 1943 unter anderem Niederländer, Polen, Ukrainer, Russen, Belgier und Franzosen dort einquartiert. In diesem Lager waren neben den Zwangsarbeitern immer wieder auch deutsche Handwerker untergebracht. Als Arbeitgeber wurden kleinere Firmen und die Deutschen Edelstahlwerke angegeben. Kurz vor Kriegsende kamen einige Zwangsarbeiter aus der Ahlemer Gestapohaft in dieses Lager. Der einzige bekannte Zeitzeuge aus dem Zwangsarbeiterlager in der Fröbelstraße, ein Niederländer, beschrieb seine Situation im Schulgebäude und bei der Arbeit als „angemessen“. Bedrohliche Situationen entstanden jedoch während der Arbeit: „In der Fabrik hatte ich eine ziemlich wichtige Arbeit mit Kurbelwellen von Motoren. Es durfte nicht viel schiefgehen. Es ist mir einmal passiert, dass ich eine Kurbelwelle beschädigte. Da gab es einen großen Aufstand und Sabotagevorwürfe. Die Polizei wurde geholt und um Haaresbreite bin ich einer Verhaftung entgangen. Mit Hilfe des Vorarbeiters fand die Verhaftung nicht statt, denn wir waren anfangs mit vier Personen hier für die Produktion zuständig und zwei Deutsche waren schon verhaftet worden. Also blieben nur zwei Arbeitskräfte für die Produktion übrig. Das hat mich gerettet.“

31 Opfer der Militärjustiz – Friedhof Fössefeld

Der ehemalige Militärfriedhof Limmer mit dem Gräberfeld der Opfer aus dem Zweiten Weltkrieg und einem Grabstein, Gedenkfeier 2015

Der Garnisonsfriedhof in Limmer, heute **Friedhof Fössefeld** in der Friedhofstraße, in der NS-Zeit als „Militärfriedhof Limmer“ bekannt, wurde 1865 eröffnet. Viele getötete Soldaten aus dem Ersten Weltkrieg und aus der Zeit davor fanden in Limmer ihre letzte Ruhestätte. Mit dem Zweiten Weltkrieg erhöhte sich erneut die Anzahl der Soldatengräber. Vermutlich handelte es sich bei den meisten um Verstorbene aus den hannoverschen Lazaretten. Zu Beginn des Krieges wurde bei Beisetzungen auf dem Friedhof noch von Ehre und Ritterlichkeit dem Feind gegenüber gesprochen. In der kleinen Kapelle hielten Soldaten eines Luftwaffengeschwaders eine Ehrenwache an den Särgen von zwei britischen Fliegern, die abgeschossen worden waren. Die Zeremonie endete mit einem Trommelwirbel und Ehrensalven. Zu den Schicksalen der zunächst hier beerdigten und meist später umgebetteten Franzosen, Polen, Italiener und Russen ist bislang nichts bekannt. Auf dem Friedhof Fössefeld sind zudem 22 Soldaten beigesetzt worden, die Selbstmord begangen haben.

Ferner existieren auf diesem Friedhof Gräber von Soldaten, die von der NS-Militärjustiz zum Tode verurteilt und in Hannover hingerichtet wurden. Ihnen wurde „Fahnenflucht“ oder „Wehrkraftzersetzung“ vorgeworfen. Wegen „Wehrkraftzersetzung“ wurden insbesondere Soldaten abgeurteilt, die den „Kriegsdienst“ verweigerten, Kritik an Hitler übten, Zweifel am Endsieg äußerten oder durch Selbstverstümmelung dem Militärdienst entkommen wollten. Wer Flugblätter der Alliierten verteilte, Kriegsgefangenen oder den erklärten „Feinden“ des NS-Systems half, galt ebenfalls als Kriegsverräter. Die Militärrichter handelten gnadenlos, während diese Soldaten ein Gewissen besaßen oder Mitleid für andere empfanden. Sie galten der Volksgemeinschaft und Justiz in jedem Fall als „Verräter“, auch wenn sie nur harmlose Kritik am NS-System hatten fallenlassen – geschah dies in Anwesenheit eines Spitzels, wurde es ihnen zum Verhängnis. So erlebte es auch Hubert Breitschaft, der für sein „Vergehen“, eine unbedachte Äußerung, hingerichtet wurde.

Das Wehrmachtsuntersuchungsgefängnis befand sich am Waterlooplatz 16. Von dort wurden die zum Tode Verurteilten zum Gelände der (heutigen) Emmich-(Cambrai)-Kaserne und auf den Hinrichtungsplatz geführt. Zehn Schützen standen fünf Schritte von dem Verurteilten entfernt und schossen auf Kommando. Zur Abschreckung mussten andere Soldaten zusehen. Die Angehörigen der trauernden, traumatisierten Familien wurden vom NS-Staat weiter drangsaliert und von der Nachkriegsgesellschaft häufig ausgegrenzt. Diese Opfergruppe wurde erst 2009 formal vom Deutschen Bundestag rehabilitiert.

Nach dem Krieg gab es viele Umbettungen vom Militärfriedhof Limmer zu anderen Friedhöfen, wie die der abgeschossenen amerikanischen, kanadischen und britischen Flieger. Der Hannover War Cemetery ist eine Kriegsgräberstätte, die von der Commonwealth War Graves Commission (CWGC) als exterritoriales Gebiet Großbritanniens betrachtet wird. Der Anfang der 1950er Jahre angelegte „Englische Friedhof" liegt auf dem Gebiet der Stadt Seelze bei Harenberg.

Porträt: Hubert Breitschaft

Auf einem besonders abgegrenzten Gräberfeld des Friedhofs Fössefeld ist Hubert Breitschaft mit vermutlich weiteren hingerichteten Soldaten beigesetzt worden. Er wurde im November 1903 in Cham geboren und am 12. Dezember 1944 um 8.35 Uhr auf dem Schießplatz der (heutigen) Emmich-(Cambrai)-Kaserne hingerichtet. Der Lehrer und Oberzahlmeister Breitschaft musste für eine unbedachte Äußerung gegen Hitler sterben, über den er sagte: „Schade, dass es ihn nicht erwischt hat. Der Kerl hat schon zu viele ins Unglück gestürzt." Ein Spitzel schrieb noch am Abend einen Bericht an seine Vorgesetzten zu diesen Äußerungen. Daraufhin wurde Hubert Breitschaft festgenommen und zwei Wochen später, am 2. August 1944, wegen „Wehrkraftzersetzung" zum Tode verurteilt. Im September 1944 kam er in das Wehrmachtsuntersuchungsgefängnis Hannover. Sein Gnadengesuch an Göring Ende des Monats wurde abgeschmettert, aber ein zweiter Versuch an Heinrich Himmler Mitte Oktober schien erfolgversprechend. Seine Frau machte sich daraufhin auf den Weg nach Berlin, um persönlich noch einmal Fürsprache für ihren Mann zu halten. Am 20. Oktober 1944 durfte sie schließlich ihren Mann im Gefängnis besuchen. Ein alter mitfühlender Feldwebel aus dem Vollzugsdienst nahm sie mit zu seiner Familie und sorgte für ein zweites Treffen. Anfang Dezember 1944 kam dann folgende Nachricht aus Berlin: „Ich bedaure Ihnen mitteilen zu müssen, daß es dem Reichsführer SS nicht möglich war, sich zu einem Gnadenerweis zu entschließen." Frau Breitschaft schrieb daraufhin: „Weihnachten, das Fest des Friedens naht. Ich finde die Worte nicht, welche ich schreiben möchte, um Sie zu bitten, meiner Familie den Frieden zu schenken [...] Lassen Sie uns nicht irre werden und untergehen [...] Herr Minister helfen Sie uns. Es kann nicht sein, daß ich sie umsonst bitte. Der Himmel wird es Ihrem Wirken lohnen." Zeitgleich mit Hubert Breitschafts Hinrichtung schrieb seine verzweifelte, damals elfjährige Tochter noch einen Brief an den „SS-Führer", in der Hoffnung, ihren geliebten Vater vielleicht doch retten zu können. Alle Versuche und Bitten der Familie waren vergeblich. Kurz vor Weihnachten erhielten sie schließlich die Nachricht von der Ermordung Hubert Breitschafts.

Hubert Breitschaft in seinem Zivilberuf als Lehrer

Der Überlebende der Erschießungen, Peter Palnikow, bei der Exhumierung der Leichen des Massakers vom Anfang April 1945, 2. Mai 1945

Der **Seelhorster Friedhof** entstand 1919 als dritter Stadtfriedhof nach dem Engesohder Friedhof und dem Stöckener Friedhof. Auf dieser Anlage existierte ein Krematorium, das im Zweiten Weltkrieg für die SS und Gestapo von Bedeutung war. Im Einvernehmen mit Hannovers Stadtverwaltung ließen sie hier die von ihnen ermordeten Häftlinge einäschern. Zur Beseitigung dieser Leichen übernahm die Stadt offiziell die Kosten für fünf Tote pro Monat. Das Krematorium konnte jedoch ab Februar 1945 nicht mehr arbeiten, sodass der Friedhof ein Massengrab für die ermordeten Häftlinge zur Verfügung stellte, das weit entfernt vom Haupteingang angelegt wurde. Für die „Zivilopfer" im Krieg entstand in der NS-Zeit ein weiteres Gräberfeld, heute als Kriegsgräberanlage gekennzeichnet, auf dem ebenfalls Zwangsarbeiter und ihre Kinder in Gräbern ohne Namen beigesetzt wurden.

Das Ende ihrer Dienststelle kam für die Gestapo in Ahlem nicht überraschend. Dem Leiter in Ahlem, Hans Heinrich Joost, war schon seit Herbst 1944 bekannt, dass im Zuge der Auflösung seiner Dienststelle ungefähr 200 Häftlinge erschossen werden sollten. Dazu gab es am 30. März 1945 konkrete Vereinbarungen mit der Leitung des Seelhorster Friedhofs zur Bereitstellung eines zusätzlichen Massengrabes auf dem Gräberfeld 20p. Am 3. April 1945 erfolgte eine Dienstbesprechung mit allen Mitarbeitern der Gestapo über die geplante Erschießung. Für jede Hinrichtung bekamen die Männer der Sondereinsatzkommandos üblicherweise Likör und Zigaretten, das galt auch in diesem Fall. Am Morgen des 6. April 1945 fand eine Selektion unter allen Häftlingen des Gefängnisses in Anwesenheit des Leiters der Gestapo Hannover, Johannes Rentsch, statt. Gestapomitarbeiter des Exekutionskommandos wurden kurz zuvor noch einmal befragt, ob sie sich in der Lage sähen, die Erschießung durchzuführen. Ein Mittelschullehrer aus Soltau meldete sich ab und konnte ohne weitere Konsequenzen gehen. Den Häftlingen wurde erzählt, dass sie zum Arbeitsamt in Hannover gebracht werden würden. Die Gefangenen marschierten jedoch stattdessen schwer bewacht durch die zerstörte Stadt bis zu ihrer Erschießung auf dem Seelhorster Friedhof.

In diesem Zusammenhang ist die Aussage des ehemaligen Gestapomitarbeiters Egon Hilburg interessant, die dieser kurz nach Kriegsende im Rahmen der Ermittlungen der Alliierten machte: „Ich war im Aktenraum, und Kommissar Joost kam zur Dienststelle zwischen 7 und 8 Uhr morgens. Im Hof in Ahlem stand ein LKW mit 25 Personen und den Gestapomitarbeitern Rasche, Plünnecke, Peek und den Kapos Buko, Koproczoneck. Mir wurde von Kommissar Joost befohlen, mich sofort zum Friedhof zu begeben, und es war ungefähr 9 Uhr, als ich mit meinem Fahrrad zum Friedhof fuhr. Als ich ankam, bot sich mir ein grauenhafter Anblick. Auf der Wiese lagen die Häftlinge in allen Arten von Positionen, aber die Köpfe alle in einer Richtung. Sobald einer von ihnen etwas den Kopf bewegte, wurde er erschossen. Die beiden Gräber waren bereits gegraben worden, und die Männer waren dabei, das kleinere Grab zu schließen. Die Menschen, die das kleine Grab zugeschüttet haben, mussten sich zusammen in ein anderes Grab legen, mit 10 weiteren Männern, die auf der Wiese standen. [...] Der Boden war schon mit einer Reihe Leichen bedeckt, als eine andere Reihe sich darauflegen musste. Als sich die zweite Reihe hinlegte, bettelte ein Russe, dass er nicht erschossen wird, weil er nur auf der Straße gearbeitet hatte. [Der Gestapomann] Ziese sprang zu ihm hin, der Mann stürzte, dann war da ein Schuss, und der Russe war tot. An der Stelle, wo ich stand, ungefähr zwei bis drei Meter entfernt vom Grab, spritzte mir ein Teil Gehirn in das Gesicht, da war es zwischen 11 und 12 Uhr. Ich griff eine Handvoll Gras und wischte mein Gesicht damit ab. Der Wachmann mit dem Namen Peter [aus dem AEL Lahde] kam zu mir und fragte mich nach etwas zum Rauchen." Hilburg berichtet weiter, dass er ca. 25 bis 30 Erschießungen sah, bevor er ging. Er fuhr direkt zur Zentrale der Gestapo in die Hildesheimer Straße, die in Auflösung begriffen war. Danach kam er um 15 Uhr wieder in Ahlem an, wo er vor einer Kollegin mit seiner Tat prahlte: „All die Männer haben wir heute Morgen umgelegt, das war eine Arbeit!"

Der Überlebende Peter Palnikow, der während der Erschießung fliehen konnte, informierte die Alliierten kurz nach Kriegsende über das Massaker auf dem Seelhorster Friedhof. Am 2. Mai 1945 wurden die Ermordeten daraufhin exhumiert und auf dem Ehrenfriedhof am

Maschsee-Nordufer beigesetzt. In den über Jahre und unter verschiedener Regie stattfindenden Prozessen wurden die Taten unterschiedlich bewertet und abgeurteilt. Wegen der Erschießungen auf dem Seelhorster Friedhof wurden drei Verfahren vor einem britischen Militärgericht in Braunschweig durchgeführt. Dabei ergingen drei Todesurteile, von denen zwei vollstreckt wurden. Das dritte Todesurteil gegen den Kommandoführer der Erschießungen wurde ausgesetzt, und er wurde schließlich im Rahmen der großen Amnestie von 1954 entlassen. Alle Täter waren somit bis Mitte der 1950er Jahre wieder frei.

Porträt: Ira Wolkowa

Ira Wolkowa war ein Mädchen aus der Ukraine, das mit ihrer Cousine Nadja Podmogilnaja aus ihrer Heimat zunächst nach Benthe verschleppt wurde. Die damals Achtzehnjährige kam später zur Reichspost in ein Lager an der Stader Chaussee, heute Vahrenwalder Straße in der Nähe des heutigen Großen Kolonnenwegs. Ira Wolkowa wurde kurz vor Kriegsende in der Straßenbahn verhaftet. Ihre Cousine musste bei der Fabrik Dynamit Empelde arbeiten und befand sich zum Kriegsende in dem Lager „Auf der Kuhbühre, Bornumer Holz“. Beide wurden durch Mitarbeiter der Gestapo in Ahlem ermordet.

Bogdan Wlasenko hat die beiden Cousinen nie vergessen. Mit 17 Jahren wurde er aus der Ukraine deportiert und kam im Juni 1942 nach Hannover. Er arbeitete bei der Maschinenfabrik Niedersachsen Hannover in der Badenstedter Straße und war im „Russenlager Bornumer Holz“ untergebracht. Ungefähr 1943 wurde dieses Lager um ein „Frauenlager“ für „russische Frauen“ erweitert. Nadja und Bogdan lernten sich hier kennen: „Ende 1943 gab man uns OST-Zeichen, die an der Kleidung angenäht werden mussten. So durften wir an Sonntagen außerhalb des Lagergeländes spazieren gehen oder wuschen unsere Kleidung. Die beiden Lager waren voneinander nur durch einen Stacheldrahtzaun getrennt. Manchmal lernten wir auch Frauen aus dem Frauenlager von nebenan kennen. So haben Freundschaften angefangen und manchmal auch die Liebe. Viele sind als Pärchen nach der Befreiung nach Hause gefahren. Wir waren jung und wollten auch leben. Meine Freundin Nadja wurde aber kurz vor

Die Ukrainerin Ira Wolkowa, die von der Gestapo in Ahlem mit 18 Jahren im März 1945 erhängt wurde

Kriegsende verhaftet. Ihre Cousine, Ira Wolkowa, arbeitete bei der Post. Sie nahm heimlich Lebensmittel aus den Postsendungen, wo sie arbeitete, mit. Sie gab Nadja und manchmal auch mir etwas ab. Wahrscheinlich nannte Ira den Namen von Nadja bei einem der Verhöre bei der Gestapo. Jedenfalls wurde Nadja sofort aus dem Lager geholt und verhaftet. Das war kurz vor der Befreiung. Sie schrieb mir heimlich einen Zettel, dass Ira vor ihren Augen erhängt wurde, und sie nicht wisse, was sie noch erwartet. Ich wusste, dass sie unter der Folter wahrscheinlich auch von mir erzählen würde. Daraufhin floh ich bis zur Ankunft der Amerikaner aus dem Lager und versteckte mich im Wald in der Nähe. Ich erfuhr später, dass Nadja kurz vor der Ankunft der Amerikaner zusammen mit ungefähr 200 anderen Menschen aus einem Gefängnis am Stadtrand erschossen wurde."

Ira Wolkowas Hinrichtung fand bereits am 22. März 1945 in Ahlem statt. Eine Augenzeugin berichtete bei den Ermittlungen der Alliierten: „Im Gefängnis [in Ahlem] gab es eine besondere Art von Zelle. Sie wurde Dunkelzelle genannt und war schrecklich. [...] Am Morgen wurde das Mädchen [Ira Wolkowa] aus der Zelle ins Freie gebracht. Ihre Hände waren auf dem Rücken gefesselt, und dann wurde sie zur Holzbaracke gebracht. Dort lagen noch die Leichen [der Erhängten] vom vorhergehenden Tag, unbekleidet, aber mit Papier bedeckt. Das Mädchen wurde auf das Schafott gebracht, und dann fesselten sie ihre Beine. Dann legten sie eine Schlinge um ihren Hals, einen Strick. Dann zog einer den Strick um ihren Hals fest, und ein anderer zog an den Beinen, bis sie gestreckt waren. [Der Gestapomitarbeiter Wilhelm] Nonne stand vor dem Mädchen, etwa fünf Meter von ihr entfernt, außerdem ein Übersetzer, weil das Mädchen nicht Deutsch sprechen konnte. Nonne las ihren Namen vor und sagte ihr, dass sie aufgehängt werde, da sie Mitglied einer Guerillaeinheit sei und verschiedene Waren gestohlen habe. Nachdem der Übersetzer alles übersetzt hatte, sagte Nonne: ‚So, jetzt stirbst du.' Dann stürzte das Mädchen von den Stufen, auf denen sie gestanden hatte, und wurde erhängt. Sie wurde erwürgt. Ihr Gesicht wurde blau und schwoll an und ihre Schultern kämpften."

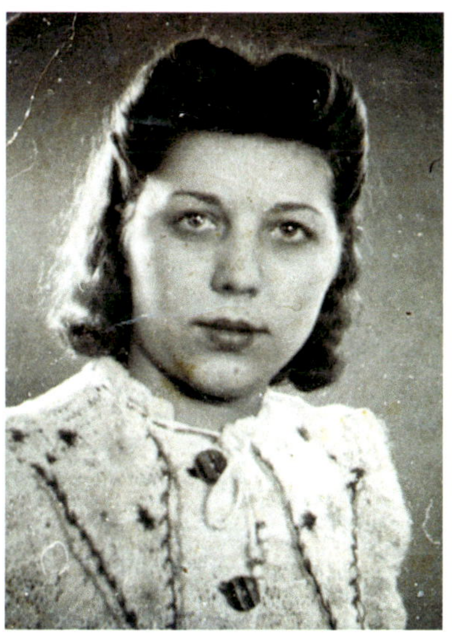

Nadja Podmogilnaja, die am 6. April 1945 von der Gestapo im Alter von 19 Jahren auf dem Seelhorster Friedhof erschossen wurde

Nadja Podmogilnaja musste den Mord an ihrer Cousine mit ansehen. Als sie zurückkam, war sie wie von Sinnen. Danach schrieb sie einen Zettel, den sie herausschmuggelte und worin sie ihren Freund Bogdan Wlasenko warnte: „Badik, ich halte es nicht mehr aus. Ira wurde vor meinen Augen erhängt. Ich weiß nicht, was mit mir geschieht." Sie selbst wurde am 6. April 1945 von der Gestapo auf dem Seelhorster Friedhof erschossen und am 2. Mai 1945 von den Alliierten auf dem Ehrenfriedhof am Maschsee-Nordufer beigesetzt. Heute gibt es in Erinnerung an ihr tragisches Schicksal in Hannover den Ira-Wolkowa-Weg.

Gedenken in der unmittelbaren Nachkriegszeit

Am 10. April 1945 drang die U.S. Army über Ahlem, Stöcken und Vinnhorst in die Gauhauptstadt ein. Dabei traf sie auf geringen Widerstand. Das Deutsche Reich war für die Alliierten ein besiegter Feindstaat und eine zerstörte Großstadt wie Hannover bedeutete vielschichtige organisatorische Probleme. Die britischen Offiziere, die die Verwaltung bald von den Amerikanern übernahmen, dachten, Hannover sei größtenteils evakuiert worden, doch es lebten noch immer ungefähr 200.000 Menschen in den Trümmern der Stadt, die eine schnelle Versorgung benötigten. Auch die „Reeducation" (Umerziehung) musste durchgeführt werden, eine von den Alliierten im Zusammenhang mit der Entnazifizierung geplante Bildungsarbeit zur Demokratisierung. Sofort nach Kriegsende wurden deutsche Bürger zu diesem Zweck an die entsprechenden Schauplätze der Verbrechen geführt, wo sie Leichen von Ermordeten bergen und beisetzen mussten. Die NS-Verbrechen und ihre Verantwortung sollten ihnen direkt vor Augen geführt werden. Gleichzeitig wurden Fotos oder zusätzlich Filme von der Exhumierung der Opfer sowie der Beisetzung angefertigt, wie am 2. Mai 1945 in Hannover auf dem Seelhorster Friedhof und dem neu errichteten Ehrenfriedhof am Maschsee-Nordufer. Die Trauerarbeit wurde meist von Opferverbänden aufgenommen, die sich schnell nach dem Krieg organisierten, um Hilfe leisten zu können.

Die gegen die Täter gefällten Urteile der alliierten Gerichtsbarkeit kamen zu wesentlich härteren juristischen Beurteilungen der Verbrechen als die später durch bundesdeutsche Gerichte geführten Prozesse. Bereits Ende 1947 waren daher zahlreiche ehemalige NS-Juristen wieder im Dienst. Spätestens Anfang der 1950er Jahre, nach der Verabschiedung entsprechender Gesetze, strömten weitere zuvor entlassene NS-Beamte und viele andere Täter wieder in den öffentlichen Dienst. Daraus folgte, dass sich immer weniger NS-Verbrecher vor Gericht verantworten mussten. Hingegen haben bis heute nur wenige Zeitzeugen den Mut gefunden, Außenstehenden von ihren traumatischen Erlebnissen zu berichten. Nicht wenige der ehemaligen Zwangsarbeiter wurden als Kollaborateure in ihrer Heimat abgestem-

Ankunft der Alliierten am Hauptbahnhof Hannover, 10. April 1945

pelt und schwiegen. Die Täter fügten sich meist wieder in die Gesellschaft ein und arbeiteten unbehelligt in ihren bürgerlichen Berufen.

Die Opferverbände indes bemühten sich kontinuierlich um Trauerarbeit vor Ort, sodass es schon in der unmittelbaren Nachkriegszeit Gedenkveranstaltungen an den Orten der Verbrechen wie den ehemaligen Konzentrationslagern und Gefängnissen gab. In der deutschen Nachkriegsgesellschaft mit dem nachfolgenden „Wirtschaftswunder" gab es dagegen kein Interesse an diesen (Tabu-)Themen von Schuld, Gewalt, Verbrechen und Verantwortung. Erst seit den 1980er Jahren findet in Hannover eine gezielte Aufbereitung und wissenschaftliche Erforschung der NS-Verbrechen statt.

33 Ehrenfriedhof Maschsee-Nordufer

Gedenkstele am Ort der Erschießungen von 154 Häftlingen des Polizeiersatzgefägnisses in Ahlem am 6. April 1945

Die eskalierende, unüberschaubare Situation kurz vor Kriegsende stellte für die „Feinde“ des NS-Systems eine besondere Bedrohung dar. Viele Zwangsarbeiter mussten sich in den letzten Kriegstagen selbst versorgen und bis in die letzten Stunden um ihr Leben fürchten, da Gerüchte über Mordaktionen durch NS-Täter grassierten. Als sich die Alliierten der Stadt Hannover näherten, machten sie gleich an mehreren Stellen grausige Entdeckungen von Verbrechen, Massakern und Massengräbern vor allem in Konzentrations- oder Straflagern. Die U.S. Army traf bei der Befreiung der Opfer im Westen zunächst auf die zurückgelassenen Häftlinge des KZ Ahlem. Die Soldaten waren geschockt, als sie die Überlebenden sahen. Nur in Ahlem war noch eine größere Anzahl von Häftlingen vor Ort, anders als dies bei den anderen Konzentrationslagern der Fall war. Als die Alliierten von Peter Palnikow über die Erschießungen vom 6. April 1945 informiert wurden, suchten sie auf dem gesamten **Seelhorster Friedhof** nach Massengräbern. Schnell fanden sie Massengräber im Bereich des Gräberfeldes 20p, darunter die 154 erschossenen Häftlinge des Polizeiersatzgefängnisses aus Ahlem und ermordete Häftlinge der KZ Stöcken, Misburg, Ahlem und Mühlenberg.

Peter Palnikow erinnerte sich knapp einen Monat nach seiner Flucht: „Nachdem wir zum Friedhof kamen, befahlen uns die Wachmänner [...], Gräber zu schaufeln. Das Mädchen [Nadja Podmogilnaja], das mit uns gekommen war, schaufelte nicht. Es stand daneben. Es war ein russisches Mädchen im Alter von 17 bis 18 Jahren. [...] Die Wachmänner standen herum, lachten und unterhielten sich. Als die Arbeit beendet war, stellte man uns zu Vieren in einer Reihe auf, darunter auch das Mädchen. In jeder Reihe standen die Menschen mit dem Gesicht zum Grabe gewandt. Einer der Wachmänner kam auf das Mädchen zu und feuerte einen Schuss ab. Er feuerte zum zweiten Male, aber das Mädchen blieb noch immer stehen. Nachdem der dritte Schuss abgegeben worden war, fiel das Mädchen zu Boden. Der Wachmann befand sich einen Meter von mir entfernt. Ich nahm den Spaten und schlug den Wachmann damit auf den Kopf. Er fiel zu Boden. Ich ergriff die Flucht; mir folgten noch zwei andere. Hinter dem Friedhof befand sich ein Wald und ich lief in diese Richtung. Einer derjenigen, die mit mir geflohen waren, wurde in demselben

Gedenken am Gräberfeld 20p auf dem Seelhorster Friedhof – dem Ort der Erschießung, 2015

Augenblick erschossen, als er versuchte, über den Zaun zu steigen. Was aus dem Zweiten wurde, weiß ich nicht. Es gelang mir über den Zaun zu steigen. Während ich floh, wurde auf mich mindestens 40mal geschossen. Zwischen dem Friedhof und dem Wald – etwa 60m vom Wald entfernt – stand ein kleines Häuschen. Als ich etwa 20m vom Häuschen entfernt war, begann auf mich aus dem hinteren Hof des Häuschens ein Mann von ungefähr 50 Jahren zu schießen."

Am 28. April 1945 erfuhr der damalige Oberbürgermeister Gustav Bratke durch Major Lamb von dem Massaker auf dem Seelhorster Friedhof. Bereits am 2. und 3. Mai 1945 wurden insgesamt 526 Leichen aus den Massengräbern exhumiert, von denen 386 auf dem **Ehrenfriedhof am Maschsee-Nordufer** beigesetzt wurden. Die Ärztekommission der Exhumierung stellte nüchtern fest, dass bei den 154 Opfern aus dem ersten Massengrab alle „Personen" durch Kopfschüsse von hinten und aus nächster Entfernung getötet worden waren. In zwei Fällen waren noch ein Brustschuss und in einem ein Schuss in den Oberschenkel festzustellen, die aus größerer Entfernung erfolgten. Von diesen Opfern konnten nur wenige identifiziert werden. Der überwiegende Teil der Ermordeten kam aus „Russland", einige stammten aus Polen, Italien und den „Balkanstaaten". Weitere 372 exhumierte Leichen waren durch die KZ-Haft gestorben. Bei vier Leichen konnten trotz der starken Verwesung gewaltsame Todes-

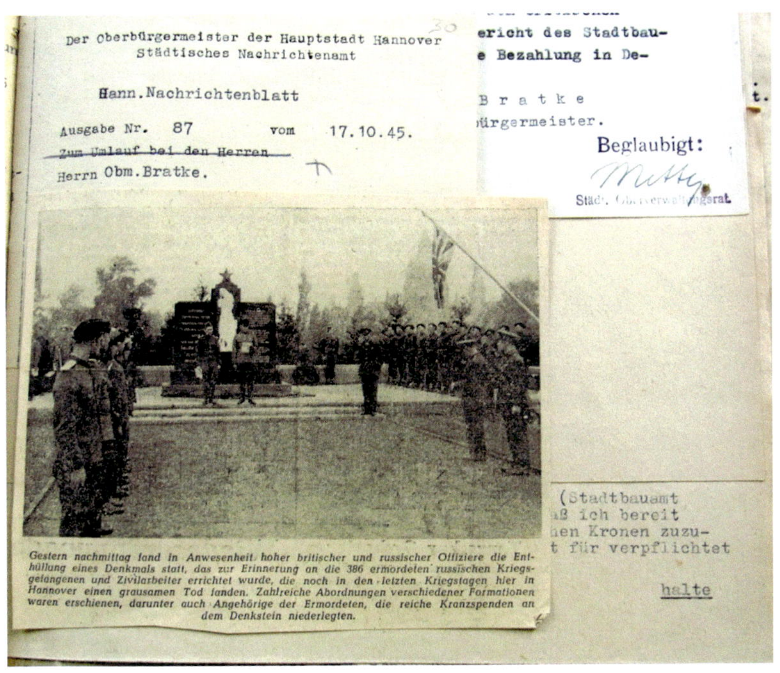

Der Oberbürgermeister der Hauptstadt Hannover
Städtisches Nachrichtenamt

Hann. Nachrichtenblatt

Ausgabe Nr. 87 vom 17.10.45.

~~Zum Umlauf bei den Herren~~
Herrn Obm. Bratke.

ericht des Stadtbau-
e Bezahlung in De-

B r a t k e
ürgermeister.

Beglaubigt:

Gestern nachmittag fand in Anwesenheit hoher britischer und russischer Offiziere die Enthüllung eines Denkmals statt, das zur Erinnerung an die 386 ermordeten russischen Kriegsgefangenen und Zivilarbeiter errichtet wurde, die noch in den letzten Kriegstagen hier in Hannover einen grausamen Tod fanden. Zahlreiche Abordnungen verschiedener Formationen waren erschienen, darunter auch Angehörige der Ermordeten, die reiche Kranzspenden an dem Denkstein niederlegten.

(Stadtbauamt
aß ich bereit
en Kronen zuzu-
t für verpflichtet

halte

Zeitungsartikel zur Einweihung des Mahnmales auf dem Ehrenfriedhof am Maschsee-Nordufer, Oktober 1945

ursachen, wie ein Kopfschuss und Erhängungen, ermittelt werden. Nicht alle Opfer waren vom Friedhof registriert worden und viele konnten nicht mehr identifiziert werden, sodass Angehörige und Freunde vergeblich auf die Rückkehr oder Informationen zum Verbleib warteten. Da der neue Ehrenfriedhof nur 386 Opfer aufnahm, fanden die restlichen 140 ihre letzte Ruhestätte in der „Hauptachse" des Seelhorster Friedhofs.

Der Ehrenfriedhof am Maschsee-Nordufer erhielt im Oktober 1945 ein von dem eigens dafür beauftragten Bildhauer Mykola Muchin-Koloda gefertigtes Relief, das als Symbol einen Soldaten darstellt. Der Künstler gestaltete ab Mitte 1945 insgesamt drei Mahnmale für Kriegsgräberstätten: einen trauernden Soldaten auf dem Ehren-

Gedenken in der unmittelbaren Nachkriegszeit auf dem Ehrenfriedhof am Maschsee-Nordufer, um 1946

friedhof in Hannover, ein weinendes Mädchen für den Kriegsgefangenenfriedhof in Hörsten und einen Sterbenden für das ehemalige Kriegsgefangenenlager in Oerbke. Seine Tochter interpretierte später diese drei symbolischen Darstellungen folgendermaßen: „Der Soldat beugt den Kopf in Trauer, aber wacht mit Stärke und ruhiger Tatkraft. Das Mädchen ist das Symbol der Heimat, der Verhungernde [...] verkörpert die Ängste und Qualen des Krieges, sein wahres Ausmaß."

Schon früh gab es erste Anschläge auf das Mahnmal auf dem Ehrenfriedhof am Maschsee-Nordufer, das von der hannoverschen Bevölkerung damals überwiegend als Schandfleck betrachtet wurde. Bekannt geworden sind die Zerstörungen des Reliefs 1947 und 1979 und Farbanschläge in den 1980er Jahren. Die letzte Schändung erfolgte im Mai 2014. In einem Brief vom August 1953 wurde sogar die „unpassende Stelle des Alliierten-Denkmals" kritisiert und eine Verlegung gefordert. Da eine Versetzung aufgrund des Kriegsgräbergesetzes nicht möglich war, wurde daraufhin der „Sowjetstern“ des Mahnmals entfernt. In Erinnerung an die Opfer der Gestapo Ahlem und der hannoverschen Konzentrationslager finden am Ehrenfriedhof Maschsee-Nordufer seit den 1980er Jahren regelmäßig Veranstaltungen am 8. und 9. Mai zum Gedenken an das Kriegsende und die Befreiung sowie am 1. September zum Antikriegstag statt. Dieser Ehrenfriedhof ist inzwischen international bekannt und anerkannt.

Übergabe des Gedenkbuches an die Stadt Hannover mit Namen der Opfer vom Ehrenfriedhof Maschsee-Nordufer, 2012

34 Aegidienkirche

Die Ruine der Aegidienkirch als Gedenkort, 2015

Die **Aegidienkirche** wurde nach dem Heiligen Aegidius, einen der 14 Nothelfer, benannt. Sie befindet sich an der Osterstraße. Im 10. Jahrhundert existierte an dieser Stelle das Dorf Tigislege, einer der drei Siedlungskerne der späteren Stadt Hannover.

Der Volkstrauertag wurde bereits in der Weimarer Republik – seit 1926 jeweils am fünften Sonntag vor Ostern – öffentlich begangen. Er fand in der NS-Zeit in der Aegidienkirche statt. Mit dem „Gesetz über die Feiertage" vom 27. Februar 1934 wurde der Volkstrauertag in Heldengedenktag umbenannt, wodurch sich sein Charakter vollständig veränderte. Nicht mehr das Totengedenken sollte im Mittelpunkt stehen, sondern die Heldenverehrung. Propagandaminister Joseph Goebbels erließ die Richtlinien über Inhalt und Durchführung. Träger waren die Wehrmacht und die NSDAP. Die Propagandawirkung des Tages wurde so hoch eingeschätzt, dass alle entscheidenden Schritte der Kriegsvorbereitung bis einschließlich 1939 auf ein Datum in unmittelbarer Nähe des Heldengedenktages gelegt wurden. Am 25. Februar 1939 verlegte Hitler per Erlass den Heldengedenktag auf den 16. März, den Tag der Wiedereinführung der Wehrpflicht 1935. Damit wurde die Bindung an christliche Inhalte endgültig aufgegeben.

1939 wurde dieser Tag mit einer einstündigen Parade aller hannoverschen Truppenteile auf dem Opernplatz zelebriert. Alle Dienstgebäude, viele Privathäuser und Kasernen waren festlich geflaggt. In der Fahnenhalle des Leineschlosses legten Abordnungen von Wehrmacht, Hitlerjugend und anderen Gruppierungen Lorbeerkränze zur Erinnerung an die Toten des Ersten Weltkrieges nieder. Unter Musikbegleitung zogen die Wehrmachtseinheiten zum Waterlooplatz, wo sie zur Parade Aufstellung nahmen. Der General der Infanterie erklärte vor den Einheiten und mehreren tausenden Hannoveranern, dass die Fahnen nicht auf Halbmast gesetzt worden seien, da der Tag kein Trauertag mehr, sondern eine Erinnerung an die „Pflichttreue und Manneszucht", an „Tapferkeit und Einsatzbereitschaft" sei.

Die Aegidienkirche wurde 1943 bei den schweren Bombenangriffen auf Hannover fast vollkommen zerstört. In diesem Jahr fand der Heldengedenktag erstmalig an der „Todesrune" auf dem Trammplatz vor dem Neuen Rathaus statt. Der letzte Heldengedenktag wurde noch im März 1945 begangen.

„Heldengedenktag" in der Georgstraße in Hannover, 1938

Georgstraße, 2015

Seit Kriegsende dient die Ruine der Aegidienkirche wieder zum Gedenken an die zivilen Opfer des Krieges. Der Turmstumpf der Kirche wurde 1958 mit einem Glockenspiel versehen. Die 1985 von der Stadt Hiroshima gestiftete Friedensglocke ist ein Symbol für die internationale Verständigung an diesem würdigen Gedenkort. Inzwischen ist die Aegidienkirche den Opfern der Kriege und dem Frieden im Allgemeinen gewidmet, wozu regelmäßig Veranstaltungen stattfinden.

Plakat des sogenannten „KZ-Ausschusses“

Viele Zwangsarbeiter hatten Angst, dass sie von den Deutschen noch bei Kriegsende umgebracht werden würden. Zu diesem Zeitpunkt wurde die Gewalt ihnen gegenüber immer offensichtlicher, sodass sie versuchten, sich zu verstecken oder zu fliehen. Es kursierten Gerüchte über geplante Erschießungen und Vergiftungen. Die ehemalige polnische Zwangsarbeiterin Rozalia Ciesielska erinnerte sich besonders an folgendes Ereignis: „Kurz vor Kriegsende besuchte ich eine polnische Bekannte, die in der Nähe bei einem Bauern arbeitete. Auf dem Rückweg sah ich auf dem Marktplatz in Hildesheim aufgestellte Galgen mit bereits erhängten Menschen – andere warteten auf ihre Hinrichtung und standen in einer Reihe vor dem Galgen. Ich schlich mich schnell davon, und ohne mich umzudrehen verließ ich Hildesheim! Mehrere Kilometer vom Lager entfernt wurde ich von mehreren deutschen Männern aufgegriffen und in einen Keller mit Russen eingesperrt. Sie nahmen meine Ausweispapiere weg. Ein Mann verstand Polnisch, und ich erklärte ihm weinend, dass ich Angst vor den Russen hätte. Daraufhin wurde ich freigelassen und hielt mich bis Kriegsende versteckt. Die Russen wurden erhängt! Erst nach der Befreiung durch die Alliierten kehrte ich in das Lager zurück."

Von April 1945 bis zum Februar 1950 gab es den „Ausschuss ehemaliger Konzentrationslager-Häftlinge Hannover", der von Überlebenden der Konzentrationslager gegründet wurde. Den Vorsitz hatte ein ehemaliger ungarisch-jüdischer Häftling des KZ Ahlem, Dr. Viktor Fenyes, inne. Geschäftsführer war Gerhard Grande, der ehemalige Lagerschreiber des KZ Mühlenberg. Die konkrete Hilfe für die Überlebenden bestand darin, sie mit Kleidung, Geld, Essen, Unterkunft und den notwendigen Dokumenten auszustatten sowie Suchaktionen durchzuführen.

Die erste vom Ausschuss organisierte Gedenkfeier fand am 16. Dezember 1945 auf dem **Seelhorster Friedhof** statt. Der Anlass war die Exhumierung von Leichen der ehemaligen Konzentrationslager Mühlenberg und Ahlem. Der sogenannte „KZ-Ausschuss" hatte bis zu diesem Tag vergeblich gefordert, die toten Häftlinge würdevoll beizusetzen und sie nicht in „einem Loch" liegen zu lassen.

Gedenken auf dem Seelhorster Friedhof mit der Beisetzung der exhumierten Leichen des ehemaligen KZ Stöcken, April 1946

Am 7. April 1946, fast ein Jahr nach der Befreiung, gab es weitere Gedenkfeiern für die Ermordeten auf dem Seelhorster Friedhof und dem **jüdischen Friedhof** in Bothfeld. Die Veranstaltungen liefen unter der Schirmherrschaft von Ministerpräsident Hinrich Wilhelm Kopf, der wenig später selbst auf der Kriegsverbrecherliste der alliierten Kriegsverbrecherkommission stand. An der Veranstaltung auf dem Seelhorster Friedhof nahmen nur 300 Personen teil, sodass einer der Redner ausrief: „Hannoveraner, wo seid ihr? Habt ihr die zwölf Millionen Opfer schon vergessen, lassen Euch die Gräuel der Konzentrationslager so unbeirrt, dass ihr schon nicht mehr gedenkt?" Nach den Ansprachen von Superintendent Dr. Kunze und Gerhard Grande vom Hauptausschuss legten Vertreter der Landesregierung,

Gedenkfeier auf dem Jüdischen Friedhof in Bothfeld, April 1946

der hannoverschen Behörden, Parteien und von einigen hannoverschen Betrieben Kränze an den Gräben der KZ-Opfer nieder. Auf dem jüdischen Friedhof in Bothfeld sprachen Vertreter des Landesverbandes der jüdischen Gemeinden. Bis 1942 waren ungefähr 860 Bestattungen auf dem Friedhof vorgenommen und unmittelbar nach dem Krieg mehrere hundert Urnen mit der Asche jüdischer KZ-Häftlinge beigesetzt worden. Abschließend folgte eine zentrale Gedenkfeier im **Galeriegebäude Herrenhausen**, bei der das Opernhausorchester spielte und der Chefredakteur der Hannoverschen Presse, Walter Spengemann, davor warnte, dass die Gedenkfeier nur eine Geste bliebe.

Abschlussveranstaltung zu den Gedenkfeierlichkeiten im April 1946 im Galeriegebäude Herrenhausen

Ende Juli 1945 erfuhr Oberbürgermeister Bratke, dass es ein Massengrab bei der Accumulatoren-Fabrik in Stöcken gab. Die Toten waren jedoch nicht Opfer einer Massenexekution, sondern bei einem Luftangriff gestorben. Daraufhin wurde am Ort des Massengrabes der „Begräbnisplatz im Lager der Akkumulatorenwerke Stöcken" geschaffen. Am 7. September 1946 wurden die hier umgekommenen 41 Toten schließlich exhumiert und auf dem Seelhorster Friedhof beigesetzt. Im Anschluss fand die Grundsteinlegung für die Ehrenanlage der Opfer der hannoverschen Konzentrationslager statt, die beim alten Haupteingang „Hoher Weg" liegt. Am 14. September 1947 wurde diese eindrucksvolle Ehrenanlage im Rahmen der „Gedenkwoche für die Opfer des deutschen Faschismus" schließlich eingeweiht. Sie sollte „als ewiges Mahnmal der Nachwelt erhalten bleiben", wie es in der Urkunde, die im Grundstein eingeschlossen ist, geschrieben steht. Da Ministerpräsident Kopf verhindert war, nahm Kultusminister Adolf Grimme die Einweihung vor. Er warnte vor dem Vergessen und vor dem Gedanken, dass der Faschismus überwunden sei. „Hitler ist tot, doch der Sumpf der Seele, aus der er emporstieg, ist noch vorhanden. Hitler lebt noch in der Brust des deutschen Volkes, und nicht nur in der unseres Volks."

Durch die Verlegung des Haupteingangs auf die Südseite des Friedhofs zur Garkenburgstraße hat diese Anlage ihre zentrale Bedeutung verloren. In der Hauptachse wurden 390 Opfer aus hannoverschen Konzentrationslagern bestattet. Am anderen Ende des Friedhofs befinden sich die Kriegsgräberfelder der Abteilungen 14, 18 und 19 mit der Niederländischen Ehrenanlage, in der niederländische Kriegstote verschiedener Friedhöfe Niedersachsens beigesetzt wurden, und die große Kriegsgräberanlage zum Gedenken an Bombenopfer, Kriegsgefangene, Zwangsarbeiter sowie deren Kinder. Mit der Auflösung des Hauptausschusses ehemaliger politischer Häftlinge zu Beginn des Jahres 1950 verschwand für lange Zeit die Erinnerungs- und Öffentlichkeitsarbeit für die Opfer der hannoverschen Konzentrationslager.

Literaturverzeichnis

Anschütz, Janet: Motorrad Rennsport. Eilenriede-Rennen zu Hannover 1924-1955, Göttingen 2009.

Anschütz, Janet/**Heike**, Irmtraud: Da wandte ich mich an meinen Freund und sagte: „Wir gehen in den Tod!" Die Erschießung auf dem Friedhof Seelhorst in den Erinnerungen ehemaliger Zwangsarbeiter, in: Landeshauptstadt Hannover (Hg.): Die Erschießungen auf dem Seelhorster Friedhof 1945, Hannoversche Geschichtsblätter 59, Hannover 2005, S. 57-76.

Anschütz, Janet/**Stephanus**, Fischer/**Heike** Irmtraud/**Cordula** Wächtler: Gräber ohne Namen. Die toten Kinder hannoverscher Zwangsarbeiterinnen, Hamburg 2006.

Anschütz, Janet/**Heike**, Irmtraud: „Wir wollten Gefühle sichtbar werden lassen". Bürger gestalten ein Mahnmal für das KZ Ahlem, Bremen 2004.

Anschütz, Janet/**Heike**, Irmtraud: „Man hörte auf ein Mensch zu sein." Überlebende aus den Frauenkonzentrationslagern Langenhagen und Limmer berichten, Hamburg 2003.

Anschütz, Janet/**Heike**, Irmtraud: Medizinische Versorgung von Zwangsarbeitern in Hannover. Forschung und Zeitzeugenberichte zum Gesundheitswesen, in: Günther Siedbürger/Andreas Frewer (Hg.): Zwangsarbeit und Gesundheitswesen im Zweiten Weltkrieg. Einsatz und Versorgung in Norddeutschland, Hildesheim 2006.

Anschütz, Janet/**Heike**, Irmtraud: Feinde im eigenen Land. Zwangsarbeit in Hannover im Zweiten Weltkrieg, Bielefeld 2000.

Auffarth, Sid/**von Saldern**, Adelheit (Hg.): Altes und neues Wohnen. Linden und Hannover im frühen 20. Jahrhundert, Seelze 1992.

Auffarth, Sid: Von der Normalität der Um-Ordnung. Gebautes und Geplantes in Hannover 1933 bis 45, in: Bergmeier, Hinrich/Katzenberger, Günter (Hg.): Kulturaustreibung. Die Einflußnahme des Nationalsozialismus auf Kunst und Kultur in Niedersachsen, S. 45-58, 188-211, Hannover 1993.

Barkai, Avraham/**Mendes-Flohr**, Paul/**Lowenstein**, Steven M.: Deutsch-Jüdische Geschichte in der Neuzeit. Bd. 4, Aufbruch und Zerstörung 1918-1945, München 1997.

Begalke, Sonja/**Bergmann**, Hans-Georg/**Billib**, Sonja: Vernichtungskrieg an der Heimatfront. Analysen und Dokumente aus Hannover, Bielefeld 1998.

Bein, Reinhard/**Roloff**, Ernst-August (Hg.): Der Löwe unterm Hakenkreuz. Reiseführer durch Braunschweig und Umgebung 1930 bis 1945, Göttingen 2010.

Braum, Michael/**Millarg**, Hartmut (Hg.): Städtebau in Hannover. Ein Führer durch 50 Siedlungen, Berlin 2000.

Brinkmann, Friedrich: Das „Arbeitserziehungslager" Lahde 1943-1945, Minden 1984.

Brieden, Hubert/**Rademacher**, Tim: Luftwaffe, Judenvernichtung, totaler Krieg, Neustadt a. Rbg. 2010.

Mlynek, Klaus/**Röhrbein**, Waldemar R.: Geschichte der Stadt Hannover. Bd. 2: Vom Beginn des 19. Jahrhunderts bis in die Gegenwart, Hannover 1994.

Mlynek, Klaus/**Röhrbein**, Waldemar R.: Hannover Chronik. Von den Anfängen bis zur Gegenwart, Zahlen, Daten, Fakten, Hannover 1991.

Buchholz, Goetz: Dem Führer sein treues Hannover: Fotos, die noch keiner sah, in: Stadt Magazin Schädelspalter, Nr. 5, Hannover 1985.

Buchholz, Marlis: Die hannoverschen Judenhäuser. Zur Situation der Juden in der Zeit der Ghettoisierung und Verfolgung 1941-1945, Hildesheim 1987.

Buchterkirchen, Ralf: „...und wenn sie mich an die Wand stellen". Desertation, Wehrkraftzersetzung und „Kriegsverrat" von Soldaten in und aus Hannover. 1933-1945, Neustadt a. Rbg. 2011.

Bundeszentrale für politische Bildung: Gedenkstätten für die Opfer des Nationalsozialismus, Bd. 1, Bonn 1995[2].

Deutsche Hochschule der Polizei (Hg.) Ordnung und Vernichtung. Die Polizei im NS-Staat, Berlin 2011.

Landeshauptstadt Hannover (Hg.) ... prächtiger und reizvoller denn jemals 70 Jahre Erneuerung des Großen Gartens, Hannover 2007.

Fleiter, Rüdiger: Stadtverwaltung im Dritten Reich. Verfolgungspolitik auf kommunaler Ebene am Beispiel Hannovers, Hannover 2006.

Foedrowitz, Michael: Bunkerwelten. Luftschutzanlagen in Norddeutschland, Berlin 1998.

Fröbe, Rainer/**Füllberg-Stolberg**, Claus/**Gutmann**, Christoph/**Obenaus**, Herbert: Konzentrationslager in Hannover. KZ-Arbeit und Rüstungsindustrie in der Spätphase des Zweiten Weltkriegs, 2 Bde., Hildesheim 1985.

Fuchs, Thorsten/**Wittke** Stefan: Zwischen Angst und Alltag. Bomben auf Hannover, Sommer 1943, Hannover 2004.

Grabe, Thomas u.a.: Unter der Wolke des Todes leben. Hannover im Zweiten Weltkrieg, Hannover 1983.

Grabe, Thomas u.a.: Wege aus dem Chaos. Hannover 1945-1949, Hannover 1985.

Gring, Diana: Die Todesmärsche und das Massaker von Gardelegen. NS-Verbrechen in der Endphase des Zweiten Weltkrieges, Stadtmuseum Gardelegen (Hg.): Schriftenreihe des Stadtmuseums Gardelegen, Heft 1, Hannover 1993.

Hamburger Institut für Sozialforschung (Hg.): Vernichtungskrieg, Verbrechen der Wehrmacht 1941 bis 1944, Hamburg 1996.

Herbert, Ulrich: Fremdarbeiter. Politik und Praxis des „Ausländer-Einsatzes“ in der Kriegswirtschaft des Dritten Reiches, Bonn 19862.

Historisches Museum (Hg.): Hannover 1933, eine Großstadt wird nationalsozialistisch, Hannover 1981.

Historisches Museum (Hg.): Hannover 1933-1945. Widerstand im Abseits, Hannover 1992.

Historisches Museum (Hg.): Vorträge 1933 und danach, Hannover 1983.

Hoffschildt, Rainer: Olivia. Die bisher geheime Geschichte des Tabus Homosexualität und der Verfolgung der Homosexuellen in Hannover, Hannover 1992.

Horndasch, Matthias/**Fürst**, Helmut: Ich war Deutscher, wie jeder Andere! In: Schriftenreihe der Mahn- und Gedenkstätte Ahlem, Band 6, Hannover 2008.

Hrabar, Roman/**Tokarz**, Zofia/**Jacek E.** Wilczur: Kinder im Krieg. Krieg gegen Kinder, Hamburg 1981.

Jung, Michael: „Voll Begeisterung schlagen unsere Herzen zum Führer“. Die Technische Hochschule Hannover und ihre Professoren im Nationalsozialismus, BoD 2013.

Kaiser, Alexandra: Von Helden und Opfern. Eine Geschichte des Volkstrauertags, Frankfurt a.M. 2010.

Kleinschmidt, Stefan: Eine kurze Geschichte des Luftschutz-Tiefbunkers unter dem Klagesmarkt 1940 bis 2013, http://www.hannover.de/Media/01-DATA-Neu/Downloads/Landeshauptstadt-Hannover/Bildung/Stadtarchiv/ Kurze-Geschichte-des-Klagesmarkt-Bunkers.

Knigge, Volkhard/**Lüttgenau**, Rikola-Gunnar/**Wagner**, Jens-Christian (Hg.): Zwangsarbeit. Die Deutschen, die Zwangsarbeiter und der Krieg, Begleitband zur Ausstellung, Essen 2012.

Koch, Harald/**Zankl**, Rudolf: Plätze in Hannover. Früher und Heute, Hannover 1998.

Landeshauptstadt Hannover (Hg.): Die Erschießungen auf dem Seelhorster Friedhof 1945, Hannoversche Geschichtsblätter 59, Hannover 2005.

Landeshauptstadt Hannover (Hg.): Hannover 1933 bis 1945. Ein antifaschistischer Stadtführer durch das andere Hannover, Hannover 1989.

Landeshauptstadt Hannover (Hg.): Karl Nasemann: 1908 bis 2000, Erinnerungen, Hannoversche Geschichtsblätter 2006, Beiheft 5, Hannover 2006.

Landeshauptstadt Hannover (Hg.): prächtiger und reizvoller denn jemals 70 Jahre Erneuerung des Großen Garten,. Vier Ausstellungen, Hannover 2007.

Lefèvre, Albert: Der Beitrag der hannoverschen Industrie zum technischen Fortschritt, in: Hannoversche Geschichtsblätter, Bd. 24, Heft 3/4, Hannover 1970.

Leonhardt, Wolfgang: List, Vahrenwald, Vinnhorst. Drei hannoversche Stadtteile mit Geschichte(n), BoD 2011.

Mallmann, Klaus-Michael/**Paul**, Gerhard: Die Gestapo Mythos und Realität, Darmstadt 1996.

Mechler, Wolf-Dieter: Kriegsalltag an der „Heimatfront". Das Sondergericht 1939-1945, Hannoversche Studien 4, Hannover 1997.

Mielke, Siegfried/**Morsch** Günter (Hg.): „Seid wachsam, dass über Deutschland nie wieder die Nacht hereinbricht." Gewerkschaftler in Konzentrationslagern 1933-1945, Berlin 2011.

Mlynek, Klaus/**Röhrbein**, Waldemar R. (Hg.): Geschichte der Stadt Hannover, Bd. 2, Hannover 1994.

Moch, Horst: Deutschlands größter Straßenbahn-Güterverkehr. Hannover 1899-1953, Hannover [o.J.].

Netzwerk Erinnerung und Zukunft in der Region Hannover (Hg.): Orte der Erinnerung. Wegweise zu Stätten der Verfolgung und des Widerstands während der NS-Herrschaft in der Region Hannover, Hannover 2007.

Niedersächsisches Justizministerium (Hg.): Begleitheft zur Wanderausstellung: Justiz im Nationalsozialismus. Über Verbrechen im Namen des Deutschen Volkes, Hannover 2001.

Niedersächsische Landeszentrale für politische Bildung (Hg.): Sowjetische Kriegsgefangene 1941-1945. Leiden und Sterben in den Lagern Bergen-Belsen, Fallingbostel, Oerbke, Wietzendorf, Hannover 1991.

Niedersächsischer Verband Deutscher Sinti e.V. (Hg.): „Es war unmenschenmöglich“. Sinti aus Niedersachsen erzählen, Hannover 1995.

Obenaus, Herbert: „Sei stille, sonst kommst Du nach Ahlem!“ Zur Funktion der Gestapostelle in der ehemaligen Israelitischen Gartenbauschule von Ahlem (1943-1945), Landeshauptstadt Hannover (Hg.): Kulturinformation Nr. 16, Hannover 1988.

Paul, Christa: Zwangsprostitution-Staatlich errichtete Bordelle im Nationalsozialismus, Berlin 1994.

Rademacher, Tim: Fliegerhorst Langenhagen: verdrängte Geschichte, in: Brieden, Hubert/Rademacher, Tim: Luftwaffe, Judenvernichtung, totaler Krieg, Neustadt a. Rbg. 2010, S. 289-298.

Reiter, Raimond: Tötungsstätten für ausländische Kinder im Zweiten Weltkrieg, Hannover 1993.

Reyer, Herbert: Die Deportation der Hildesheimer Juden in den Jahren 1942 und 1945, in: Hildesheimer Jahrbuch für Stadt und Stift Hildesheim 74, Hildesheim 2002, S. 149-215.

Regin, Cornelia (Hg.): Pracht und Macht. Festschrift zum 100. Jahrestag der Einweihung die Neuen Rathauses in Hannover, Hannover 2013.

Schneider, Ulrich: Niedersachsen 1945/46. Kontinuität und Wandel unter britischer Besatzung, Seesen 1984.

Schmid, Hans-Dieter (Hg.): Ahlem. Die Geschichte einer jüdischen Gartenbauschule, Bremen 2008.

Schwarze, Gisela: Kinder, die nicht zählten. Ostarbeiterinnen und ihre Kinder im Zweiten Weltkrieg, Essen 1997.

Seidler, Franz W.: Prostitution, Homosexualität, Selbstverstümmelung. Probleme der deutschen Sanitätsführung 1939-1945, Neckargemünd 1977.

Sohns, Peter: Linienchronik der Strassen- und Stadtbahn Hannover 1872-2003, Hannover 2003.

Spoerer, Mark: Zwangsarbeit unter dem Hakenkreuz, Stuttgart-München 2001.

Steinweg, Wolfgang: 1939 – Hannovers Weg in den Zweiten Weltkrieg, Hannover 1989.

Studienkreis zur Erforschung und Vermittlung der Geschichte des Widerstandes 1933-1945 u.a. (Hg.): Heimatgeschichtlicher Wegweiser zu Stätten des Widerstandes und der Verfolgung 1933-1945, Bd. 3, Köln 1986.

Tech, Andrea: Arbeitserziehungslager in Nordwestdeutschland 1940-1945, Göttingen 2003.

Trolp, Werner: Zwei Hinrichtungsstätten aus Hannover und die Identifizierung der Gräber hingerichteter Soldaten, Deserteure und „Selbstmörder" auf dem Friedhof Fössefeld, in Landeshauptstadt Hannover (Hg.): Hannoversche Geschichtsblätter 63, Hannover 2009, S. 147-168.

Universität Hannover (Hg.): Universität Hannover 1831 bis 2006. Festschrift zum 175-jährigen Bestehen der Universität Hannover, Bd. 1, Hildesheim 2006.

ÜSTRA Hannoversche Verkehrsbetriebe (Hg.): Die ÜSTRA im Wandel der Zeiten. Festschrift zum 100-jährigen Jubiläum, S. 103, Hannover 1992.

von Renken, Dietmar/**Thießen**, Malte (Hg.): „Volksgemeinschaft" als soziale Praxis. Neue Forschungen zur NS-Gesellschaft vor Ort, Paderborn 2013.

von Stillfried, Janet: Ein Blinder Fleck. Zwangsarbeit bei der ÜSTRA 1938 bis 1945, Hannover 2012.

von Stillfried, Janet: Nadja und Nico. Eine Freundschaft im Krieg, unveröffentlichtes Manuskript.

Vögel, Bernhild: „Entbindungsheim für Ostarbeiterinnen". Braunschweig Broitzemer Straße 100, Braunschweig 1989.

Voigt, Wolfgang: Der Eisenbahnkönig oder Rumänien lag in Linden. Materialien zur Sozialgeschichte des Arbeiterwohnungsbaus mit Beispielen aus Hannovers Fabrikvorort Linden, München 1982[2].

Wald, Peter: Hinter der grünen Pappe: Orli Wald im Schatten von Auschwitz. Leben und Erinnerungen, Hamburg 2008.

Weinmann, Martin (Hg.): Das nationalsozialistische Lagersystem (CCP), Frankfurt a.M. 1990².

Welzer, Harald: Täter. Wie aus ganz normalen Menschen Massenmörder werden, Frankfurt a.M. 2007.

Wessels, Rolf: Das Arbeitserziehungslager in Liebenau 1940-1943, Nienburg/a.W. 1990.

Zankl, Franz Rudolf (Hg.): Hannover in der Weimarer Republik. Hannover-Archiv. Diktatur, Krieg, Zusammenbruch. Chaos und Überleben, Bd. 9, Braunschweig 1986.

Zapf, Jürgen: Flugplätze der Luftwaffe 1934-1945 und was davon übrig bleib, Band 7 Niedersachen und Bremen, 2010 Zweibrücken.

Zorn, Gerda: Widerstand in Hannover. Gegen Reaktion und Faschismus 1920-1946, Frankfurt a.M. 1977.

Zeitgenössische Literatur

Borgmeyer, Otto: Bilder-Wörterbuch zur Verständigung ohne Sprachkenntnisse, Ausgabe: deutsch-polnisch, [Breslau o.J.].

Borgmeyer, Otto: Bilder-Wörterbuch zur Verständigung ohne Sprachkenntnisse, Ausgabe: Deutsch-Russisch-Ukrainisch-Polnisch, [Breslau o.J.].

Büttner, Ernst: Hannover. Die Hauptstadt Niedersachsens, Stuttgart 1937.

Der Reichsführer SS und Chef der Deutschen Polizei im Reichsministerium des Innern: Vorschrift für die Waffen- und Schießausbildung der Ordnungspolizei, (Hg.): Teil III: Schießausbildung, Berlin 1940.

Didier, Friedrich: Europa arbeitet in Deutschland. Sauckel mobilisiert die Leistungsreserven, Berlin 1943.

Hauptstadt Hannover (Hg.): Adreßbuch der Stadt Hannover 1943, 141. Ausgabe, [o.J.] Hannover.

Hauptstadt Hannover (Hg.): Der Große Garten in Herrenhausen, Hannover 1937.

Hauptstadt Hannover (Hg.): Die Herrenhäuser Gärten zu Hannover. Zur Feier ihrer Erneuerung am 13. Juni 1937, [o. O., o. J.].

Müllenbach, Hanns Joachim/**Becker**, Friedebert: Der Kicker: Feldherren der Fußballschlachten. Die packende Lebensgeschichte berühmter Fußballspieler, Berlin 1941 [Faksimile], Kassel 1990.

Küppers, Hans/**Bannier**, Rudolf: Einsatzbedingungen der Ostarbeiter sowie der sowjetischen Kriegsgefangenen, Berlin 1942.

Luftgaukommando in Hannover und Münster (Hg.): Wir von der Luftwaffe. Bilder aus der Dienstzeit, Berlin 1938.

Michelmann, Emil: Über den Humor. Ein Prolog am Stammtisch. Sonderdruck für den Hannoverschen Anzeiger anläßlich der Einweihung des Wilhelm-Busch-Hauses in Hannover am 13. Juni 1937, Hannover 1937.

[ohne Autor]: Busch, Wilhelm. Die ängstliche Nacht. Bildergeschichten Prosa und Gedichte. Sonderdruck für den Luftwaffenführungsstab 1c/VIII, Leipzig 1941.

[ohne Autor]: Hannover. Monatsblätter für den Fremdenverkehr, April 1938.
[ohne Autor]: Was wird aus Deutschland? Dr. Schumacher antwortet auf dem Parteitag der SPD Hannover 1946, [o.O. o.J.].

[ohne Autor]: Vom ersten großen Militärfernflug Berlin-Hamburg-Bremen-Hannover-Braunschweig-Berlin, in: Die Woche Nr. 14/1911, S. 566.

Präsidium des Reichluftschutzbundes (Hg.): Feind wirft Brandbomben! Wir werden damit fertig, Berlin 1943.

Programmheft: Fliegertreffen in Niedersachsen! Großer Flugtag Hannover-Flughafen, 25. August [1935], Hannover 1935].

Reichspostdirektion (Hg.): Amtliches Fernsprechbuch für den Bezirk der Reichspostdirektion Hannover, Stand Januar 1943, Hannover 1943.

Rosemeyer-Beinhorn, Elly: Mein Mann der Rennfahrer, Berlin 1938.

Städtisches Presseamt Hannover (Hg.): Hannovers Maschsee. Zu seiner Eröffnung am 21. Mai 1936, Hannover 1936.

Steinberg, Carl: Bilder-Wörterbuch zur Verständigung ohne Sprachkenntnisse für den im Reich tätigen Ostarbeiter, russisch-deutsch, Breslau [1940er].

Steinberg, Carl: Bilder-Wörterbuch zur Verständigung ohne Sprachkenntnisse deutsch-ukrainisch, Ausgabe: Hausangestellte, Breslau [1940er].

Technische Hochschule Hannover: Führer durch das Studium an der Technischen Hochschule Hannover, Hannover 1942.

Verkehrsverein Hannover (Hg.): Hannover – Die Großstadt im Grünen, Hannover 1927.

Wehrbetreuung der Luftwaffe: Wilhelm Busch [o.O. o.J.].

„Weser" Flugzeugbau Gesellschaft Bremen: Deutsch-Russisches Wörterbuch für die Flugzeugfertigung, [o.O. 1940er].

Winkler, Walfried: Rennerlebnisse-Renngeheimnisse. Auf der Rennmaschine durch die Jahrzehnte, Stuttgart 1944.

Zeitschriften

Hannoverscher Kurier
Hannoverscher Anzeiger
Die Weltschau. Illustrierte Wochenschrift des Hannoverschen Tageblattes
Echo Continental
Hanomag-Werkszeitung für die Betriebsgemeinschaft
Das Motorrad
Motor und Sport
Wunstorfer Stadtanzeiger, Sonderausgabe 50 Jahre Fliegerhorst Wunstorf, 7./8. September 1985.

Film/DVD
Alt, Dirk (Regie): Niedersachsen im Dritten Reich. Historische Filmaufnahmen. Die Parteigaue der NSDAP, Teil 1: Süd-Hannover-Braunschweig, BRD 2015, 65 Minuten.

Friedler, Eric (Regie): Das Schweigen der Quandts, BRD 2007, 90 Minuten.

Hermel, Hans-Jürgen (Regie): Nach Hannover in den Tod. Die Erschießung auf dem Seelhorster Friedhof, BRD 1989.

Hermel, Hans-Jürgen/Hermel, Shaun (Regie): Ausgebeutet bis zum Umfallen. Zwangsarbeiterlager in Hannover, BRD 2011, 56 Minuten.

Köpke, Sören/**Wenzel**, Franziska: Geister der Vergangenheit. Zwangsarbeit in Hannover im Nationalsozialismus, BRD 2010, 42 Minuten.

Internet
Bundesverband Information und Beratung für NS-Verfolgte, Köln:
http://www.nsberatung.de

Internationaler Suchdienst, Bad Arolsen:
http://www.its-arolsen.org

Stiftung Erinnerung, Verantwortung, Zukunft, Berlin:
http://www.stiftung-evz.de

Gedenkstätte Bergen-Belsen, Stiftung niedersächsische Gedenkstätten:
http://bergen-belsen.stiftung-ng.de

KZ-Gedenkstätte Neuengamme:
http://www.kz-gedenkstaette-neuengamme.de

Mahn- und Gedenkstätte Ravensbrück:
http://www.ravensbrueck.de

KZ-Gedenkstätte Moringen:
http://www.gedenkstaette-moringen.de

Konzentrationslager Uckermark:
http://www.gedenkort-kz-uckermark.de

Mahn- und Gedenkstätte Isenschnibber Feldscheune, Gardelegen:
http:// www.gardelegen.de/kultur/geschichte/mahn-und-gedenkstaette

Gedenkstätte Ahlem, Region Hannover:
http://www.gedenkstaette-ahlem.de

Verein „Gegen das Vergessen“/NS-Zwangsarbeit, Hannover:
http:// www.ns-zwangsarbeit-hannover.de

Netzwerk „Erinnerung und Zukunft der Region Hannover“, Hannover:
http://www.erinnerungundzukunft.de

Projekt „Erinnerungskultur“, Stadt Hannover:
http://www.hannover.de/Kultur-Freizeit/Architektur-Geschichte/Erinnerungskultur

Abbildungsnachweis

Doris Albrecht
Seite 241

Zvi Artzi
Seiten: 222, 223, 254, 262, 263, 264

Bildarchiv Region Hannover
Seiten: 11, 185, 212, 216

Historisches Museum Hannover
Seite 42 (BT: 014055; ID: 16796)
Seite 43 oben (BT: 013719; ID: 16460)
Seite 43 unten (BT: 016267; ID: 46286)
Seite 44 oben (BT: 002272; ID: 5542)
Seite 44 unten (BT: 064421; ID: 149013)
Seite 50 oben (BT: 001418; ID: 4688)
Seite 52 (BT: 055472; ID: 120256)
Seite 53 (BT: 055472; ID: 120256)
Seite 56 unten (BT: 058792; ID: 130460)
Seite 59 (BT: 058795; ID: 130463)
Seite 63 oben (BT: 008134; ID: 11375)
Seite 63 unten (BT: 003660; ID: 6930)
Seite 64 (BT: 009955; ID: 13198)
Seite 65 (BT: 009986; ID: 13229)
Seite 68 (BT: 012908; ID: 16149)
Seite 72 (BT: 021079; ID: 75657)
Seite 73 (BT: 063041; ID: 136139)
Seite 80 unten (BT: 021144; ID: 76154)
Seite 94 (BT: 009310; ID: 12552)
Seite 99 (BT: 033216; ID: 100617)
Seite 110 (BT: 016064; ID: 78433)
Seite 118 oben (BT: 022481; ID: 81043)
Seite 124 (BT: 015778; ID: 44036)
Seite 125 (BT: 061640; ID: 134046)
Seite 137 (BT: 015572; ID: 41827)
Seite 142 (BT: 008429; ID: 11670)
Seite 150 (BT: 056872; ID: 128243)
Seite 153 (BT: 060584; ID: 132664)

Seite 154 (BT: 006704; ID: 9943)
Seite 155 (BT: 055296; ID: 119368)
Seite 166 unten (BT: 013316; ID: 17556)
Seite 188 (BT: 020307; ID: 73382)
Seite 197 (BT: 020572; ID: 73820)
Seite 198 oben (BT: 0280016; ID: 93222)
Seite 198 unten (BT: 021951; ID: 77542)
Seite 201 (BT: 012874; ID: 16115)
Seite 209 (BT: 020255; ID: 73109)
Seite 225 (BT: 060492; ID: 132572)
Seite 249 (BT: 007276; ID: 10516)

Rainer Hoffschildt
Seiten: 192 unten, 196

Sammlung Hörner
Seite 206 unten

Kampfmittelbeseitigungsdienst Hannover
Seiten: 143, 182

LHH Geoinformation
Seite 67 (Modell_Bauten_am_Westufer_Aufn1939_NegNr6004)
Seite 89 (BunkerMunzelerstraße, Aufn. 1966, NegNr. 11628)

Niedersächsisches Landesarchiv Hauptstaatsarchiv Hannover
Seite 82 (nla ha vvp 17 nr. 1755Aufn002.jpg)
Seite 83 (nla ha vvp 17 nr. 1755Aufn001.jpg)
Seite 118 unten (nla ha zgs 22 nr. 240Aufn003.jpg)

Privat
Seiten: 9, 39, 47 unten, 106, 163

Projekt „Hannoversche Lager“
Seiten: 29, 220 oben u. unten

Public Record Office (London)
Seite 218

Tim Rademacher
Seiten: 80 oben, 88, 104, 108 oben, 122, 123, 126, 132 oben u. unten, 136, 139, 140, 166 oben, 208, 228 unten, 258 oben u. unten

Eckard Schrader
Seiten: 24, 25, 40, 50 unten, 60 oben, 190 oben

Stadtarchiv Hannover
Umschlag vorn: (NL Hampel HannoverFarbe 5_36 Dia004),
Seite 12 (NL Hampel HannoverFarbe 5_34 Dia002),
Seite 15 unten (NL Hampel Gautag 1935 Dia007SS),
Seite 15 oben (NL Hampel Gautag 1935 Dia020div)
Seite 84 unten (NL Hampel ohne Nr alt 00 Dia 014)
Seite 92 (NL Hampel ohne Nr alt 00 Dia 000_2)
Seite 107 (HR 23/381-Deckblatt)
Seite 108 unten (NL Hampel ohne Nr alt 24 Dia 000 FlugplatzVahrenwald)
Seite 246 (173244-833aWlasenko-Foto Ira Wolkowa)
Seite 247 (173244-833Wlasenko-Foto Nadja Podmogilnaja)
Seite 253 (HR 13-730)
Seite 260 (Plakatsammlung)

Stadtarchiv Wunstorf
Seite 112

Stadtbauamt Hannover
Seite 66 (Bebauung_Westufer_NegNr6002_Aufn1939)

Janet Freifrau von Stillfried
Seiten: 16, 17, 20, 23, 31, 33, 36, 47 oben, 56 oben, 60 unten, 70, 74, 76, 77, 78, 84 oben, 87, 91, 93, 96, 98, 101 oben u. unten, 111, 113, 117, 121, 127, 135, 141, 144, 146, 152, 156, 158, 160 oben u. unten, 172 oben, u. unten, 174, 175, 179, 190 unten, 193 unten, 194, 195, 200, 202, 206 oben, 210, 213, 215, 226, 228 oben, 232 oben u. unten, 236, 238, 242, 250, 252, 255, 256

Abkürzungsverzeichnis

AEL	Arbeitserziehungslager
AFA	Accumulatoren-Fabrik
Accu	Accumulatoren-Fabrik
BdM	Bund Deutscher Mädel
BDM	Bund Deutscher Mädel
Conti	Continental Gummi-Werke
DAF	Deutsche Arbeitsfront
DDAC	Der Deutsche Automobilclub
DEURAG	Deutsche Erdöl-Raffinerie AG Gewerkschaft
NERAG	Neue Erdöl-Raffinerie AG
DLV	Deutscher Luftsportverband
DP	Displaced Persons
Dulag	Durchgangslager
Gestapa	Geheimes Staatspolizeiamt
Gestapo	Geheime Staatspolizei
Gfm	Gefolgschaftsmitglied
G.I.	Government Issue (US-Soldat)
GWV	Günther Wagner Verpackungswerke
HANOMAG	Hannoversche Maschinenbau AG
HJ	Hitlerjugend
IMI	Italienischer Militärinternierter
ISD	Internationaler Suchdienst (in Bad Arolsen)
ITS	International Tracing Service (in Bad Arolsen)
Kapo	Funktionshäftlinge der SS
KdF	Kraft durch Freude
Kgf	Kriegsgefangener
KL	Konzentrationslager (zeitgenössische Abkürzung)
KPD	Kommunistische Partei Deutschlands
KZ	Konzentrationslager
LA	Lagerälteste/r
LS	Luftschutz
LSR	Luftschutzraum
MNH	Maschinenfabrik Niedersachsen Hannover
NSDAP	Nationalsozialistische Deutsche Arbeiterpartei
NSFK	Nationalsozialistisches Fliegerkorps
NSKK	Nationalsozialistisches Kraftfahrkorps
NS	Nationalsozialismus/Nationalsozialistisch
NSV	Nationalsozialistische Volkswohlfahrt e.V.

OKH	Oberkommando des Heeres
OKL	Oberkommando der Luftwaffe
OKM	Oberkommando der Kriegsmarine
OKW	Oberkommando der Wehrmacht
ONS	Oberste Nationale Sportbehörde
OT	Organisation Todt
PEG	Polizeiersatzgefängnis
RAD	Reichsarbeitsdienst
RAW	Reichsbahnausbesserungswerk
RFSS	Reichsführer-SS und Chef der Deutschen Polizei (Heinrich Himmler)
RHF	Rassenhygienische Forschungsstelle
RLB	Reichsluftschutzbund
RM	Reichsmark
RMVP	Reichsministerium für Volksaufklärung und Propaganda
RPL	Reichspropagandaleitung
RSHA	Reichssicherheitshauptamt
RVJD	Reichsvereinigung der Juden in Deutschland
SA	Sturmabteilung
SAPD	Sozialistische Arbeiterpartei Deutschlands
SAJ	Sozialistische Arbeiterjugend
SD	Sicherheitsdienst (Reichsführer SS)
SF	Sozialistische Front
SS	Schutzstaffel
Stalag	(Mannschafts-)Stammlager
ÜSTRA	Überlandwerke und Straßenbahnen Hannover
VARTA	Vertrieb, Aufladung, Reparatur Transportabler Accumulatoren
VVN-BdA	Vereinigung der Verfolgten des Naziregimes-Bund der Antifaschistinnen und Antifaschisten
V1, V2	Vergeltungswaffe 1, Vergeltungswaffe 2 (Raketen/Flugbomben)
WEA	Wirtschafts- und Ernährungsamt
WHW	Winterhilfswerk
WVHA	(SS-)Wirtschaftsverwaltungshauptamt

Personenverzeichnis

Reichsautobahn bei Hannover 3

Herrenhäuser Gärten 4

Bau des Hermann-Löns-Parks 8

Ausbau der Eilenriederennstrecke 9

Volks- und Rassenkunde – Villa Effertz 13

Fliegerhorste 14

Kirchen 17

Verfolgung der Sinti 22

Dienststelle der Gestapo Hannover in Ahlem 27

KZ und die Zwangsarbeiterlager der AFA 28

Zwangsarbeiter- und Arbeitserziehungslager der GWV 29

Opfer der Militärjustiz – Friedhof Fössefeld 31

Begräbnisstätte u. Hinrichtungsort – Seelhorster Friedhof 32

Öffentliches Gedenken bis 1950 35

Konzentrationslager KZ